本书受到国家自然科学基金项目“非平稳时间序列的频域因果关系检验理论及其应用研究”（No.71963015）资助

频域因果关系检验理论与应用

魏彦锋 著

科学技术文献出版社
SCIENTIFIC AND TECHNICAL DOCUMENTATION PRESS
·北京·

图书在版编目（CIP）数据

频域因果关系检验理论与应用 / 魏彦锋著. —北京：科学技术文献出版社，2024. 6

ISBN 978-7-5235-1388-0

Ⅰ. ①频…　Ⅱ. ①魏…　Ⅲ. ①经济统计— 统计方法　Ⅳ. ① F222.1

中国国家版本馆 CIP 数据核字（2024）第 110345 号

频域因果关系检验理论与应用

策划编辑：孙江莉　　责任编辑：邱晓春　　责任校对：王瑞瑞　　责任出版：张志平

出 版 者	科学技术文献出版社
地　　址	北京市复兴路15号　邮编 100038
编 务 部	（010）58882938，58882087（传真）
发 行 部	（010）58882868，58882870（传真）
邮 购 部	（010）58882873
官方网址	www.stdp.com.cn
发 行 者	科学技术文献出版社发行　全国各地新华书店经销
印 刷 者	北京虎彩文化传播有限公司
版　　次	2024 年 6 月第 1 版　2024 年 6 月第 1 次印刷
开　　本	710 × 1000　1/16
字　　数	181千
印　　张	11
书　　号	ISBN 978-7-5235-1388-0
定　　价	58.00元

前　言

格兰杰因果关系可分为时间领域（时域）因果关系和频谱领域（频域）因果关系。频域因果关系是时域因果关系在不同频率处的分解。相对应地，格兰杰因果关系检验可分为时域因果关系检验和频域因果关系检验。时域因果关系检验只能检验两组变量在时间领域是否存在因果关系，而频域因果关系检验则能检验两组变量在不同频率处是否存在因果关系。与时域因果关系检验相比，频域因果关系检验可以在各个频率处更加全面地检测两组变量是否存在因果关系，因而具有更高的应用价值。

本书的写作目的是循序渐进地介绍如何在频谱领域进行频域因果关系检验。为此，在第一章，本书从时间领域角度引入格兰杰因果关系的概念、定义及检验步骤。第二章引入谱分析概念，详细介绍如何求解一元时间序列的谱密度，特别是如何利用自协方差生成函数计算一元时间序列的谱密度，并引入滤波概念，为第三章多元时间序列谱分析做铺垫。第三章进一步介绍多元时间序列的谱分析，该章主要介绍如何基于平稳的向量自回归模型及自协方差生成函数求解多元时间序列的谱密度，为第四章频域因果关系测度的定义奠定基础。基于前三章的研究内容，第四章将时间领域的因果关系分解到频谱领域，并定义了在频谱领域的因果关系测度。基于第四章的研究内容，第五章给出了频域因果关系的检验步骤，并通过理论分析和蒙特卡罗模拟研究了该检验的效力。第六章通过2个实证研究，详细介绍了如何利用频域因果关系检验进行实证研究。本书尽量在每章都附上与本章例题相关的MATLAB代码，从而有助于读者深入理解每章的研究内容。

本书可作为经济管理类本科高年级学生和研究生利用频域因果关系检验进行学术论文写作的参考用书，也可作为广大学者进行学术研究的参考用书。

读者只需了解基本的时间序列研究方法，即可理解本书的主要研究内容，故本书也可作为衔接初级时间序列分析和高级时间序列分析的参考用书。

本书的出版得到了国家自然科学基金项目（No. 71963015）的资助，在此表示真诚的感谢。同时，尽管笔者对本书做了仔细的审校，但不妥之处在所难免，恳请同行和广大读者批评指正。

魏彦锋

2024 年 5 月 21 日

目　录

第一章　时间领域的因果关系及其检验 / 1

1.1　时间领域因果关系的定义 / 1

1.2　时间序列的平稳性 / 4

1.3　时间领域因果关系的检验 / 6

1.4　时间领域因果关系检验的应用 / 12

1.5　本章小结 / 17

第二章　一元时间序列的谱分析 / 19

2.1　频谱分布函数 / 19

2.2　频谱密度函数 / 20

2.3　一些常见时间序列的谱密度 / 22

2.4　谱密度的估计 / 30

2.5　滤波 / 31

2.6　本章小结 / 34

第三章　多元时间序列的谱分析 / 35

3.1　平稳向量自回归模型 / 35

3.2　自协方差矩阵 / 37

3.3　自协方差矩阵生成函数 / 37

3.4　多元时间序列的谱密度 / 40

3.5　向量移动平均过程和向量自回归过程的谱密度 / 44

3.6 多元时间序列滤波 / 45
3.7 本章小结 / 46

第四章 频域因果关系的测度 / 47

4.1 Geweke 的平稳时间序列频域因果关系测度定义 / 48
4.2 Hosoya 的平稳时间序列频域因果关系测度定义 / 53
4.3 Pierce 的平稳时间序列频域因果关系测度定义 / 55
4.4 非平稳时间序列频域因果关系测度的定义 / 63
4.5 平稳时间序列频域因果关系测度举例 / 64
4.6 本章小结 / 68

第五章 频域因果关系的检验与效力 / 70

5.1 Breitung 和 Candelon 的平稳时间序列的频域因果关系检验 / 70
5.2 非平稳时间序列的频域因果关系检验 / 74
5.3 Breitung 和 Candelon 的平稳时间序列频域因果关系检验效力的理论研究 / 76
5.4 Breitung 和 Candelon 的平稳时间序列频域因果关系检验效力的蒙特卡罗模拟 / 82
5.5 Lemmens 等的平稳时间序列频域因果关系检验 / 89
5.6 本章小结 / 91

第六章 频域因果关系检验的应用 / 93

6.1 大宗商品价格是否有助于货币政策的制定：基于频域因果关系检验的研究 / 93
6.2 石油价格是否有助于预测中国宏观经济：基于频域因果关系检验的研究 / 107
6.3 本章小结 / 115

参考文献 / 116

附　录 / 119

第二章 MATLAB 代码 / 119
第四章 MATLAB 代码 / 123
第五章 MATLAB 代码 / 124
第六章 MATLAB 代码 / 135

第一章　时间领域的因果关系及其检验

阐明一组变量之间的因果关系是宏观经济学实证研究的主要目标之一。科研人员很早就意识到，变量之间的高度相关并不意味着变量之间具有因果相关性。变量之间可能只存在函数相关性，而不存在真正意义上的相关性，因为相关性仅仅是线性关联的度量。退一步讲，即使变量之间可能相关，但这种相关也可能不具有因果关系，它们之间的相关性可能只是因为每个变量都与其他因素有共同联系，因此，准确合理地定义变量之间的因果关系非常重要。

本章将首先基于 Granger（1969）、Pierce 等（1977）及 Granger（1980）等给出的因果关系定义，在时间领域，详细介绍因果关系是如何定义的，以及如何将定义的因果关系转换为可度量的因果关系。其次，本章将介绍如何将因果关系判断转换为统计假设检验，以及如何基于向量自回归模型进行因果关系检验。最后，本章通过一个例子来阐述如何利用因果关系检验进行实证研究。

1.1　时间领域因果关系的定义

如果一个系统或“宇宙”是完全线性的，并且如果确定了系统中的所有影响或者变量，那么我们可能会相对确定地说 2 个变量之间的相关性（部分相关性）意味着因果关系。但是，该论断仍然存在一些问题，如考虑到 2 个变量是因果相关的，那么哪个变量是因，哪个变量是果？这一问题仍然很难回答。

对于时间系统，Granger（1969）指出，变量随时间变化这一现象为上述问题提供了一个自然的答案。Granger（1969）根据变量的可预测性，定义了因果关系，即格兰杰因果关系，该因果关系是指两个变量之间是否有预测关系。进一步，Granger（1980）对格兰杰因果关系进行了更加正式的定义。为了准确表述格兰杰因果关系的定义，需要引入一些概念符号。基于 Granger（1980）的研究，首先，假设在宇宙世界中，所有变量在事先给定的时间点 $t=1, 2, \cdots$ 可测度。其次，假设在时间点 t 为止（包含 t），宇宙世界中所有变量的信息集合可以用 S_t 来代表，同时用 $S_t - y_t$ 表示在时间点 t 为止，宇宙中除 y_t 以外的所有变量的信息集合。最后，假设以下 2 个公理成立：

公理 1：过去和当前可以引起未来，但是未来不可以引起过去。

公理 2：S_t 不含有冗余信息。例如，假设一个变量可以用其他几个变量的确定性形式来表示，那么这个变量的信息不应该被包含在 S_t 中。更具体的例子，例如，如果变量 n_t 的信息被包含在 S_t 中，而 $m_t = 6n_t$，那么变量 m_t 的信息就不应该被包含在 S_t 中。

假设人们感兴趣的主题是变量 y_t 引起变量 x_t，那么在时间 t，x_{t+1} 可以看作一个随机变量，x_{t+1} 的可能取值可以通过概率 $Prob(x_{t+1} \in \Pi)$ 来表示，其中 Π 是 x_{t+1} 可能取值的一个集合。基于此，可以得出如下格兰杰因果关系的一般化定义：y_t 引起 x_{t+1}，如果对于某一集合 Π，

$$\mathrm{Prob}(x_{t+1} \in \Pi | S_t) \neq \mathrm{Prob}(x_{t+1} \in \Pi | S_t - y_t)。$$

通过上述格兰杰因果关系的定义可以看出，如果想让这种因果关系发生，那么 y_t 需要包含一些未来 x_{t+1} 取值的信息。然而，一般化的格兰因果关系定义可操作性不强，无法应用于实际数据，也很难通过一些规范化的数学方法来检验这种因果关系。

为了使格兰杰因果关系更具有可操作性，需要对上述定义引入一些限制条件。为此，需要将格兰杰因果关系的定义重新进行表述。根据 Granger（1980）的研究，假设我们感兴趣的是一系列向量变量 $\boldsymbol{Y}_t$ 引起 $\boldsymbol{X}_t$ 的原因的概率。令 I_t 代表在时间 t 为止的信息集合，这些信息假设来自于一系列向量变量 $\boldsymbol{M}_t$，即

$$I_t : \boldsymbol{M}_{t-i}, \ i \geqslant 0,$$

且 I_t 包含有关 $\boldsymbol{X}_t$ 的信息，但是不包含任何有关 $\boldsymbol{Y}_t$ 的信息。同时，定义

$$I_t^+: \boldsymbol{M}_{t-i}, \boldsymbol{Y}_{t-i}, i \geqslant 0,$$

从而信息集合 I_t^+ 是信息集合 I_t 和 $\boldsymbol{Y}_t$ 当前和过去信息集合的合集。

令 $P(\boldsymbol{X}_{t+1} \mid I_t)$ 代表给定 I_t 下 $\boldsymbol{X}_{t+1}$ 的条件概率，从而与之相对应的条件均值可表示为 $E(\boldsymbol{X}_{t+1} \mid I_t)$ 。对于其他信息集，也有类似定义。基于这些定义，根据 Granger（1980）的研究，可以重新得到一系列的格兰杰因果关系定义：

定义 1：$\boldsymbol{Y}_t$ 不是基于信息集 I_t^+ 引起 $\boldsymbol{X}_{t+1}$ 的格兰杰原因，如果下列等式成立：

$$P(\boldsymbol{X}_{t+1} \mid I_t) = P(\boldsymbol{X}_{t+1} \mid I_t^+), \tag{1-1}$$

即多余信息 $\boldsymbol{Y}_t$ 不会影响 $\boldsymbol{X}_{t+1}$ 的条件概率分布。与之对应的一个必要条件是：

$$E(\boldsymbol{X}_{t+1} \mid I_t) = E(\boldsymbol{X}_{t+1} \mid I_t^+), \tag{1-2}$$

定义 2：如果 $I_t^+ \equiv S_t$，同时：

$$P(\boldsymbol{X}_{t+1} \mid S_t) \neq P(\boldsymbol{X}_{t+1} \mid S_t - \boldsymbol{Y}_t), \tag{1-3}$$

则 $\boldsymbol{Y}_t$ 是引起 $\boldsymbol{X}_{t+1}$ 的格兰杰原因。

定义 3：如果：

$$P(\boldsymbol{X}_{t+1} \mid I_t) \neq P(\boldsymbol{X}_{t+1} \mid I_t^+), \tag{1-4}$$

则初步认定 $\boldsymbol{Y}_t$ 是基于信息集 I_t^+ 引起 $\boldsymbol{X}_{t+1}$ 的格兰杰原因。

定义 4：$\boldsymbol{Y}_t$ 不是基于信息集 I_t^+ 引起 $\boldsymbol{X}_{t+1}$ 的均值格兰杰原因，如果：

$$\tau_{t+1}(I_t^+) = E(\boldsymbol{X}_{t+1} \mid I_t^+) - E(\boldsymbol{X}_{t+1} \mid I_t), \tag{1-5}$$

等于 0。

定义 5：如果：

$$\tau_{t+1}(S_t) = E(\boldsymbol{X}_{t+1} \mid S_t) - E(\boldsymbol{X}_{t+1} \mid S_t - \boldsymbol{Y}_t), \tag{1-6}$$

不等于 0，则 $\boldsymbol{Y}_t$ 是引起 $\boldsymbol{X}_{t+1}$ 的均值格兰杰原因。

定义 6：如果：

$$\tau_{t+1}(I_t^+) = E(\boldsymbol{X}_{t+1} \mid I_t^+) - E(\boldsymbol{X}_{t+1} \mid I_t) \tag{1-7}$$

不等于 0，则初步认定 $\boldsymbol{Y}_t$ 是基于信息集 I_t^+ 引起 $\boldsymbol{X}_{t+1}$ 的均值格兰杰原因。

上述这些定义的主要区别在于信息集合的使用。定义 2 使用的信息集合是 S_t，因此定义 2 所定义的格兰杰因果关系等价于前述的一般化格兰杰因果关系的定义。相反，如果使用一个不太一般化的信息集合 I_t 来定义格兰杰因果

关系，如定义 3，则称之为初步认定的格兰杰因果关系。同时，这些定义主要聚焦于 $\boldsymbol{X}_{t+1}$ 的概率分布，因此也不具有很强的可操作性。

一种可执行的格兰杰因果关系定义是 Pierce 等（1977）提出的，通过最小二乘准则来衡量 $\boldsymbol{X}_{t+1}$ 的点预测，也即 Granger（1969）提出的因果关系定义。该定义是基于平稳时间序列进行定义的，为了表述该定义，需要进一步引入一些符号，假设 A_t 是一个平稳时间序列，令 $\overline{A}_t$ 代表 A_t 过去值的集合 $\{A_{t-i}, i = 1,2,\cdots\}$ 。

利用集合 B_t 的值，A_t 的最优无偏最小二乘预测值表示为 $F_t(A|B)$ 。例如，$F_t(X \mid \overline{X})$ 表示仅仅基于 $\boldsymbol{X}_t$ 的过去值对当前 $\boldsymbol{X}_t$ 的最优预测，与之对应的预测误差可表示为 $\varepsilon_t(A \mid B) = A_t - F_t(A \mid B)$，而 $\varepsilon_t(A \mid B)$ 的方差可表示为 $\sigma^2(A|B)$ 。在此基础上，基于 Granger（1969）和 Pierce et al.（1977）的研究，可得如下 2 个定义。

定义 7：如果 $\sigma^2(X|\overline{S}) < \sigma^2(X|\overline{S} - \overline{Y})$，则称 $\boldsymbol{Y}_t$ 是 $\boldsymbol{X}_t$ 的格兰杰原因，表示为 $\boldsymbol{Y}_t \Rightarrow \boldsymbol{X}_t$。该定义隐含着如果 $\boldsymbol{Y}_t$ 是 $\boldsymbol{X}_t$ 的格兰杰原因，那么使用所有已知信息对 $\boldsymbol{X}_t$ 的预测要优于使用除 $\boldsymbol{Y}_t$ 以外的所有信息对 $\boldsymbol{X}_t$ 的预测。

定义 8：如果

$$\sigma^2(X \mid \overline{S}) < \sigma^2(X \mid \overline{S} - \overline{Y}), \tag{1-8}$$

$$\sigma^2(Y \mid \overline{S}) < \sigma^2(Y \mid \overline{S} - \overline{X}), \tag{1-9}$$

则称 X_t 和 Y_t 之间存在反馈关系，表示为 $Y_t \Leftrightarrow X_t$。反馈隐含着 Y_t 是 X_t 的格兰杰原因，同时 X_t 也是 Y_t 的格兰杰原因。

现实中，S_t 中的大部分信息都是无关的，如果假设所有相关的信息都包含于 X_t 和 Y_t 中，那么基于定义 7 可以看出，$\sigma^2(X|\overline{X})$ 表示仅仅使用 X_t 的过去值对 X_t 的最优预测误差的方差，而 $\sigma^2(X|\overline{X},\overline{Y})$ 表示同时使用 X_t 和 Y_t 的过去值对 X_t 的最优预测误差的方差，如果 $\sigma^2(X|\overline{X}) > \sigma^2(X|\overline{X},\overline{Y})$，则称 Y_t 是 X_t 的格兰杰原因。如果进一步假设对 X_t 的预测是线性预测，那么可以基于向量自回归模型来检验格兰杰因果关系。

1.2 时间序列的平稳性

实践中，格兰杰因果关系检验一般都是基于平稳的向量自回归模型进行的，或者要求时间序列具有平稳性。为此，首先引入时间序列平稳性这一基本概念。

定义 9：对于一个随机过程，如果它的一阶矩和二阶矩不随时间的变化而变化，则称该随机过程为平稳随机过程。

换句话说，对于一个随机过程 $\boldsymbol{y}_t$，如果它的一阶矩，也即期望 $E(\boldsymbol{y}_t)=\boldsymbol{v}$ 对于所有的 $t=1,2,\cdots$，都相同，同时，$E(\boldsymbol{y}_{t+h}-\boldsymbol{v})(\boldsymbol{y}_t-\boldsymbol{v})^{\mathrm{T}}=\boldsymbol{\Sigma}_y^h$，也即 $\boldsymbol{y}_t$ 的方差协方差矩阵只和两个随机变量的时间间隔有关，则称随机过程 $\boldsymbol{y}_t$ 为平稳的随机过程。一般情况下，对于平稳随机过程，都假设随机过程的一阶矩和二阶矩是有限的。根据平稳随机过程的定义可知，实际上，平稳随机过程是保证了一系列随机变量性质的稳定性或平稳性，从而有助于基于这些平稳随机过程得到稳定的结论。

介绍完平稳性后，进一步介绍时间序列分析中一个常用的模型，即平稳的向量自回归模型，该模型不仅是时域因果关系检验的基础，也是频域因果关系检验的基础。首先，引入滞后算子 L 这一概念，即 $L\boldsymbol{y}_t=y_{t-1}$，$L^d\boldsymbol{y}_t=\boldsymbol{y}_{t-d}$，在此基础上，考虑如下滞后阶数为 p 的向量自回归模型：

$$\boldsymbol{y}_t=\boldsymbol{v}+\boldsymbol{\Theta}_1\boldsymbol{y}_{t-1}+\boldsymbol{\Theta}_2\boldsymbol{y}_{t-2}+\cdots+\boldsymbol{\Theta}_p\boldsymbol{y}_{t-p}+\boldsymbol{\varepsilon}_t, \tag{1-10}$$

其中，$\boldsymbol{y}_t=[y_{1t},y_{2t},\cdots,y_{Kt}]^{\mathrm{T}}$ 是 $K\times1$ 维平稳时间序列，$\boldsymbol{v}=[v_1,v_2,\cdots,v_K]^{\mathrm{T}}$ 是 $K\times1$ 维常数向量，$\boldsymbol{\Theta}_i$ 是 $K\times K$ 维系数矩阵，对于 $i=1,\cdots,p$，$\boldsymbol{\varepsilon}_t=[\varepsilon_{1t},\varepsilon_{2t},\cdots,\varepsilon_{Kt}]^{\mathrm{T}}$ 是 $K\times1$ 维白噪声过程，其中 $E(\boldsymbol{\varepsilon}_t)=\boldsymbol{0}$，$E(\boldsymbol{\varepsilon}_t\boldsymbol{\varepsilon}_t^{\mathrm{T}})=\boldsymbol{\Sigma}_\varepsilon$，同时 $E(\boldsymbol{\varepsilon}_t\boldsymbol{\varepsilon}_s^{\mathrm{T}})=0$ 对于 $t\neq s$，且 $\boldsymbol{\Sigma}_\varepsilon$ 是非奇异正定矩阵。

利用滞后算子，上述向量自回归模型可进一步写作：

$$(\boldsymbol{I}-\boldsymbol{\Theta}_1L-\boldsymbol{\Theta}_2L^2-\cdots-\boldsymbol{\Theta}_pL^p)\boldsymbol{y}_t=\boldsymbol{v}+\boldsymbol{\varepsilon}_t, \tag{1-11}$$

基于上述向量自回归模型，称 $|\boldsymbol{I}-\boldsymbol{\Theta}_1\lambda-\boldsymbol{\Theta}_2\lambda^2-\cdots-\boldsymbol{\Theta}_p\lambda^p|=0$ 为与上述向量自回归模型相对应的特征方程，其中 λ 是特征方程的特征根。基于该特征方程，可以判断该向量自回归模型是否平稳。如果该特征方程的特征根都在单位圆之外，则该向量自回归模型平稳，相反如果该特征方程的特征根都在单位圆之上或之内，则该向量自回归模型不平稳。

1.3 时间领域因果关系的检验

假设 $\boldsymbol{X}_t$ 是 $M\times1$ 维平稳时间序列，$\boldsymbol{Y}_t$ 是 $(K-M)\times1$ 维平稳时间序列，$\boldsymbol{Z}_t=[\boldsymbol{X}_t^{\mathrm{T}},\boldsymbol{Y}_t^{\mathrm{T}}]^{\mathrm{T}}$，进一步假设 $\boldsymbol{Z}_t$ 具有如下的移动平均过程：

$$\boldsymbol{Z}_t=\boldsymbol{\xi}+\sum_{i=0}^{\infty}\boldsymbol{\Psi}_i\boldsymbol{\varepsilon}_{t-i}=\boldsymbol{\xi}+\boldsymbol{\Psi}(L)\boldsymbol{\varepsilon}_t, \tag{1-12}$$

其中，L 是滞后算子，$\boldsymbol{\xi}$ 是 $K\times1$ 维常数向量，$\boldsymbol{\Psi}_0=\boldsymbol{I}_K,\boldsymbol{\Psi}(L)=\sum_{i=0}^{\infty}\boldsymbol{\Psi}_iL^i$，$\boldsymbol{\varepsilon}_t$ 是白噪声，其方差协方差矩阵为 $\boldsymbol{\Sigma}_{\boldsymbol{\varepsilon}}$。上式可以进一步写为如下形式：

$$\boldsymbol{Z}_t=\begin{bmatrix}\boldsymbol{X}_t\\ \boldsymbol{Y}_t\end{bmatrix}=\begin{bmatrix}\boldsymbol{\xi}_1\\ \boldsymbol{\xi}_2\end{bmatrix}+\begin{bmatrix}\boldsymbol{\Psi}_{11}(L) & \Psi_{12}(L)\\ \boldsymbol{\Psi}_{21}(L) & \boldsymbol{\Psi}_{22}(L)\end{bmatrix}\begin{bmatrix}\boldsymbol{\varepsilon}_{1,t}\\ \boldsymbol{\varepsilon}_{2,t}\end{bmatrix}, \tag{1-13}$$

其中，$\boldsymbol{\Psi}_{11}(L)=\sum_{i=0}^{\infty}\boldsymbol{\Psi}_{11,i}L^i$，$\boldsymbol{\Psi}_{12}(L)=\sum_{i=0}^{\infty}\boldsymbol{\Psi}_{12,i}L^i$，$\boldsymbol{\Psi}_{21}(L)=\sum_{i=0}^{\infty}\boldsymbol{\Psi}_{21,i}L^i$，$\boldsymbol{\Psi}_{22}(L)=\sum_{i=0}^{\infty}\boldsymbol{\Psi}_{22,i}L^i$，那么 $\boldsymbol{X}_t$ 的预测为 $F_t(\boldsymbol{X}\mid\overline{\boldsymbol{Z}})=\boldsymbol{\xi}_1+\sum_{i=1}^{\infty}\boldsymbol{\Psi}_{11,i}\boldsymbol{\varepsilon}_{1,t-i}+\sum_{i=1}^{\infty}\boldsymbol{\Psi}_{12,i}\varepsilon_{2,t-i}$，与之对应的预测误差为：$\boldsymbol{X}_t-F_t(\boldsymbol{X}\mid\overline{\boldsymbol{Z}})=\boldsymbol{\varepsilon}_{1t}$，其中 $\overline{\boldsymbol{Z}}$ 代表 Z_t 的过去值。

根据 Wold 分解定理（Wold Decomposition Theorem），$\boldsymbol{X}_t$ 又可以写作如下移动平均过程：

$$\boldsymbol{X}_t=\boldsymbol{\xi}_1+\sum_{i=0}^{\infty}\boldsymbol{Q}_i\boldsymbol{\eta}_{t-i}, \tag{1-14}$$

其中，$\boldsymbol{Q}_0=\boldsymbol{I}_M$，$\boldsymbol{\eta}_t$ 是白噪声过程。基于上式，$\boldsymbol{X}_t$ 的预测为 $F_t(\boldsymbol{X}\mid\overline{\boldsymbol{X}})=\xi_1+\sum_{i=1}^{\infty}\boldsymbol{Q}_i\boldsymbol{\eta}_{t-i}$，与之对应的预测误差为 $\boldsymbol{X}_t-F_t(\boldsymbol{X}\mid\overline{\boldsymbol{X}})=\boldsymbol{\eta}_t$。根据格兰杰因果关系的定义，如果 $\boldsymbol{Y}_t$ 对 $\boldsymbol{X}_t$ 没有预测作用，那么预测误差 $\boldsymbol{\eta}_t=\boldsymbol{\varepsilon}_{1t}$，从而有 $\boldsymbol{X}_t$ 可写作如下形式：

$$\boldsymbol{X}_t=\boldsymbol{\xi}_1+\sum_{i=0}^{\infty}\boldsymbol{Q}_i\boldsymbol{\varepsilon}_{1,t-i}, \tag{1-15}$$

又由于

$$\boldsymbol{X}_t=\boldsymbol{\xi}_1+\sum_{i=0}^{\infty}\boldsymbol{\Psi}_{11,i}\boldsymbol{\varepsilon}_{1,t-i}+\sum_{i=1}^{\infty}\boldsymbol{\Psi}_{12,i}\boldsymbol{\varepsilon}_{2,t-i}, \tag{1-16}$$

根据 $\boldsymbol{X}_t$ 的移动平均过程的唯一性，可以得出 $\boldsymbol{Q}_i = \boldsymbol{\Psi}_{11,i}$，且 $\boldsymbol{\Psi}_{12,i} = \boldsymbol{0}(i = 1, 2,\cdots)$。基于上述理论，可得到命题1。

命题1：对于一个形如等式（1－10）的平稳向量自回归模型，$F_t(\boldsymbol{X}|\overline{\boldsymbol{Z}}) = F_t(\boldsymbol{X}|\overline{\boldsymbol{X}})$ 等价于 $\boldsymbol{\Psi}_{12,i} = \boldsymbol{0}$，对于 $i = 1,2,\cdots$。

命题1隐含着一旦 $\boldsymbol{\Psi}_{12,i} = \boldsymbol{0}$，对于 $i = 1,2,\cdots$，则对 $\boldsymbol{X}_t$ 的第 h（$h = 1,2,\cdots$）步预测也有 $F_{t|h}(\boldsymbol{X}|\overline{\boldsymbol{Z}}) = F_{t|h}(\boldsymbol{X}|\overline{\boldsymbol{X}})$，因此，命题1给出了 $\boldsymbol{Y}_t$ 不是 $\boldsymbol{X}_t$ 的格兰杰原因的充分必要条件，即如果 $\boldsymbol{Y}_t$ 不是 $\boldsymbol{X}_t$ 的格兰杰原因，则必然有 $\boldsymbol{\Psi}_{12,i} = \boldsymbol{0}(i = 1,2,\cdots)$。基于此，可以通过检验移动平均模型中相关系数是否为0来判断一些变量是否是另一些变量的格兰杰原因。然而，现实中对时间序列的建模形式一般是向量自回归模型而不是移动平均模型。可以对 $\boldsymbol{X}_t$ 和 $\boldsymbol{Y}_t$ 建立如下向量自回归模型：

$$\boldsymbol{Z}_t = \begin{bmatrix} \boldsymbol{X}_t \\ \boldsymbol{Y}_t \end{bmatrix} = \begin{bmatrix} \boldsymbol{\nu}_1 \\ \boldsymbol{\nu}_2 \end{bmatrix} + \begin{bmatrix} \boldsymbol{\Theta}_{11,1} & \boldsymbol{\Theta}_{12,1} \\ \boldsymbol{\Theta}_{21,1} & \boldsymbol{\Theta}_{22,1} \end{bmatrix} \begin{bmatrix} \boldsymbol{X}_{t-1} \\ \boldsymbol{Y}_{t-1} \end{bmatrix} + \cdots + \begin{bmatrix} \boldsymbol{\Theta}_{11,p} & \boldsymbol{\Theta}_{12,p} \\ \boldsymbol{\Theta}_{21,p} & \boldsymbol{\Theta}_{22,p} \end{bmatrix} \begin{bmatrix} \boldsymbol{X}_{t-p} \\ \boldsymbol{Y}_{t-p} \end{bmatrix} + \begin{bmatrix} \boldsymbol{\varepsilon}_{1,t} \\ \boldsymbol{\varepsilon}_{2,t} \end{bmatrix}, \tag{1-17}$$

在等式（1－13）中，注意到如果 $\boldsymbol{\Psi}_{12,i} = \boldsymbol{0}(i = 1,2,\cdots)$，则有：

$$\begin{bmatrix} \boldsymbol{\Psi}_{11}(L) & \boldsymbol{\Psi}_{12}(L) \\ \boldsymbol{\Psi}_{21}(L) & \boldsymbol{\Psi}_{22}(L) \end{bmatrix}^{-1} = \begin{bmatrix} \boldsymbol{\Psi}_{11}(L)^{-1} & \boldsymbol{0} \\ -\boldsymbol{\Psi}_{22}(L)^{-1}\boldsymbol{\Psi}_{21}(L)\boldsymbol{\Psi}_{11}(L)^{-1} & \boldsymbol{\Psi}_{22}(L)^{-1} \end{bmatrix}, \tag{1-18}$$

则等式（1－13）所表达的移动平均模型对应的向量自回归模型可写作：

$$\begin{bmatrix} \boldsymbol{\Psi}_{11}(L)^{-1} & \boldsymbol{0} \\ -\boldsymbol{\Psi}_{22}(L)^{-1}\boldsymbol{\Psi}_{21}(L)\,\boldsymbol{\Psi}_{11}(L)^{-1} & \boldsymbol{\Psi}_{22}(L)^{-1} \end{bmatrix} \begin{bmatrix} \boldsymbol{X}_t \\ \boldsymbol{Y}_t \end{bmatrix} = \begin{bmatrix} \boldsymbol{\Psi}_{11}(L)^{-1} & \boldsymbol{0} \\ -\boldsymbol{\Psi}_{22}(L)^{-1}\boldsymbol{\Psi}_{21}(L)\,\boldsymbol{\Psi}_{11}(L)^{-1} & \boldsymbol{\Psi}_{22}(L)^{-1} \end{bmatrix} \begin{bmatrix} \boldsymbol{\xi}_1 \\ \boldsymbol{\xi}_2 \end{bmatrix} + \begin{bmatrix} \boldsymbol{\varepsilon}_{1,t} \\ \boldsymbol{\varepsilon}_{2,t} \end{bmatrix}。 \tag{1-19}$$

将模型（1－17）和模型（1－19）相对比，可以看出命题1成立的充分必要条件是 $\boldsymbol{\Theta}_{12,i} = \boldsymbol{0}(i = 1,2,\cdots,p)$，从而可以得到命题2。

命题2：对于一个平稳的向量自回归模型，$F_t(\boldsymbol{X}|\overline{\boldsymbol{Z}}) = F_t(\boldsymbol{X}|\overline{\boldsymbol{X}})$ 等价于 $\boldsymbol{\Theta}_{12,i} = \boldsymbol{0}(i = 1,2,\cdots,p)$。

命题2隐含着一旦 $\boldsymbol{\Theta}_{12,i} = \boldsymbol{0}(i = 1,2,\cdots,p)$，则对 $\boldsymbol{X}_t$ 的第 h（$h = 1,2,\cdots$）

步预测也有 $P_{t|h}(X|\overline{Z}) = P_{t|h}(X|\overline{X})$，因此，命题2给出了 $\boldsymbol{Y}_t$ 不是 $\boldsymbol{X}_t$ 的格兰杰原因的充分必要条件，即如果 $\boldsymbol{Y}_t$ 不是 $\boldsymbol{X}_t$ 的格兰杰原因，则必然有 $\boldsymbol{\Theta}_{12,i} = \boldsymbol{0}(i = 1,2,\cdots,p)$。基于此，可以通过检验向量自回归模型中相关系数是否为0来判断一些变量是否是另一些变量的格兰杰原因。进一步，可以通过沃尔德统计量来检验格兰杰因果关系。为此，首先介绍一个新命题——命题3。

命题3：对于一个 $n \times 1$ 的随机向量 $\boldsymbol{M}$，假设其分布为 $\boldsymbol{M} \sim N(\boldsymbol{0},\boldsymbol{\Sigma})$，其中 $\boldsymbol{\Sigma}$ 为非奇异矩阵，那么 $\boldsymbol{M}^{\mathrm{T}}\boldsymbol{\Sigma}^{-1}\boldsymbol{M} \sim \chi^2(n)$，$\boldsymbol{M}^{\mathrm{T}}\boldsymbol{\Sigma}^{-1}\boldsymbol{M}$ 被称为沃尔德统计量。

证明：由于方差协方差矩阵 $\boldsymbol{\Sigma}$ 为对称的非奇异矩阵，因此可以将 $\boldsymbol{\Sigma}$ 正交对角化，即存在一个正交矩阵 $\boldsymbol{Q}(\boldsymbol{Q}^{\mathrm{T}} = \boldsymbol{Q}^{-1})$，使得 $\boldsymbol{Q}^{\mathrm{T}}\boldsymbol{\Sigma}\boldsymbol{Q} = \boldsymbol{D}$，$\boldsymbol{D}$ 为对角矩阵，其对角线元素为 $\boldsymbol{\Sigma}$ 的特征值，由于 $\boldsymbol{\Sigma}$ 为正定矩阵，与之对应的各个特征值都为正值，在此用 $d_i(i = 1,2,\cdots,n)$ 表示。注意到 $\boldsymbol{\Sigma} = (\boldsymbol{Q}^{\mathrm{T}})^{-1}\boldsymbol{D}\boldsymbol{Q}^{-1} = \boldsymbol{Q}\boldsymbol{D}\boldsymbol{Q}^{\mathrm{T}}$，由此可以得到

$$\begin{aligned}\boldsymbol{M}^{\mathrm{T}}\boldsymbol{\Sigma}^{-1}\boldsymbol{M} &= \boldsymbol{M}^{\mathrm{T}}(\boldsymbol{Q}^{\mathrm{T}})^{-1}\boldsymbol{D}^{-1}\boldsymbol{Q}^{-1}\boldsymbol{M} \\ &= (\boldsymbol{Q}^{-1}\boldsymbol{M})^{\mathrm{T}}\boldsymbol{D}^{-1}\boldsymbol{Q}^{-1}\boldsymbol{M} \\ &= \boldsymbol{w}^{\mathrm{T}}\boldsymbol{D}^{-1}\boldsymbol{w} \\ &= \sum_{i=1}^{n}\frac{w_i^2}{d_i},\end{aligned} \tag{1-20}$$

其中，向量 $\boldsymbol{w} = \boldsymbol{Q}^{-1}\boldsymbol{M}$，$w_i$ 为的 $\boldsymbol{w}$ 第 i 个元素，$\boldsymbol{w}$ 的均值为 $E(\boldsymbol{w}) = E(\boldsymbol{Q}^{-1}\boldsymbol{M}) = \boldsymbol{0}$，而其方差协方差矩阵为 $E(\boldsymbol{w}\boldsymbol{w}^{\mathrm{T}}) = E(\boldsymbol{Q}^{-1}\boldsymbol{M}(\boldsymbol{Q}^{-1}\boldsymbol{M})^{\mathrm{T}}) = \boldsymbol{Q}^{-1}E(\boldsymbol{M}\boldsymbol{M}^{T})(\boldsymbol{Q}^{-1})^{\mathrm{T}} = \boldsymbol{Q}^{-1}\boldsymbol{\Sigma}(\boldsymbol{Q}^{-1})^{\mathrm{T}} = \boldsymbol{D}$。因此，$w_i \sim N(0,d_i)(i = 1,2,\cdots,n)$，从而 $w_i/\sqrt{d_i} \sim N(0,1)$。基于此，上述 $\boldsymbol{M}^{\mathrm{T}}\boldsymbol{\Sigma}^{-1}\boldsymbol{M}$ 是 n 个服从标准正态分布的随机变量的平方的和，从而服从 $\chi^2(n)$ 分布。

基于命题2，可知 $\boldsymbol{Y}_t$ 不是 $\boldsymbol{X}_t$ 的格兰杰原因等价于 $\boldsymbol{\Theta}_{12,i} = \boldsymbol{0}(i = 1,2,\cdots,p)$。因此，可以基于向量自回归模型，构造假设检验来检验格兰杰因果关系，即 $\boldsymbol{Y}_t$ 不是 $\boldsymbol{X}_t$ 的格兰杰原因，对应的原假设是：

$$H_0: \boldsymbol{\Theta}_{12,i} = \boldsymbol{0}, i = 1,2,\cdots,p, \tag{1-21}$$

上述原假设可以写作对向量自回归模型系数的一系列线性约束，因此，只需知道向量自回归模型系数估计量的概率分布形式，即可检验上述原假设。为此，进一步介绍向量自回归模型系数估计量的概率分布形式。

假设有一个 K 维多元时间序列 $\boldsymbol{z}_t = [z_{1t}, z_{2t}, \cdots, z_{Kt}]^{\mathrm{T}}$，该时间序列观测值的个数为 T，并假设该时间序列服从如下平稳的向量自回归模型：

$$\boldsymbol{z}_t = \boldsymbol{v} + \boldsymbol{\Theta}_1 \boldsymbol{z}_{t-1} + \cdots + \boldsymbol{\Theta}_p \boldsymbol{z}_{t-p} + \boldsymbol{\varepsilon}_t, \tag{1-22}$$

其中，$\boldsymbol{v}$ 是 $K \times 1$ 维常数向量系数，$\boldsymbol{\Theta}_1, \boldsymbol{\Theta}_2, \cdots, \boldsymbol{\Theta}_p$ 是 $K \times K$ 维系数矩阵，$\boldsymbol{\varepsilon}_t$ 是白噪声，其方差协方差矩阵为 $\boldsymbol{\Sigma}_\varepsilon$，且方差协方差矩阵为正定非奇异矩阵。由于我们有 T 个观测值，而滞后阶数为 p，所以我们有 $T-p$ 个如下等式：

$$\begin{gathered}
\boldsymbol{z}_{p+1} = \boldsymbol{v} + \boldsymbol{\Theta}_1 \boldsymbol{z}_p + \cdots + \boldsymbol{\Theta}_p \boldsymbol{z}_1 + \boldsymbol{\varepsilon}_{p+1}, \\
\boldsymbol{z}_{p+2} = \boldsymbol{v} + \boldsymbol{\Theta}_1 \boldsymbol{z}_{p+1} + \cdots + \boldsymbol{\Theta}_p \boldsymbol{z}_2 + \boldsymbol{\varepsilon}_{p+2}, \\
\vdots \\
\boldsymbol{z}_T = \boldsymbol{v} + \boldsymbol{\Theta}_1 \boldsymbol{z}_{T-1} + \cdots + \boldsymbol{\Theta}_p \boldsymbol{z}_{T-p} + \boldsymbol{\varepsilon}_T,
\end{gathered}$$

将上述 $T-p$ 个等式写成如下矩阵形式：

$$\begin{aligned}
&[\boldsymbol{z}_{p+1}, \boldsymbol{z}_{p+2}, \cdots, \boldsymbol{z}_T] \\
&= [\boldsymbol{v}, \boldsymbol{\Theta}_1, \boldsymbol{\Theta}_2, \cdots, \boldsymbol{\Theta}_p] \begin{bmatrix} 1 & 1 & \cdots & 1 \\ \boldsymbol{z}_p & \boldsymbol{z}_{p+1} & \cdots & \boldsymbol{z}_{T-1} \\ \vdots & \vdots & & \vdots \\ \boldsymbol{z}_1 & \boldsymbol{z}_2 & \cdots & \boldsymbol{z}_{T-p} \end{bmatrix} + [\boldsymbol{\varepsilon}_{p+1}, \boldsymbol{\varepsilon}_{p+2}, \cdots, \boldsymbol{\varepsilon}_T],
\end{aligned} \tag{1-23}$$

令 $\boldsymbol{Z} = [\boldsymbol{z}_{p+1}, \boldsymbol{z}_{P+2}, \cdots, \boldsymbol{z}_T]$，$\boldsymbol{\Theta} = [\boldsymbol{v}, \boldsymbol{\Theta}_1, \cdots, \boldsymbol{\Theta}_p]$，$\boldsymbol{M} = \begin{bmatrix} 1 & 1 & \cdots & 1 \\ \boldsymbol{z}_p & \boldsymbol{z}_{p+1} & \cdots & \boldsymbol{z}_{T-1} \\ \vdots & \vdots & & \vdots \\ \boldsymbol{z}_1 & \boldsymbol{z}_2 & \cdots & \boldsymbol{z}_{T-p} \end{bmatrix}$，$\boldsymbol{\varepsilon} = [\boldsymbol{\varepsilon}_{p+1}, \boldsymbol{\varepsilon}_{p+2}, \cdots, \boldsymbol{\varepsilon}_T]$，则上式可以写作：

$$\boldsymbol{Z} = \boldsymbol{\Theta M} + \boldsymbol{\varepsilon}, \tag{1-24}$$

利用向量化 vec 算子，对式（1-24）进行向量化，可得：

$$\mathrm{vec}(\boldsymbol{Z}) = \mathrm{vec}(\boldsymbol{\Theta M}) + \mathrm{vec}(\boldsymbol{\varepsilon}) = (\boldsymbol{M}^{\mathrm{T}} \otimes \boldsymbol{I}_K)\mathrm{vec}(\boldsymbol{\Theta}) + \mathrm{vec}(\boldsymbol{\varepsilon}), \tag{1-25}$$

令 $\mathrm{vec}(\boldsymbol{Z}) = \boldsymbol{z}$，$\mathrm{vec}(\boldsymbol{\Theta}) = \boldsymbol{\beta}$，$\mathrm{vec}(\boldsymbol{\varepsilon}) = \boldsymbol{\epsilon}$，则上式可以进一步写作：

$$\boldsymbol{z} = (\boldsymbol{M}^{\mathrm{T}} \otimes \boldsymbol{I}_K)\boldsymbol{\beta} + \boldsymbol{\epsilon}, \tag{1-26}$$

基于上式，可以得到 $\boldsymbol{\beta}$ 的最小二乘估计量：

$$\widehat{\boldsymbol{\beta}} = ((\boldsymbol{MM}^{\mathrm{T}})^{-1}\boldsymbol{M} \otimes \boldsymbol{I}_K)\boldsymbol{z}, \tag{1-27}$$

同时 $\sqrt{T-p}(\widehat{\boldsymbol{\beta}}-\boldsymbol{\beta}) \sim N(0,\boldsymbol{\Gamma}^{-1}\otimes\boldsymbol{\Sigma}_{\varepsilon})$，其中 $\boldsymbol{\Gamma}=\text{plim}\dfrac{\boldsymbol{M}\boldsymbol{M}^{\mathrm{T}}}{T-p}$，$\boldsymbol{\Gamma}$ 的一致估计量为 $\widehat{\boldsymbol{\Gamma}}=\dfrac{\boldsymbol{M}\boldsymbol{M}^{\mathrm{T}}}{T-p}$，而 $\boldsymbol{\Sigma}_{\varepsilon}$ 的一致估计量为：

$$
\begin{aligned}
\widetilde{\boldsymbol{\Sigma}}_{\varepsilon} &= \frac{1}{T-p}\sum_{t=p+1}^{T}\widehat{\boldsymbol{\varepsilon}}_t\widehat{\boldsymbol{\varepsilon}}_t^{\mathrm{T}} \\
&= \frac{1}{T-p}\sum_{t=p+1}^{T}(Z-\widehat{\Theta}M)(\boldsymbol{Z}-\widehat{\boldsymbol{\Theta}}\boldsymbol{M})^{\mathrm{T}} \\
&= \frac{1}{T-p}[\boldsymbol{Z}-\boldsymbol{Z}\boldsymbol{M}^{\mathrm{T}}(\boldsymbol{M}\boldsymbol{M}^{\mathrm{T}})^{-1}\boldsymbol{M}][\boldsymbol{Z}-\boldsymbol{Z}\boldsymbol{M}^{\mathrm{T}}(\boldsymbol{M}\boldsymbol{M}^{\mathrm{T}})^{-1}\boldsymbol{M}]^{\mathrm{T}} \\
&= \frac{1}{T-p}\boldsymbol{Z}[\boldsymbol{I}_{T-p}-\boldsymbol{M}^{\mathrm{T}}(\boldsymbol{M}\boldsymbol{M}^{\mathrm{T}})^{-1}\boldsymbol{M})]\boldsymbol{Z}^{\mathrm{T}},
\end{aligned}
\tag{1-28}
$$

在实际中，一般会对 $\widetilde{\boldsymbol{\Sigma}}_{\varepsilon}$ 进行自由度调整，从而得到 $\boldsymbol{\Sigma}_{\varepsilon}$ 的无偏估计量：

$$
\widehat{\boldsymbol{\Sigma}} = \frac{T-p}{T-p-Kp-1}\widetilde{\boldsymbol{\Sigma}}_{\varepsilon}, \tag{1-29}
$$

基于上述叙述，可以进一步构建对向量自回归模型系数线性约束的假设检验。考虑如下假设检验：

$$
\text{原假设 } H_0: \boldsymbol{R}\boldsymbol{\beta}=\boldsymbol{c}
$$

$$
\text{备择假设 } H_1: \boldsymbol{R}\boldsymbol{\beta}\neq\boldsymbol{c}
$$

其中，$\boldsymbol{R}$ 是 $n\times(K^2p+K)$ 矩阵，其秩为 n，$\boldsymbol{c}$ 是 $n\times1$ 向量。通过上述论述可知 $\sqrt{T-p}(\widehat{\boldsymbol{\beta}}-\boldsymbol{\beta}) \sim N(0,\boldsymbol{\Gamma}^{-1}\otimes\boldsymbol{\Sigma}_{\varepsilon})$，则有 $E[\boldsymbol{R}(\widehat{\boldsymbol{\beta}}-\boldsymbol{\beta})]=\boldsymbol{0}$，
$\text{Var}[\sqrt{T-p}\boldsymbol{R}(\widehat{\boldsymbol{\beta}}-\boldsymbol{\beta})]=\boldsymbol{R}\text{Var}[\sqrt{T-p}(\widehat{\boldsymbol{\beta}}-\boldsymbol{\beta})]\boldsymbol{R}^{\mathrm{T}}=\boldsymbol{R}(\boldsymbol{\Gamma}^{-1}\otimes\boldsymbol{\Sigma}_{\varepsilon})\boldsymbol{R}^{\mathrm{T}}$，从而有：

$$
\sqrt{T-p}(\boldsymbol{R}\widehat{\boldsymbol{\beta}}-\boldsymbol{c}) \sim N(0,\boldsymbol{R}(\boldsymbol{\Gamma}^{-1}\otimes\boldsymbol{\Sigma}_{\varepsilon})\boldsymbol{R}^{\mathrm{T}}), \tag{1-30}
$$

在此基础上，基于命题 3，可以得到如下沃尔德统计量：

$$
W=(T-p)(\boldsymbol{R}\widehat{\boldsymbol{\beta}}-\boldsymbol{c})^{\mathrm{T}}(\boldsymbol{R}(\boldsymbol{\Gamma}^{-1}\otimes\boldsymbol{\Sigma}_{\varepsilon})\boldsymbol{R}^{\mathrm{T}})^{-1}(\boldsymbol{R}\widehat{\boldsymbol{\beta}}-\boldsymbol{c}) \sim \chi^2(n), \tag{1-31}
$$

即统计量 W 服从自由度为 n 的卡方分布。如果将 $\boldsymbol{\Gamma}$ 替换为 $\widehat{\boldsymbol{\Gamma}}$，$\boldsymbol{\Sigma}_{\varepsilon}$ 替换为 $\widehat{\boldsymbol{\Sigma}}_{\varepsilon}$，则上述统计量渐近服从自由度为 n 的卡方分布。

基于上述结论，笔者以一个滞后阶数 $p=3$ 的二元向量自回归模型为例，解释如何进行格兰杰因果关系检验：

$$
\boldsymbol{z}_t=\boldsymbol{v}+\boldsymbol{\Theta}_1\boldsymbol{z}_{t-1}+\boldsymbol{\Theta}_2\boldsymbol{z}_{t-2}+\boldsymbol{\Theta}_3\boldsymbol{z}_{t-3}+\boldsymbol{\varepsilon}_t, \tag{1-32}
$$

$\boldsymbol{v} = \begin{bmatrix} v_1 \\ v_2 \end{bmatrix}$，$\boldsymbol{\Theta}_1 = \begin{bmatrix} \theta_{11,1} & \theta_{12,1} \\ \theta_{21,1} & \theta_{22,1} \end{bmatrix}$，$\boldsymbol{\Theta}_2 = \begin{bmatrix} \theta_{11,2} & \theta_{12,2} \\ \theta_{21,2} & \theta_{22,2} \end{bmatrix}$，$\boldsymbol{\Theta}_3 = \begin{bmatrix} \theta_{11,3} & \theta_{12,3} \\ \theta_{21,3} & \theta_{22,3} \end{bmatrix}$，$\boldsymbol{\varepsilon}_t = \begin{bmatrix} \varepsilon_{1t} \\ \varepsilon_{2t} \end{bmatrix}$。基于该模型，根据格兰杰因果关系的定义，$y_t$ 不是 x_t 的格兰杰原因等价于 $\theta_{12,1} = \theta_{12,2} = \theta_{12,3} = 0$，令 $\boldsymbol{\beta} = \mathrm{vec}([\boldsymbol{v}, \boldsymbol{\Theta}_1, \boldsymbol{\Theta}_2, \boldsymbol{\Theta}_3]) = (v_1, v_2, \theta_{11,1}, \theta_{21,1}, \theta_{12,1}, \theta_{22,1}, \theta_{11,2}, \theta_{21,2}, \theta_{12,2}, \theta_{22,2}, \theta_{11,3}, \theta_{21,3}, \theta_{12,3}, \theta_{22,3})^{\mathrm{T}}$，

$$\boldsymbol{R} = \begin{bmatrix} 0 & 0 & 0 & 0 & 1 & 0 & 0 & 0 & 0 & 0 & 0 & 0 & 0 & 0 \\ 0 & 0 & 0 & 0 & 0 & 0 & 0 & 0 & 1 & 0 & 0 & 0 & 0 & 0 \\ 0 & 0 & 0 & 0 & 0 & 0 & 0 & 0 & 0 & 0 & 0 & 0 & 1 & 0 \end{bmatrix},$$

$$\boldsymbol{c} = [0 \quad 0 \quad 0]^{\mathrm{T}},$$

则 y_t 不是 x_t 的格兰杰原因等价于 $\boldsymbol{R\beta} = \boldsymbol{c}$，即等价于对上述二元向量自回归模型系数的线性约束。基于此，我们可以构建如下格兰杰因果关系检验步骤：

ⅰ构造原假设和备择假设：

$$H_0: \boldsymbol{R\beta} = \boldsymbol{c}, \qquad H_1: \boldsymbol{R\beta} \neq \boldsymbol{c}。$$

ⅱ构造检验统计量：

$$W = (T-p)(\boldsymbol{R}\widehat{\boldsymbol{\beta}} - \boldsymbol{c})^{\mathrm{T}}(\boldsymbol{R}(\widehat{\boldsymbol{\Gamma}}^{-1} \otimes \widehat{\boldsymbol{\Sigma}}_{\varepsilon})\boldsymbol{R}^{\mathrm{T}})^{-1}(\boldsymbol{R}\widehat{\boldsymbol{\beta}} - \boldsymbol{c})。\quad (1-33)$$

ⅲ判别：在给定的显著性水平 $\alpha = 0.05$ 或 $\alpha = 0.01$ 下，查询临界值，如果检验统计量的值大于临界值，则拒绝原假设，即 y_t 是 x_t 的格兰杰原因；相反，如果检验统计量的值小于临界值，则接受原假设，即 y_t 不是 x_t 的格兰杰原因。

最后，需要说明的是，基于向量自回归模型的格兰杰因果关系检验需要确定向量自回归模型的滞后阶数 p 。从实际操作来看，一般使用汉南－奎因准则（Hannan and Quinn criterion，HQ）、赤池信息量准则（Akaike information criterion，AIC）和施瓦茨准则（Schwarz criterion，SC）等准则来确定向量自回归模型的滞后阶数，计算公式分别如下：

$$HQC(p) = \ln(|\widetilde{\boldsymbol{\Sigma}}_{\varepsilon}(p)|) + \frac{2\ln[\ln(T)]}{T}pK^2, \quad (1-34)$$

$$SC(p) = \ln(|\widetilde{\boldsymbol{\Sigma}}_{\varepsilon}(p)|) + \frac{\ln(T)}{T}pK^2, \quad (1-35)$$

$$AIC(p) = \ln(|\widetilde{\boldsymbol{\Sigma}}_{\varepsilon}(p)|) + \frac{2}{T}pK^2, \quad (1-36)$$

以 HQC 准则为例，通过 HQC 准则计算向量自回归模型一系列滞后阶数对应的 HQC 数值，从而选择 HQC 最小值对应的滞后阶数作为向量自回归模型的最优滞后阶数，从而确定 p 。这 3 个信息准则有如下关系：

$$p(\mathrm{SC}) \leqslant p(\mathrm{AIC}),\text{如果 } T \geqslant 8,$$

$$p(\mathrm{SC}) \leqslant p(\mathrm{HQC}),\text{对所有 } T,$$

$$p(\mathrm{HQ}) \leqslant p(\mathrm{AIC}),\text{如果 } T \geqslant 16\text{。}$$

1.4 时间领域因果关系检验的应用

下面通过一个例子来简单说明如何进行格兰杰因果关系检验。具体来看，考察期限利差是否是 GDP 增长率的格兰杰原因，也即期限利差是否有助于预测 GDP 的增长率。

期限利差是长期政府债券利率和短期政府债券利率之差，一般为正值，它通常被认为可以预测经济周期波动。债券的期限越长，债券持有人面临的风险就越大，因此就需要对额外风险进行补偿，对应的债券利率越高；与之相反，债券的期限越短，债券持有人面临的风险就越小，对应的债券利率就越低。同时，债券作为一种商品，必然受供求关系的影响，由于债券的价格就是其利率水平，当经济发展较好时，投资者对经济发展预期较好，则投资者倾向于长期投资，对长期资金需求增加，从而会推高长期债券的长期利率，压低短期利率，使得期限利差变大；当经济发展较差时，投资者对经济发展预期较差，则投资者倾向于减少长期投资，对长期资金需求减少，从而会压低长期债券的长期利率，抬高短期利率，使得期限利差变小。因此，一般情况下，当期限利差变大时，预示着经济发展前景较好，GDP 可能有较高的增长率，而当期限利差变小时，GDP 可能有较低的增长率，特别地，当期限利差变为负值时，也即利率出现倒挂，即长期利率低于短期利率时，则预示着经济有可能会发生衰退。因此，有些学者认为期限利差有助于预测 GDP 增长率。为此，本书利用美国的期限利差和 GDP 数据，通过格兰杰因果关系检验，探究期限利差是否有助于预测 GDP 增长率。

使用 1984—2019 年的美国 10 年期国债利率和 1 年期国债利率来计算期限利差（TS），使用美国季度 GDP 来计算 GDP 增长率，数据个数为 144，也即样本量为 144。这两个时间序列的趋势如图 1－1 和图 1－2 所示。可以看出，

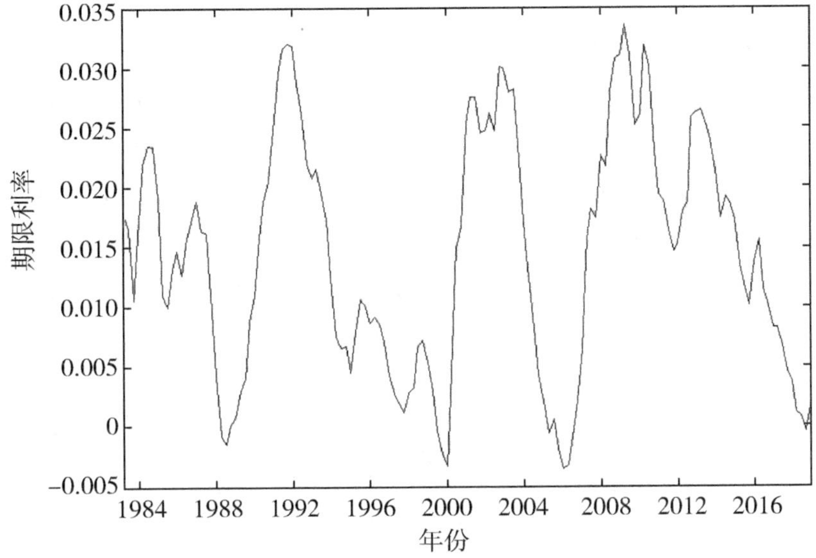

图 1－1 期限利差趋势

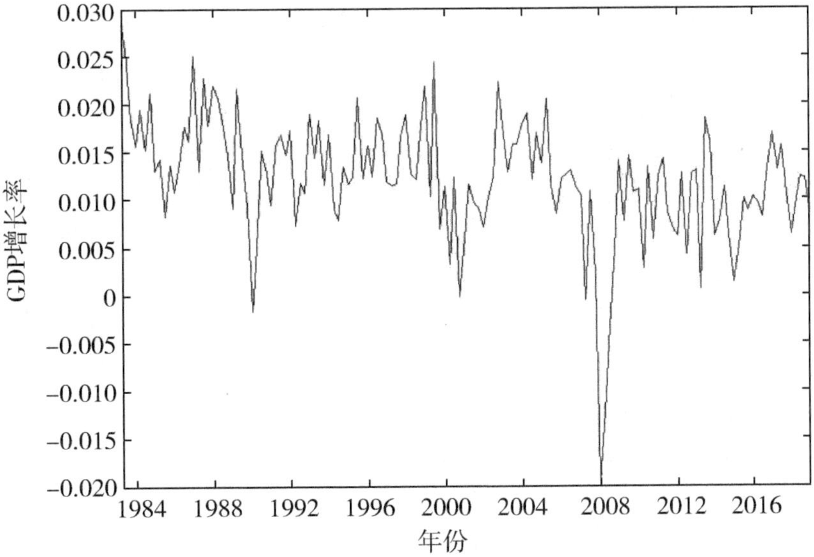

图 1－2 GDP 增长率趋势

1984—2019 年，美国的期限利差具有一定的周期性，且期限利差大部分时间

是正值，但是在一些极端情况下，如经济增长率较低时，期限利差的值可能为负值。相对于期限利差，美国的 GDP 增长率波动性很大，波动频率较高，但是也有一定的周期性。可以发现，在大部分时间内，美国的 GDP 增长率都是正值，但是在一些极端情况下，GDP 增长率也可能是负值，如 2007 年次贷危机期间，同时这些极端情况持续时间较短。

初步检验发现期限利差和 GDP 增长率都是平稳时间序列，因此基于这 2 个变量的向量自回归模型是平稳的。在此基础上，为了进行格兰杰因果关系检验，首先需要对期限利差和 GDP 增长率建立平稳的向量自回归模型，而建立平稳的向量自回归模型需要确定滞后阶数，笔者使用 AIC、SC 和 HQC 准则来综合确定滞后阶数，使用的最大滞后阶数是 8。AIC、SC 和 HQC 准则的计算结果如表 1－1 所示，可以看出 3 个准则都显示向量自回归模型的滞后阶数为 $p=2$。

表 1－1　滞后阶数选择结果

p	AIC	SC	HQC
0	－13.642 62	－13.599 79	－13.625 21
1	－16.236 63	－16.108 13	－16.184 41
2	－16.478 54	－16.264 38	－16.391 51
3	－16.461 16	－16.161 32	－16.339 31
4	－16.426 89	－16.041 39	－16.270 23
5	－16.384 11	－15.912 94	－16.192 64
6	－16.372 26	－15.815 43	－16.145 98
7	－16.318 04	－15.675 54	－16.056 94
8	－16.314 61	－15.586 45	－16.018 70

利用普通最小二乘法，对向量自回归模型的估计结果如下：

$$\begin{bmatrix} GDP_t \\ TS_t \end{bmatrix} = \begin{bmatrix} 0.0045 \\ 0.0031 \end{bmatrix} + \begin{bmatrix} 0.3593 & 0.0101 \\ -0.1189 & 1.3318 \end{bmatrix} \begin{bmatrix} GDP_{t-1} \\ TS_{t-1} \end{bmatrix} + \begin{bmatrix} 0.2267 & 0.0155 \\ -0.0273 & -0.4251 \end{bmatrix} \begin{bmatrix} GDP_{t-2} \\ TS_{t-2} \end{bmatrix}, \tag{1-37}$$

与之对应的方差协方差矩阵为：

$$\widehat{\boldsymbol{\Sigma}} = \begin{bmatrix} 2.991 \times 10^{-5} & -1.14 \times 10^{-6} \\ -1.14 \times 10^{-6} & 7.94 \times 10^{-6} \end{bmatrix}。$$

为了检验期限利差(TS)不是 GDP 增长率的格兰杰原因这一原假设，首先，

i 构造原假设和备择假设：

$$H_0: \boldsymbol{R\beta} = \boldsymbol{c} \qquad H_1: \boldsymbol{R\beta} \neq \boldsymbol{c}$$

$$\boldsymbol{\beta} = \mathrm{vec}([\boldsymbol{v},\boldsymbol{\Theta}_1,\boldsymbol{\Theta}_2]) = (v_1, v_2, \theta_{11,1}, \theta_{21,1}, \theta_{12,1}, \theta_{22,1}, \theta_{11,2}\theta_{21,2}, \theta_{12,2}, \theta_{22,2})^{\mathrm{T}},$$

$$\boldsymbol{R} = \begin{bmatrix} 0 & 0 & 0 & 0 & 1 & 0 & 0 & 0 & 0 & 0 \\ 0 & 0 & 0 & 0 & 0 & 0 & 0 & 0 & 1 & 0 \end{bmatrix},$$

$$\boldsymbol{c} = (0,0,0)^{\mathrm{T}},$$

ii 在原假设成立的条件下，构造检验统计量：

$$W = (T-p)(\boldsymbol{R}\widehat{\boldsymbol{\beta}} - \boldsymbol{c})^{\mathrm{T}}(\boldsymbol{R}(\widehat{\boldsymbol{\Gamma}}^{-1} \otimes \widehat{\boldsymbol{\Sigma}}_{\varepsilon})\boldsymbol{R}^{\mathrm{T}})^{-1}(\boldsymbol{R}\widehat{\boldsymbol{\beta}} - \boldsymbol{c}) = 0.2887,$$

其中，$\widehat{\boldsymbol{\beta}} = [0.0045, 0.0031, 0.3593, -0.1189, 0.0101, 1.3318, 0.2267, -0.0273, 0.0155, -0.4251]^{\mathrm{T}}$

$$\widehat{\boldsymbol{\Gamma}} = \frac{\boldsymbol{MM}^{\mathrm{T}}}{T-2} = \begin{bmatrix} 1.0000 & 0.0120 & 0.0145 & 0.0121 & 0.0146 \\ 0.0120 & 0.0002 & 0.0002 & 0.0002 & 0.0002 \\ 0.0145 & 0.0002 & 0.0003 & 0.0002 & 0.0003 \\ 0.0121 & 0.0002 & 0.0002 & 0.0002 & 0.0002 \\ 0.0146 & 0.0002 & 0.0003 & 0.0002 & 0.0003 \end{bmatrix}。$$

iii 判别：在给定的显著性水平 $\alpha = 0.05$ 下，查询临界值为 5.991，卡方检验统计量的值小于临界值，因此接受原假设，即期限利差不是 GDP 增长率的格兰杰原因，也即期限利差无助于预测 GDP 的增长率。

格兰杰因果关系检验除了可以用卡方检验进行检验，也可以用 F 检验进行检验。对于一个多元线性回归模型：

$$y_t = v + b_1 x_{1t} + b_2 x_{2t} + b_3 x_{3t} + \cdots + b_p x_{pt} + \varepsilon_t, \tag{1-38}$$

其中，v 是常数项，b_1, b_2, …, b_p 是一系列参数，ε_t 是误差项，称此类模型为无约束线性回归模型。假设对其中的一些系数进行线性约束，如 $b_1 = b_2 = 0$，则有如下多元线性回归模型：

$$y_t = v + b_3^* x_{3t} + \cdots + b_p^* x_{pt} + \varepsilon_t^*, \tag{1-39}$$

称此类模型为有约束线性回归模型。基于此，本节首先不加证明地给出一个命题：

命题4：令$\widehat{\varepsilon}_t(t=1,2,\cdots,T)$为基于无约束线性回归模型，利用普通最小二乘法得到的残差（此时为残差的个数），同时令：

$$RSS_1 = \sum_{t=1}^{T} (\widehat{\varepsilon}_t)^2 , \tag{1-40}$$

其中，RSS_1为无约束线性回归模型的残差平方和，令$\widehat{\varepsilon}_t^*$（$t=1,2,\cdots,T$）为基于有约束线性回归模型，利用普通最小二乘法得到的残差，同时令：

$$RSS_0 = \sum_{t=1}^{T} (\widehat{\varepsilon}_t^*)^2 , \tag{1-41}$$

其中，RSS_0为有约束线性回归模型的残差平方和。假设对一系列线性约束进行假设检验（如检验$b_1=b_2=0$），则对应的假设检验统计量可写作：

$$F = \frac{(RSS_0 - RSS_1)/m}{RSS_1/(T-p)} , \tag{1-42}$$

其中，m为线性约束的个数，T与RSS_1为对应的残差个数，如当线性约束为$b_1=b_2=0$时，则线性约束个数$m=2$。上述F统计量服从自由度为$(m,T-p)$的F分布。

如果检验系数$b_1=b_2=0$，观测值的个数为$T=100$，$p=2$，则假设检验统计量可写作：

$$F = \frac{(RSS_0 - RSS_1)/2}{RSS_1/(100-2)} , \tag{1-43}$$

其服从自由度为$(2,98)$的F分布。

基于此，对于上述假设检验TS不是GDP增长率的格兰杰原因（$\theta_{12,1}=\theta_{12,2}=0$）这一原假设，对应的无约束线性回归方程为：

$$GDP_t = v_1 + \theta_{11,1} GDP_{t-1} + \theta_{12,1} TS_{t-1} + \theta_{11,2} GDP_{t-2} + \theta_{12,2} TS_{t-2} + \varepsilon_{1t} , \tag{1-44}$$

有约束线性回归方程为：

$$GDP_t = v_1 + \theta_{11,1} GDP_{t-1} + \theta_{11,2} GDP_{t-2} + \varepsilon_{1t} , \tag{1-45}$$

基于普通最小二乘法，可得到无约束线性回归方程：

$$GDP_t = 0.0045 + 0.3593\, GDP_{t-1} + 0.0101\, TS_{t-1} + 0.2267\, GDP_{t-2} + 0.015\,5 TS_{t-2} , \tag{1-46}$$

基于普通最小二乘法，可得到有约束线性回归方程：

$$GDP_t = 0.0049 + 0.3586\, GDP_{t-1} + 0.2201\, GDP_{t-2}\ , \qquad (1-47)$$

对应的无约束线性回归方程的残差平方和为 $RSS_1 = 0.004\,097$，有约束线性回归方程的残差平方和为 $RSS_0 = 0.004\,105\,8$，$T = 144$，$m = 2$，F 统计量为：

$$\begin{aligned} F &= \frac{(RSS_0 - RSS_1)/2}{RSS_1/(144 - 2 - 4)} \\ &= \frac{(0.004\,105\,8 - 0.004\,097)/2}{0.004\,097/138} \\ &= 0.148\,206\ , \end{aligned}$$

F 统计量服从 $F(2,138)$ 分布，在给定的显著性水平 $\alpha = 0.05$ 下，查询临界值为 3.06，F 检验统计量小于临界值，接受原假设，即期限利差不是 GDP 增长率的格兰杰原因，也即期限利差无助于预测 GDP 的增长率，检验结果和卡方检验的结果一致。最后，注意上式中 RSS_1 对应的调整自由度为（144 - 2 - 4)，这是由于模型的滞后期为 2，因此，实际得到的残差个数为（144 - 2)，而解释变量的个数为 4，因此，RSS_1 对应的调整自由度为（144 - 2 - 4)。

通过上述论述可以看出，格兰杰因果关系的定义可以转换为对一系列线性回归方程相关系数的线性约束，而不存在格兰杰因果关系对应的是相关系数的值同时为零。因此，可以通过检验线性回归方程相关系数是否为零来检验变量之间是否存在格兰杰因果关系，而检验方法可以基于向量自回归模型通过卡方检验来进行，也可以基于多元线性回归方程，通过 F 检验来进行。最后，需要说明的是格兰杰因果关系体现的是变量之间的一种预测关系，这在实际应用中需要注意。

1.5 本章小结

本章主要介绍了时间领域因果关系的定义及检验。因果关系的定义主要是基于一个随机变量在多大程度上领先于另一个随机变量而定义的。随机变量 Y_t 是随机变量 X_t 的格兰杰原因，如果 X_t 仅仅基于 X_t 信息的预测误差的方差大于 X_t 基于 X_t 和 Y_t 信息的预测误差的方差。在此基础上，本章进一步介绍了如何将因果关系定义转换为可测度形式，并介绍了如何基于向量自回归模型进行因果关系的统计假设检验。最后，本章通过研究期限利差是否有助于预测 GDP 的增长率，来说明如何进行时间领域的因果关系检验。

第二章　一元时间序列的谱分析

本章主要介绍如何在频谱领域分析一元时间序列的一些性质。为此，本章将首先在频谱领域引入频谱分布函数这一概念，在此基础上，重点介绍一元时间序列的频谱密度函数，该函数和时间序列的自协方差函数密切相关，它们是两种等价描述离散平稳时间序列性质的方法。进一步，本章引入自协方差生成函数，利用该生成函数，可以很方便地计算一些时间序列的频谱密度。为了更深入地介绍频谱密度，本章也详细介绍了如何计算一些常用一元时间序列的频谱密度，如平稳随机过程、一阶自回归过程、二阶自回归过程和一阶移动平均过程的频谱密度。最后，本章介绍了时间序列滤波方法。

2.1　频谱分布函数

在时间序列分析中，通常使用时间序列的自协方差函数来描述平稳时间序列的性质，如通过计算时间序列在不同时间间隔的自协方差，可以大致描述出时间序列随时间变动的特征。与之对应，在频谱领域可以通过频谱密度函数来描述时间序列的一些性质。

为此，首先不加证明地指出，对于任何一个离散的平稳时间序列，都可以写成如下表达式：

$$x_t = \int_0^\pi \cos\omega t \mathrm{d}u(\omega) + \int_0^\pi \sin\omega t \mathrm{d}v(\omega), \tag{2-1}$$

其中，ω 是频率，$u(\omega)$ 和 $v(\omega)$ 是 2 个互不相关的连续过程，且它们的增量部分相互正交。式（2－1）一般被称为是平稳时间序列的谱表达。通过式（2－1）可以看出，对于一个平稳的离散时间序列，在任一时刻 t，频率 ω 在 $(0,\pi)$ 范围内对平稳离散时间序列 x_t 的波动都有一定的贡献。

在等式（2－1）基础上，进一步引入一个函数，即频谱分布函数 $F(\omega)$，该函数和自协方差函数有关，可有助于直观地理解平稳时间序列的频谱性质。频谱分布函数 $F(\omega)$ 是基于维纳－辛钦定理而得到的，该定理指出对于任何一个实平稳随机过程，且该平稳过程的自协方差函数为 $\gamma(j)$，则存在一个单调递增的函数 $F(\omega)$，它与自协方差函数 $\gamma(j)$ 满足如下关系：

$$\gamma(j) = \int_0^{\pi} \cos\omega j \mathrm{d}F(\omega), \tag{2-2}$$

等式（2－2）被称作自协方差函数的谱表达形式。该表达式的一个物理解释是时间序列 x_t 的自协方差可以被分解在频率区间$(0,\pi)$内。同时，如果假设不允许存在负的频率，那么，当频率 $\omega < 0$ 时，会有 $F(\omega) = 0$。

令 $j = 0$，基于式(2－2)，可得如下等式：

$$\gamma(0) = \int_0^{\pi} \mathrm{d}F(\omega) = F(\pi), \tag{2-3}$$

由于 $\gamma(0)$ 为平稳时间序列 x_t 的方差 σ_x^2，从而有 $\sigma_x^2 = F(\pi)$。

一般来说，如果一个随机过程 x_t 不但包含随机过程，而且也包含确定性过程，那么它的频谱分布函数 $F(\omega)$ 相对应地也可以分解为如下 2 个部分：

$$F(\omega) = F_1(\omega) + F_2(\omega), \tag{2-4}$$

其中，$F_1(\omega)$ 是一个连续非递减函数，而 $F_2(\omega)$ 是一个非递减阶梯函数。上述分解正好和平稳时间序列的沃尔德分解类似，即 $F_1(\omega)$ 与 x_t 的随机部分，也即不确定部分相关，而 $F_2(\omega)$ 和 x_t 的确定部分相关。一般来说，我们主要关注与不确定部分相关的频谱密度，从而 $F_2(\omega) \equiv 0$，而 $F(\omega)$ 是一个在$(0,\pi)$的连续函数。在实践中，如果存在确定性部分，可以将确定性部分从 x_t 中去除掉。

2.2 频谱密度函数

正如上节所述，对于一个只包含不确定性成分的离散平稳时间序列，它的频谱分布函数是一个在定义域（$0,\pi$）内的连续函数，那么如果该分布函数在定义域内可微，可以定义它的微分为 $f(\omega)$，从而有

$$f(\omega) = \frac{\mathrm{d}F(\omega)}{\mathrm{d}\omega}, \tag{2-5}$$

其中，$f(\omega)$ 一般称为频谱密度函数。

基于等式（2－5），可得到 $\mathrm{d}F(\omega) = f(\omega)\mathrm{d}\omega$，将其代入等式（2－2），可得如下表达式：

$$\gamma(j) = \int_0^{\pi} \cos j\omega f(\omega)\mathrm{d}\omega, \tag{2-6}$$

与等式（2－2）相比，等式（2－6）更加简单、直观，且可操作性更强。基于等式（2－6），令 $j=0$，可得如下表达式：

$$\gamma(0) = \int_0^{\pi} f(\omega)\mathrm{d}\omega, \tag{2-7}$$

由于 γ（0）恰好是 x_t 的方差 σ_2^x，从而基于等式（2－3）和等式（2－7），可以进一步得到 $\gamma(0) = F(\pi) = \int_0^{\pi} f(\omega)\mathrm{d}\omega = \sigma_x^2$。等式（2－7）的物理解释是：$f(\omega)\mathrm{d}(\omega)$ 代表了在频谱区间（$\omega, \omega + \mathrm{d}\omega$）内，离散平稳时间序列 x_t 的方差对离散平稳时间序列 x_t 总方差的贡献。想象一下，如果在区间（0，π）内，将频谱密度 $f(\omega)$ 画在二维坐标轴上，可以知道，频谱密度 $f(\omega)$ 在区间（0，π）内所对应的面积便是离散平稳时间序列 x_t 的方差，如果在该二维坐标轴中在某一频率处频谱密度 $f(\omega)$ 的值很大，那么说明该频率周围的频谱对离散平稳时间序列 x_t 方差的贡献较大。

正如前文所述，自协方差函数和频谱密度函数是两种等价描述离散平稳时间序列性质的方法。从实际情况来看，它们是互补的，在一些应用中，自协方差函数相对较好，而在另一些应用中，频谱密度函数可能会更好。

与等式（2－6）相对应的逆关系可表达为如下形式：

$$f(\omega) = \frac{1}{\pi}\sum_{j=-\infty}^{\infty}\gamma(j)\mathrm{e}^{-\mathrm{i}\omega j}。 \tag{2-8}$$

通过等式（2－8），可以看出频谱密度函数 $f(\omega)$ 实际上是自协方差函数 $\gamma(j)$ 的傅里叶变换。由于 $\mathrm{e}^{-\mathrm{i}\omega j} = \cos(\omega j) - \mathrm{i}\sin(\omega j)$，同时，对于平稳时间序列 $\gamma(j) = \gamma(-j)$，将这两个关系式代入等式（2－8）可得如下等式：

$$f(\omega) = \frac{1}{\pi}\left[\gamma(0) + 2\sum_{j=1}^{\infty}\gamma(j)\cos(\omega j)\right]。 \tag{2-9}$$

在实际研究中，一般将等式（2－9）中的 π 替换为 2π，从而一个平稳随机过程的谱密度定义为如下形式：

$$f(\omega) = \frac{1}{2\pi}\sum_{j=-\infty}^{\infty}\gamma(j)\mathrm{e}^{-\mathrm{i}\omega j}。\tag{2-10}$$

等式（2-10）的简化形式可以表述为：

$$f(\omega) = \frac{1}{2\pi}\left[\gamma(0) + 2\sum_{j=1}^{\infty}\gamma(j)\cos(\omega j)\right]。\tag{2-11}$$

通过等式（2-11）可以看出，$f(\omega) = f(-\omega)$，也即频谱密度函数 $f(\omega)$ 在 $\omega = 0$ 处对称。同时，由于对于任意整数 k 和 j，$\cos[(\omega + 2\pi k)j] = \cos(\omega j)$，因此，频谱密度函数 $f(\omega)$ 是 ω 的周期函数，如果知道频谱密度函数 $f(\omega)$ 在 $\omega \in (0,\pi)$ 的值，就可以推断出在任意频率处的谱密度，所以主要关注在 $\omega \in (0,\pi)$ 处的谱密度。

由于平稳时间序列的自协方差与其频谱密度函数存在紧密联系，为了后续更简单地表述平稳时间序列的谱密度，对于平稳时间序列 y_t，本书引入自协方差生成函数：

$$g_y(z) = \sum_{j=-\infty}^{\infty}\gamma(j)z^j,\tag{2-12}$$

令 $z = \mathrm{e}^{-\mathrm{i}\omega}$，且 $\mathrm{i} = \sqrt{-1}$，则利用上述自协方差生成函数，基于等式（2-10），随机过程 y_t 的谱密度可以写为如下形式：

$$f_y(\omega) = \frac{1}{2\pi}g_y(\mathrm{e}^{-\mathrm{i}\omega})。\tag{2-13}$$

2.3 一些常见时间序列的谱密度

为了进一步形象地阐述谱密度的概念，本节进一步通过一些具体例子来加以说明。通过式（2-10）或者式（2-11）可以看出，如果知道平稳时间序列的自协方差函数，那么就可以计算出该平稳时间序列的谱密度。对于一个离散平稳时间序列 y_t，定义其均值为 $E(y_t) = v$，则其自协方差函数的定义为：

$$\gamma(j) = E[(y_{t+j} - v)(y_t - v)]。\tag{2-14}$$

基于上述自协方差函数的定义，首先计算纯随机过程的谱密度。一个纯随机过程是指一系列随机变量 y_t，该系列随机变量相互独立且同分布。一般假设随机变量的均值为0，方差为 σ_y^2。基于此，可以得到 y_t 的自协方差函数为：

$$\gamma(j) = \begin{cases} \sigma_y^2, & j = 0 \\ 0 & j = \pm 1, \pm 2, \cdots \end{cases},$$

基于等式（2－11），纯随机过程的谱密度为 $f_y(\omega) = \dfrac{\sigma_y^2}{2\pi}$，也即纯随机过程的谱密度是一个常数。图 2－1 显示了均值为 0、方差 $\sigma_y^2 = 1$ 时纯随机过程的谱密度。可以看出，在频率 $\omega \in (0, \pi)$ 时，纯随机过程的谱密度是一个恒定不变的常数。

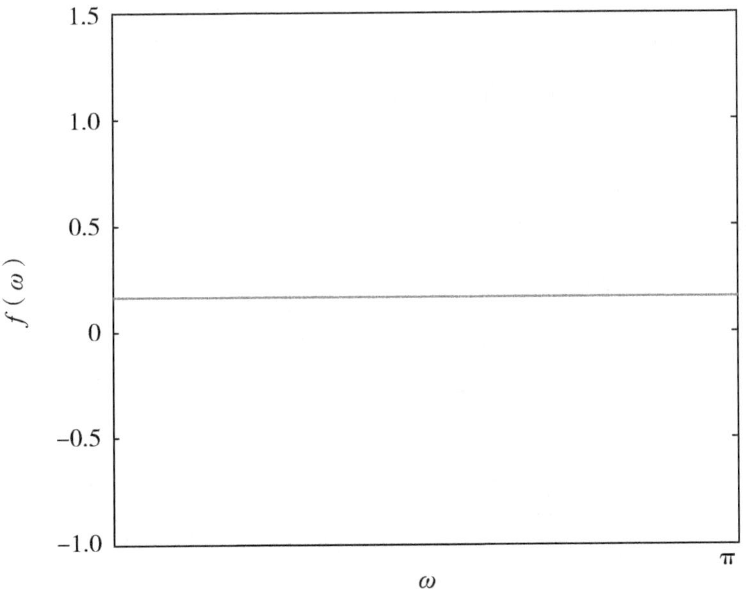

图 2－1　纯随机过程的谱密度

除纯随机过程外，另一类常见的过程是一阶自回归过程，一阶自回归过程的具体定义如下：

$$y_t = \beta y_{t-1} + \varepsilon_t, \tag{2－15}$$

其中，ε_t 是随机误差项，假设服从白噪声过程，即随机误差项 ε_t 的均值 $E(\varepsilon_t) = 0$，随机误差项 ε_t 的方差 $\mathrm{Var}(\varepsilon_t) = \sigma_\varepsilon^2$，随机误差项 ε_t 的协方差 $\mathrm{Cov}(\varepsilon_t, \varepsilon_k) = 0$，其中 $t \neq k$。同时，假设该自回归过程平稳，即隐含着系数 $-1 < \beta < 1$。

利用滞后算子，将上述等式写作 $(1-\beta L)y_t=\varepsilon_t$，从而有如下等式：

$$\begin{aligned} y_t &= \frac{\varepsilon_t}{1-\beta L} \\ &= (1+\beta L+\beta^2L^2+\beta^3L^3+\cdots)\varepsilon_t \\ &= \varepsilon_t+\beta\varepsilon_{t-1}+\beta^2\varepsilon_{t-2}+\beta^3\varepsilon_{t-3}+\cdots。 \end{aligned} \tag{2-16}$$

对等式（2-16）两边同时求期望，可得如下等式：

$$\begin{aligned} E(y_t) &= E(\varepsilon_t+\beta\varepsilon_{t-1}+\beta^2\varepsilon_{t-2}+\beta^3\varepsilon_{t-3}+\cdots) \\ &= E(\varepsilon_t)+\beta E(\varepsilon_{t-1})+\beta^2E(\varepsilon_{t-2})+\beta^3E(\varepsilon_{t-3})+\cdots \\ &= 0。 \end{aligned} \tag{2-17}$$

对应的 y_t 的方差可以写作如下形式：

$$\begin{aligned} \mathrm{Var}(y_t) &= E(\varepsilon_t+\beta\varepsilon_{t-1}+\beta^2\varepsilon_{t-2}+\beta^3\varepsilon_{t-3}+\cdots)^2 \\ &= \sigma_\varepsilon^2+\beta^2\sigma_\varepsilon^2+\beta^4\sigma_\varepsilon^2+\beta^6\sigma_\varepsilon^2+\cdots \\ &= \frac{\sigma_\varepsilon^2}{1-\beta^2}。 \end{aligned} \tag{2-18}$$

相对应的 y_t 的自协方差可以写作如下形式：

$$\begin{aligned} \gamma(j) &= E(y_{t+j}y_t) \\ &= E[(\varepsilon_{t+j}+\beta\varepsilon_{t+j-1}+\cdots+\beta^j\varepsilon_t+\beta^{j+1}\varepsilon_{t-1}+\cdots) \\ &\quad(\varepsilon_t+\beta\varepsilon_{t-1}+\beta^2\varepsilon_{t-2}+\beta^3\varepsilon_{t-3}+\cdots)] \\ &= \beta^j\sigma_\varepsilon^2+\beta^{j+2}\sigma_\varepsilon^2+\beta^{j+4}\sigma_\varepsilon^2+\cdots \\ &= \frac{\beta^j\sigma_\varepsilon^2}{1-\beta^2}。 \end{aligned} \tag{2-19}$$

同样有：

$$\begin{aligned} \gamma(-j) &= E(y_{t-j}y_t) \\ &= E[(\varepsilon_{t-j}+\beta\varepsilon_{t-j-1}+\beta^2\varepsilon_{t-j-2}+\cdots) \\ &\quad(\varepsilon_t+\cdots+\beta^j\varepsilon_{t-j}+\beta^{j+1}\varepsilon_{t-j-1}+\beta^{j+2}\varepsilon_{t-j-2}+\cdots)] \\ &= \beta^j\sigma_\varepsilon^2+\beta^{j+2}\sigma_\varepsilon^2+\beta^{j+4}\sigma_\varepsilon^2+\cdots \\ &= \frac{\beta^j\sigma_\varepsilon^2}{1-\beta^2}。 \end{aligned} \tag{2-20}$$

基于式（2-19）和式（2-20），可得 y_t 的自协方差满足等式 $\gamma(j)=\gamma(-j)$。

进一步，基于等式（2－10）所定义的平稳随机过程的谱密度计算公式，可以计算 y_t 的频谱密度，具体如下所示：

$$
\begin{aligned}
f_y(\omega) &= \frac{1}{2\pi}\sum_{j=-\infty}^{\infty}\gamma(j)\mathrm{e}^{-\mathrm{i}\omega j} \\
&= \frac{1}{2\pi}\left(\gamma(0)+\sum_{j=1}^{\infty}\gamma(j)\mathrm{e}^{\mathrm{i}\omega j}+\sum_{j=1}^{\infty}\gamma(j)\mathrm{e}^{-\mathrm{i}\omega j}\right) \\
&= \frac{1}{2\pi}\frac{\sigma_\varepsilon^2}{1-\beta^2}\left(1+\sum_{j=1}^{\infty}\beta^j\mathrm{e}^{\mathrm{i}\omega j}+\sum_{j=1}^{\infty}\beta^j\mathrm{e}^{-\mathrm{i}\omega j}\right) \\
&= \frac{1}{2\pi}\frac{\sigma_\varepsilon^2}{1-\beta^2}\left(1+\frac{\beta\mathrm{e}^{\mathrm{i}\omega}}{1-\beta\mathrm{e}^{\mathrm{i}\omega}}+\frac{\beta\mathrm{e}^{-\mathrm{i}\omega}}{1-\beta\mathrm{e}^{-\mathrm{i}\omega}}\right) \\
&= \frac{1}{2\pi}\frac{\sigma_\varepsilon^2}{1-\beta^2}\left(\frac{1-\beta^2}{1-2\beta\cos\omega+\beta^2}\right) \\
&= \frac{\sigma_\varepsilon^2}{2\pi}\left(\frac{1}{1-2\beta\cos\omega+\beta^2}\right)。
\end{aligned}
\tag{2-21}
$$

基于等式（2－21），可以发现，当参数 β 趋近于 1 时，平稳时间序列 y_t 的谱密度主要集中在低频率处，而当 β 为负值时，平稳时间序列 y_t 的谱密度主要集中在高频率处。图 2－2 显示了参数 $\beta=0.9$、方差 $\sigma_\varepsilon^2=1$ 时由一阶自回归过程生成的平稳时间序列 y_t 的谱密度。通过图 2－2 可以看出，此时，平稳

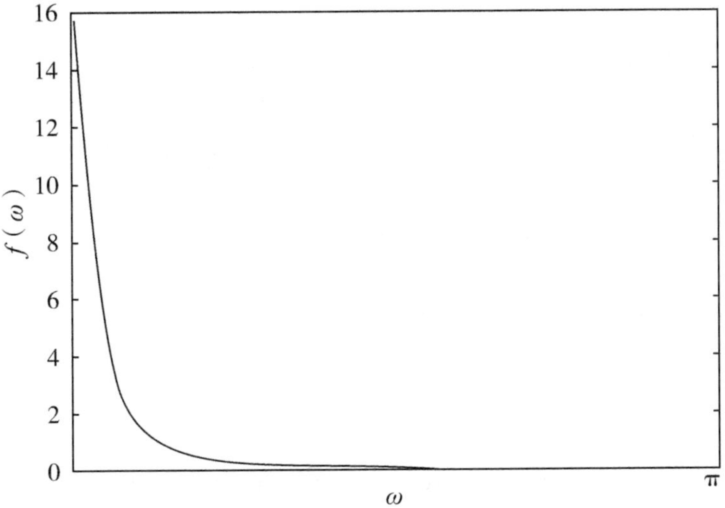

图 2－2　一阶自回归过程的谱密度（$\beta=0.9$）

时间序列的频谱主要集中在高频率处，随着频率 ω 从 0 增加到 π，平稳时间序列 y_t 的谱密度逐渐减小。特别地，可以发现，平稳时间序列 y_t 的谱密度在高频率处的频谱非常小。一个极端的例子是如果参数 $\beta = 1$，则一阶向量自回归模型变为单位根过程，此时，时间序列变为非平稳时间序列，具有长期趋势，也即时间序列 y_t 的谱密度主要集中在频率等于零附近。

图 2－3 进一步显示了参数 $\beta = -0.9$、方差 $\sigma_\varepsilon^2 = 1$ 时平稳时间序列 y_t 的谱密度，可以发现，当参数 β 由 0.9 变为 －0.9 时，平稳时间序列的谱密度主要集中在高频率处，而随着频率由 π 逐渐减小到 0，平稳时间序列 y_t 的谱密度逐渐减小。特别地，可以发现，此时平稳时间序列 y_t 的谱密度在低频率处的频谱非常小。在这种情况下，平稳时间序列 y_t 的谱密度主要集中在高频率处，此时平稳时间序列的周期性波动很强，此性质可以从等式（2－15）看出。如图 2－4 所示，在等式（2－15）中，当参数 β 的值为负数时，平稳时间序列 y_t 的符号在每一个时刻都会改变，具有较强的周期性和短期波动性，因此，此时平稳时间序列的波动性主要受时间序列 y_t 的高频率成分驱动。

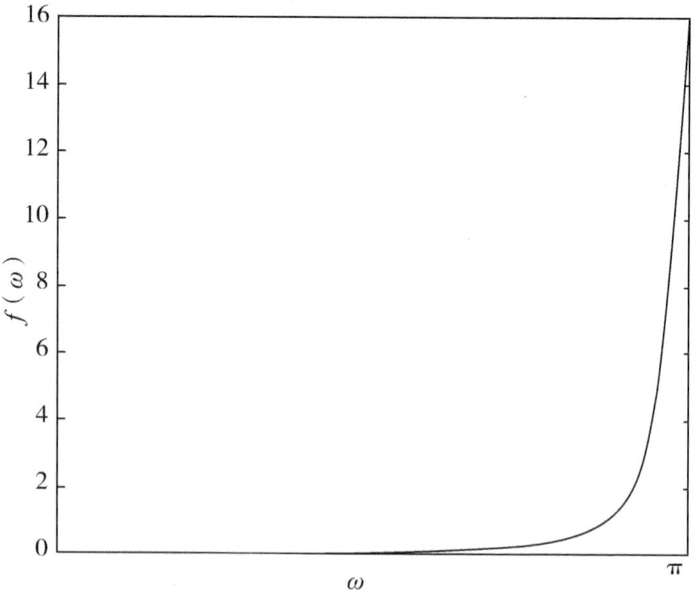

图 2－3　一阶自回归过程的谱密度（$\beta = -0.9$）

对于一个二阶自回归过程：

$$y_t = \beta_1 y_{t-1} + \beta_2 y_{t-2} + \varepsilon_t, \tag{2-22}$$

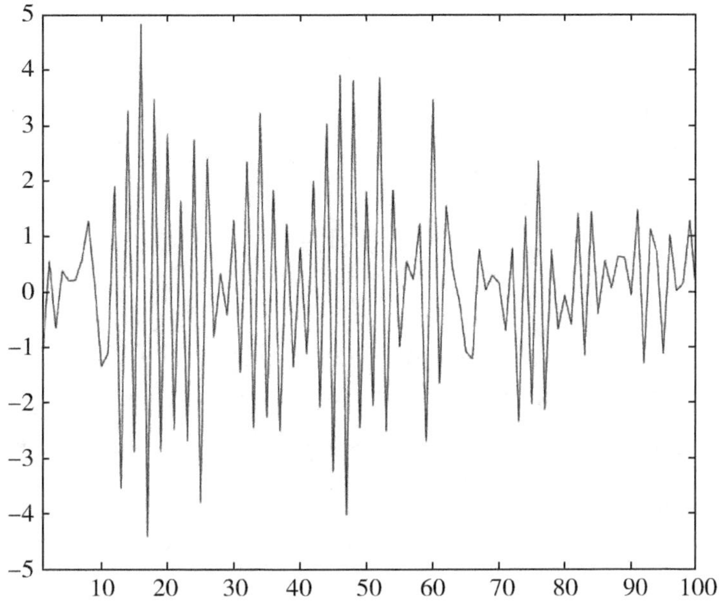

图 2－4　一阶自回归过程 $y_t = -0.9y_{t-1} + \varepsilon_t$（其中 ε_t 是均值为 0、方差为 1 的白噪声）

其中，ε_t 是随机误差项，假设服从白噪声过程，即随机误差项 ε_t 的均值 $E(\varepsilon_t) = 0$，随机误差项 ε_t 的方差 $\mathrm{Var}(\varepsilon_t) = \sigma_\varepsilon^2$，随机误差项 ε_t 的协方差 $\mathrm{Cov}(\varepsilon_t, \varepsilon_k) = 0$，其中 $t \neq k$。式（2－22）可以进一步写作如下形式：

$$\varepsilon_t = y_t - \beta_1 y_{t-1} - \beta_2 y_{t-2}。\tag{2-23}$$

基于上述等式，进一步可得如下等式：

$$\begin{aligned}\gamma_\varepsilon(j) &= \mathrm{Cov}(\varepsilon_{t+j}, \varepsilon_t)\\ &= \mathrm{Cov}(y_{t+j} - \beta_1 y_{t+j-1} - \beta_2 y_{t+j-2}, y_t - \beta_1 y_{t-1} - \beta_2 y_{t-2})\\ &= \gamma_y(j) - \beta_1\gamma_y(j+1) - \beta_2\gamma_y(j+2) - \beta_1\gamma_y(j-1) +\\ &\quad \beta_1^2\gamma_y(j) + \beta_1\beta_2\gamma_y(j+1) - \beta_2\gamma_y(j-2) +\\ &\quad \beta_1\beta_2\gamma_y(j-1) + \beta_2^2\gamma_y(j),\end{aligned}\tag{2-24}$$

简单整理上述等式可得：

$$\begin{aligned}\gamma_\varepsilon(j) = &-\beta_2\gamma_y(j-2) + (\beta_1\beta_2 - \beta_1)\gamma_y(j-1) + (1 + \beta_1^2 + \beta_2^2)\gamma_y(j) +\\ &(\beta_1\beta_2 - \beta_1)\gamma_y(j+1) - \beta_2\gamma_y(j+2),\end{aligned}\tag{2-25}$$

利用式（2－13），对等式（2－25）两边同时求谱密度，可得如下等式：

$$f_\varepsilon(\omega) = -\beta_2 f_y(\omega)\mathrm{e}^{2\mathrm{i}\omega} + (\beta_1\beta_2 - \beta_1)f_y(\omega)\mathrm{e}^{\mathrm{i}\omega} + (1 + \beta_1^2 + \beta_2^2)f_y(\omega) +$$

$$(\beta_1\beta_2 - \beta_1)f_y(\omega)\mathrm{e}^{-\mathrm{i}\omega} - \beta_2 f_y(\omega)\mathrm{e}^{-2\mathrm{i}\omega}, \tag{2-26}$$

通过对等式（2-26）进行简单整理可得如下等式：

$$f_\varepsilon(\omega) = [1 + \beta_1^2 + \beta_2^2 - 2\beta_2\cos(2\omega) + 2(\beta_1\beta_2 - \beta_1)\cos(\omega)]f_y(\omega), \tag{2-27}$$

注意到$f_\varepsilon(\omega) = \frac{\sigma_\varepsilon^2}{2\pi}$，从而可得到二阶自回归模型的谱密度为：

$$f_y(\omega) = \frac{\sigma_\varepsilon^2}{2\pi[1 + \beta_1^2 + \beta_2^2 - 2\beta_2\cos(2\omega) + 2(\beta_1\beta_2 - \beta_1)\cos(\omega)]}。\tag{2-28}$$

通过上述等式可以发现，二阶自回归过程的谱密度的最大值和向量自回归模型的系数相关。图2-5显示了当参数$\beta_1 = 0.3$、$\beta_2 = 0.4$、方差$\sigma_\varepsilon^2 = 1$时二阶自回归过程的谱密度。可以看出，随着频率ω从0增加到π，二阶自回归过程的谱密度$f_y(\omega)$先逐渐增加，当达到最大值时，然后再逐渐变小。

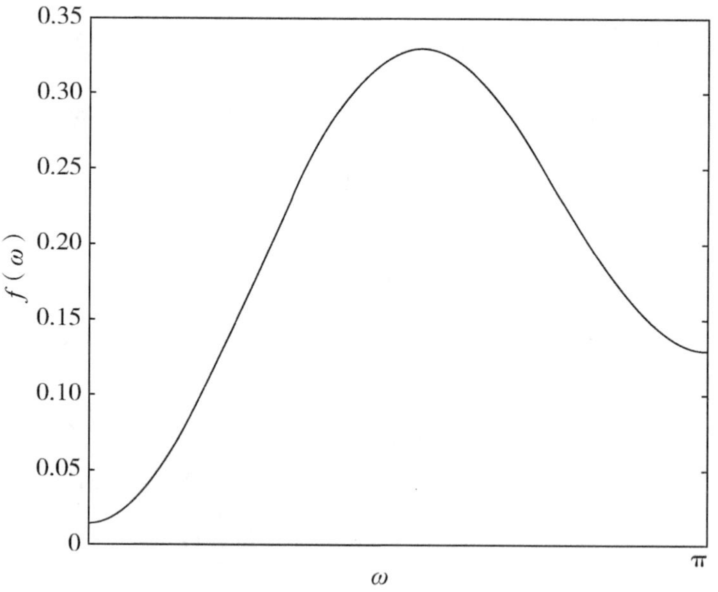

图2-5　二阶自回归过程的谱密度

对于一个一阶移动平均过程：

$$y_t = \varepsilon_t + \beta\varepsilon_{t-1}, \tag{2-29}$$

其中，ε_t是随机误差项，假设服从白噪声过程，即随机误差项ε_t的均值$E(\varepsilon_t) = 0$，随机误差项ε_t的方差$\mathrm{Var}(\varepsilon_t) = \sigma_\varepsilon^2$，随机误差项$\varepsilon_t$的协方差$\mathrm{Cov}(\varepsilon_t, \varepsilon_k) = 0$，

其中 $t \neq k$，则其自协方差函数为：

$$\gamma(j) = \begin{cases} \sigma_\varepsilon^2 + \beta^2\sigma_\varepsilon^2, & j = 0 \\ \beta\sigma_\varepsilon^2, & j = \pm 1 \end{cases}。$$

基于等式（2－11）所示的平稳随机过程的谱密度计算公式，可得一阶移动平均过程 y_t 的谱密度，具体如下所示：

$$f_y(\omega) = \frac{1}{2\pi}(\sigma_\varepsilon^2 + \beta^2\sigma_\varepsilon^2 + 2\beta\sigma_\varepsilon^2\cos\omega)。 \qquad (2-30)$$

图 2－6 显示了当参数 $\beta = 0.3$、方差 $\sigma_\varepsilon^2 = 1$ 时一阶移动平均过程 y_t 的谱密度。通过上述等式可以发现，一阶移动平均过程的谱密度的最大值和一阶移动平均过程 y_t 的系数 β 相关。可以看出，随着频率 ω 从 0 增加到 π，一阶移动平均过程的谱密度 $f_y(\omega)$ 逐渐变小，此一阶移动平均过程的谱密度 $f_y(\omega)$ 的最大值在 0 附近。

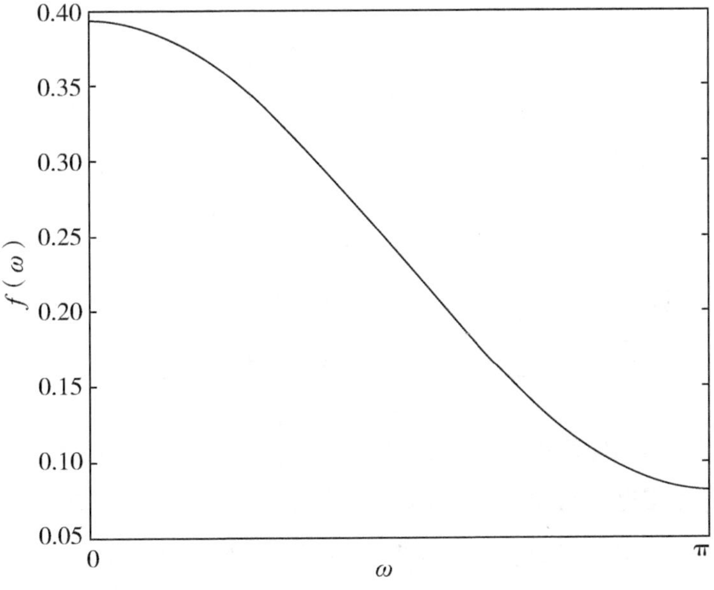

图 2－6　一阶移动平均过程的谱密度

2.4 谱密度的估计

对于一个平稳随机过程 y_t，可以基于如下等式计算其谱密度，但是该等式计算的谱密度是总体谱密度：

$$f_y(\omega) = \frac{1}{2\pi}\sum_{j=-\infty}^{\infty}\gamma(j)\mathrm{e}^{-\mathrm{i}\omega j}, \tag{2-31}$$

其中，自协方差函数 $\gamma(j) = E(y_{t+j} - v)(y_{t-j} - v)$，均值 $v = E(y_t)$ 。

现实中，如果对于一个平稳随机变量 y_t 有 T 个观测值，则基于 Hamilton（1994）的研究，可以利用如下等式计算 $T-1$ 个样本的自协方差：

$$\widehat{\gamma}(j) = \begin{cases} T^{-1}\sum_{t=j+1}^{T}(y_t - \bar{y})(y_{t-j} - \bar{y}), & j = 0,1,2,\cdots,T-1 \\ \widehat{\gamma}(-j), & j = -1,-2,\cdots,-T+1 \end{cases},$$

其中，样本均值 $\bar{y} = T^{-1}\sum_{t=1}^{T}y_t$ 。在此基础上，基于式（2-31）可以结合如下等式计算样本谱密度：

$$\widehat{f}_y(\omega) = \frac{1}{2\pi}\sum_{j=-T+1}^{T-1}\widehat{\gamma}(j)\mathrm{e}^{-\mathrm{i}\omega j}, \tag{2-32}$$

由于 $\widehat{\gamma}(j) = \widehat{\gamma}(-j)$，上述等式可以进一步写为如下形式：

$$\widehat{f}_y(\omega) = \frac{1}{2\pi}\left[\widehat{\gamma}(0) + 2\sum_{j=1}^{T-1}\widehat{\gamma}(j)\cos(\omega j)\right]。 \tag{2-33}$$

然而，在实际应用中，样本谱密度 $\widehat{f}_y(\omega)$ 并不是 $f_y(\omega)$ 的一个好的估计值，特别是当观测值数量较少的时候。相反，如果可以将观测数据用合适的模型拟合出来，那么我们基于估计得到的模型系数，进一步计算其自协方差，可以估计出它的样本谱密度。例如，如果一个平稳时间序列服从如下二阶自回归模型：

$$y_t = \beta_1 y_{t-1} + \beta_2 y_{t-2} + \varepsilon_t, \tag{2-34}$$

其中，ε_t 是白噪声过程，则可以通过最小二乘法估计出参数 β_1 和 β_2 的估计值 $\widehat{\beta}_1$ 和 $\widehat{\beta}_2$，然后，将估计值 $\widehat{\beta}_1$ 和 $\widehat{\beta}_2$ 代入等式（2-28）来计算样本谱密度，这

种方法一般称作谱密度的参数估计法。

除可以通过参数方法估计谱密度外，也可以通过非参数方法估计谱密度。非参数估计谱密度的一个假设是当频率 ω_i 接近于 ω_j 时，与之对应的谱密度 $f_y(\omega_i)$ 也接近于 $f_y(\omega_j)$ 。因此，可以通过估计频率 ω_j 周围一系列频率的谱密度，并根据这些频率与 ω_j 的距离施加以权重，从而估计 $f_y(\omega_j)$，具体计算公式如下：

$$\widehat{f_y}(\omega_j) = \sum_{m=-l}^{l} \kappa(\omega_{j+n}, \omega_j) \widehat{f_y}(\omega_{j+n}), \tag{2-35}$$

其中，l 是带宽参数，决定了使用多少个不同的频率来计算 $\widehat{f_y}(\omega_j)$，核 $\kappa(\omega_{j+n}, \omega_j)$ 决定了对谱密度 $\widehat{f_y}(\omega_{j+n})$ 施加的权重大小，它满足如下性质：

$$\sum_{m=-l}^{l} \kappa(\omega_{j+n}, \omega_j) = 1\text{。} \tag{2-36}$$

实践中，一种核函数权重为：

$$\kappa(\omega_{j+n}, \omega_j) = \frac{l+1-|n|}{(l+1)^2}, \tag{2-37}$$

最后，等式（2-35）中的 $\widehat{f_y}(\omega_{j+n})$ 可以基于等式（2-32）求解。

2.5　滤波

在实证经济学和宏观经济学研究中，时间序列谱分析的一个重要应用是对时间序列进行滤波。对于一个平稳的时间序列 y_t，式（2-12）已经定义了它的自协方差生成函数 $g_y(z) = \sum_{j=-\infty}^{\infty} \gamma(j) z^j$，利用上述自协方差生成函数，平稳时间序列 y_t 的谱密度可以写为 $f_y(\omega) = \frac{1}{2\pi} g_y(\mathrm{e}^{-\mathrm{i}\omega})$ 。假设对平稳的时间序列 y_t 进行如下变换：

$$x_t = F(L) y_t, \tag{2-38}$$

其中，

$$F(L) = \sum_{j=-\infty}^{\infty} F_j L^j,$$

且 F_j 绝对可加。

基于上述等式，经过简单推导，变换后的时间序列 x_t 的自协方差生成函数可写作如下形式：

$$g_x(z) = F(z)F(z^{-1})g_y(z), \tag{2-39}$$

那么基于等式（2-13），x_t 的谱密度可以写作如下形式：

$$f_x(\omega) = \frac{1}{2\pi}g_x(e^{-i\omega}) = \frac{1}{2\pi}F(e^{-i\omega})F(e^{i\omega})g_y(e^{-i\omega}), \tag{2-40}$$

由于 $f_y(\omega) = \frac{1}{2\pi}g_y(e^{-i\omega})$，则基于等式（2-40），可得如下等式：

$$f_x(\omega) = F(e^{-i\omega})F(e^{i\omega})f_y(\omega)。 \tag{2-41}$$

通过式（2-41）可以看出，利用 $F(L)$ 对时间序列 y_t 进行变换，那么，得到的时间序列 x_t 的谱密度会在时间序列 y_t 谱密度的基础上改变，改变的幅度与 $F(L)$ 有关，一般称等式（2-38）为利用 $F(L)$ 对 y_t 进行滤波。更进一步，式（2-41）可写作如下形式：

$$f_x(\omega) = |F(e^{-i\omega})|^2 f_y(\omega)。 \tag{2-42}$$

在时间序列的实证研究中，一般会对一个非平稳时间序列进行一阶差分或二阶差分，那么对应的 $F(L) = 1 - L$ 或 $F(L) = (1 - L)^2$。因此，差分过程其实也就是对时间序列滤波的过程。当 $F(L) = 1 - L$ 时，有：

$$\begin{aligned} F(e^{-i\omega})F(e^{i\omega}) &= (1 - e^{-i\omega})(1 - e^{i\omega}) \\ &= 2 - 2\cos\omega, \end{aligned} \tag{2-43}$$

当 $F(L) = (1 - L)^2$ 时，有：

$$\begin{aligned} F(e^{-i\omega})F(e^{i\omega}) &= (1 - e^{-i\omega})^2(1 - e^{i\omega})^2 \\ &= (2 - 2\cos\omega)^2。 \end{aligned} \tag{2-44}$$

一阶差分和二阶差分过程对时间序列的谱密度的影响如图2-7和图2-8所示。可以看出，一阶差分过程将频率等于0的谱密度完全移除掉，由于频率等于0对应的周期是无限长，因此也就是将时间序列的长期成分去掉，这就解释了为什么一阶差分过程可以将具有一个单位根的随机过程变为平稳过程，因为一阶差分过程可以将单位根这种长期随机趋势去除掉。二阶差分过程和一阶差分过程类似，也可以将频率等于0的谱密度完全移除，也就是将时间序列的长期成分去掉。不仅如此，二阶差分在一些低频率成分处的值也

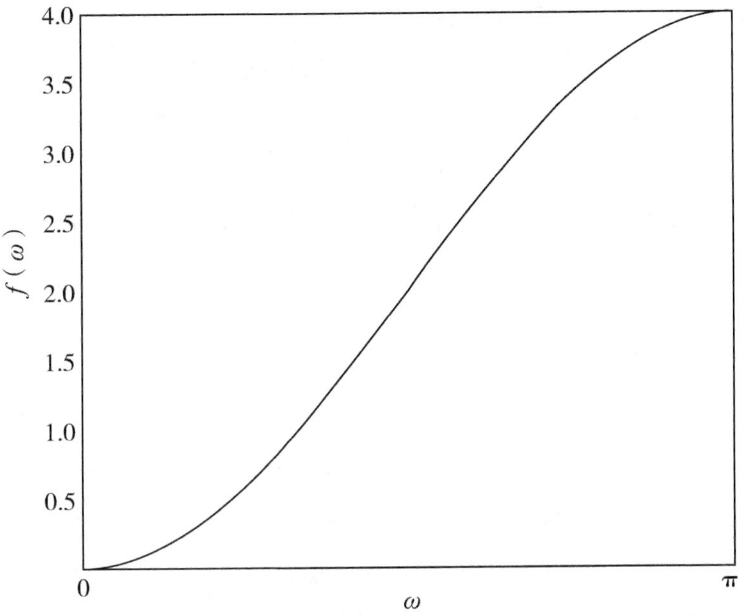

图 2-7　一阶差分滤波

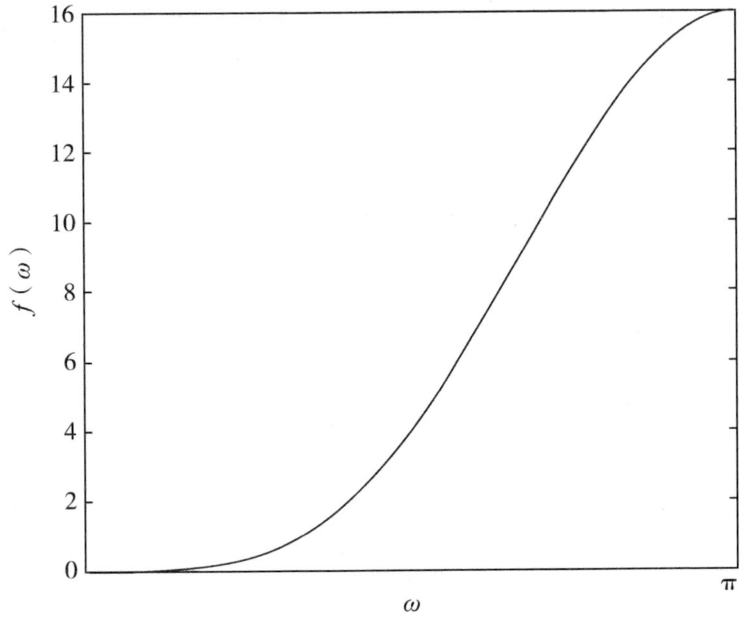

图 2-8　二阶差分滤波

很低，因此二阶差分也可以将原序列的低频率成分去除掉。可以发现，不管是一阶差分还是二阶差分，都会增强原序列在高频处的谱密度。总之，滤波实际上就是将原序列的频谱密度进行一定的增强或减少，甚至移除。我们经常遇到的霍德里克 - 普雷斯科特（Hodrick -Prescott，HP）滤波可以分为 HP 高频滤波和 HP 低频滤波，并将时间序列的高频或低频成分过滤掉。

2.6 本章小结

本章从频域角度展示了如何分析时间序列的性质。时间序列在时间领域的性质与时间序列在频谱领域的性质是一致的。对于一个平稳时间序列，可以通过计算其频谱密度来探究其在频谱领域的性质特点。时间序列在不同频率处的谱密度实际上描述了时间序列不同周期成分对时间序列本身波动性的贡献程度。在计算时间序列的谱密度时，可以通过时间序列的自协方差生成函数来简便计算。本章同时也介绍了时间序列滤波方法，常用的时间序列一阶差分和二阶差分本质上就是滤波过程，这些滤波过程可以看作将时间序列的低频率成分去除，而保留高频率成分。

第三章　多元时间序列的谱分析

第二章主要介绍了一元时间序列的谱分析方法，本章进一步介绍多元时间序列的谱分析。为此，本章首先基于平稳向量自回归模型，引入自协方差生成函数，然后介绍如何基于自协方差生成函数，计算多元时间序列的谱密度。在此基础上，进一步介绍多元时间序列的交叉谱密度、协谱及正交谱，这些概念是第四章有关频域因果关系测度定义的基础。最后，本章简单介绍了多元时间序列滤波方法。

3.1　平稳向量自回归模型

多元时间序列的谱分析一般是基于向量自回归模型和向量移动平均模型进行的，考虑如下滞后阶数为 p 的向量自回归模型：

$$\boldsymbol{y}_t = \boldsymbol{v} + \boldsymbol{\Theta}_1\boldsymbol{y}_{t-1} + \boldsymbol{\Theta}_2\boldsymbol{y}_{t-2} + \cdots + \boldsymbol{\Theta}_p\boldsymbol{y}_{t-p} + \boldsymbol{\varepsilon}_t, \qquad (3-1)$$

其中，$\boldsymbol{y}_t = (y_{1t}, y_{2t}, \cdots, y_{Kt})^{\mathrm{T}}$ 是 $K \times 1$ 维向量，$\boldsymbol{v} = (v_1, v_2, \cdots, v_K)^{\mathrm{T}}$ 是 $K \times 1$ 维常数向量，$\boldsymbol{\Theta}_i (i = 1, 2, \cdots, p)$ 是 $K \times K$ 维系数矩阵，$\boldsymbol{\varepsilon}_t = (\varepsilon_{1t}, \varepsilon_{2t}, \cdots, \varepsilon_{Kt})^{\mathrm{T}}$ 是 $K \times 1$ 维白噪声过程，其中 $E(\boldsymbol{\varepsilon}_t) = \boldsymbol{0}, E(\boldsymbol{\varepsilon}_t\boldsymbol{\varepsilon}_t^{\mathrm{T}}) = \boldsymbol{\Sigma}_{\boldsymbol{\varepsilon}}$，同时 $E(\boldsymbol{\varepsilon}_t\boldsymbol{\varepsilon}_s^{\mathrm{T}}) = \boldsymbol{0}$，对于 $t \neq s$，且 $\boldsymbol{\Sigma}_{\boldsymbol{\varepsilon}}$ 是非奇异正定矩阵。

对于上述模型，利用滞后算子 L，可以将上述模型写为：

$$(\boldsymbol{I} - \boldsymbol{\Theta}_1 L - \boldsymbol{\Theta}_2 L^2 - \cdots - \boldsymbol{\Theta}_p L^p)\boldsymbol{y}_t = \boldsymbol{v} + \boldsymbol{\varepsilon}_t, \qquad (3-2)$$

基于等式（3－2），为了判断模型的平稳性，可以定义与上述向量自回归模型（3－1）对应的特征方程：

$$\boldsymbol{K}(z) = \boldsymbol{I} - \boldsymbol{\Theta}_1 z - \boldsymbol{\Theta}_2 z^2 - \cdots - \boldsymbol{\Theta}_p z^p, \qquad (3-3)$$

从而上述向量自回归模型平稳的条件是所有满足下述等式的根都在单位圆之外。

$$|\boldsymbol{I}-\boldsymbol{\Theta}_1 z-\boldsymbol{\Theta}_2 z^2-\cdots-\boldsymbol{\Theta}_p z^p|=0 \text{ 。} \tag{3-4}$$

对于一个平稳的向量自回归模型，该模型可以写作向量移动平均模型：

$$\begin{aligned}\boldsymbol{y}_t &= \boldsymbol{\xi}+\boldsymbol{\Phi}_0\boldsymbol{\varepsilon}_t+\boldsymbol{\Phi}_1\boldsymbol{\varepsilon}_{t-1}+\boldsymbol{\Phi}_2\boldsymbol{\varepsilon}_{t-2}+\cdots\\ &= \boldsymbol{\xi}+\sum_{i=0}^{\infty}\boldsymbol{\Phi}_i\boldsymbol{\varepsilon}_{t-i}\\ &= \boldsymbol{\xi}+\sum_{i=0}^{\infty}\boldsymbol{\Phi}_i L^i\boldsymbol{\varepsilon}_t\\ &= \boldsymbol{\xi}+\boldsymbol{\Phi}(L)\boldsymbol{\varepsilon}_t \text{ ,}\end{aligned} \tag{3-5}$$

由等式（3-2）可得：

$$[\boldsymbol{I}-\boldsymbol{\Theta}(L)]\boldsymbol{y}_t=\boldsymbol{v}+\boldsymbol{\varepsilon}_t, \tag{3-6}$$

其中，$\boldsymbol{\Theta}(L)=\boldsymbol{\Theta}_1 L+\boldsymbol{\Theta}_2 L^2+\cdots+\boldsymbol{\Theta}_p L^p$，从而有 $[\boldsymbol{I}-\boldsymbol{\Theta}(L)]^{-1}=\boldsymbol{\Phi}(L)$，$\boldsymbol{\xi}=[\boldsymbol{I}-\boldsymbol{\Theta}(L)]^{-1}\boldsymbol{v}$ 。利用 $\boldsymbol{\Phi}(L)[\boldsymbol{I}-\boldsymbol{\Theta}(L)]=\boldsymbol{I}_K$ 的关系式，可得如下等式：

$$\begin{aligned}\boldsymbol{I} &= (\boldsymbol{\Phi}_0+\boldsymbol{\Phi}_1 L+\boldsymbol{\Phi}_2 L^2+\cdots)(\boldsymbol{I}-\boldsymbol{\Theta}_1 L-\boldsymbol{\Theta}_2 L^2-\cdots-\boldsymbol{\Theta}_p L^p)\\ &= \boldsymbol{\Phi}_0+(\boldsymbol{\Phi}_1-\boldsymbol{\Phi}_0\boldsymbol{\Theta}_1)L+(\boldsymbol{\Phi}_2-\boldsymbol{\Phi}_1\boldsymbol{\Theta}_1-\boldsymbol{\Phi}_0\boldsymbol{\Theta}_2)L^2+\cdots+\\ &\quad (\boldsymbol{\Phi}_i-\sum_{j=1}^{i}\boldsymbol{\Phi}_{i-j}\boldsymbol{\Theta}_j)L^i+\cdots\end{aligned} \tag{3-7}$$

基于等式（3-7），可得如下一系列关系式：

$$\begin{gathered}\boldsymbol{\Phi}_0=\boldsymbol{I},\\ \boldsymbol{\Phi}_1-\boldsymbol{\Phi}_0\boldsymbol{\Theta}_1=\boldsymbol{0},\\ \boldsymbol{\Phi}_2-\boldsymbol{\Phi}_1\boldsymbol{\Theta}_1-\boldsymbol{\Phi}_0\boldsymbol{\Theta}_2=\boldsymbol{0}\\ \vdots\\ \boldsymbol{\Phi}_i-\sum_{j=1}^{i}\boldsymbol{\Phi}_{i-j}\boldsymbol{\Theta}_j=\boldsymbol{0}\\ \vdots\end{gathered}$$

其中，$\boldsymbol{\Theta}_j=\boldsymbol{0}(>p)$ 。

通过上述一系列公式，可以求出向量移动平均模型的系数矩阵 $\boldsymbol{\Phi}_i$，而 $\boldsymbol{\xi}$ 可以基于如下公式求解：

$$\boldsymbol{\xi}=[\boldsymbol{I}-\boldsymbol{\Theta}(1)]^{-1}\boldsymbol{v}=(\boldsymbol{I}-\boldsymbol{\Theta}_1-\boldsymbol{\Theta}_2-\cdots-\boldsymbol{\Theta}_p)^{-1}\boldsymbol{v}, \tag{3-8}$$

在实际研究中，向量自回归模型的系数矩阵可以通过普通最小二乘法估计获得，进而可以求出向量移动平均模型的系数矩阵。更多有关向量自回归模型和向量移动平均模型的介绍可参考 Lütkepohl（2006）。

3.2 自协方差矩阵

对于一个平稳的随机过程 $\boldsymbol{y}_t=(y_{1t},y_{2t},\cdots,y_{Kt})^{\mathrm{T}}$，其均值为 $E(\boldsymbol{y}_t)=\boldsymbol{\mu}$，则其自协方差矩阵可表示为：

$$\boldsymbol{\Gamma}_y(j) = E[(\boldsymbol{y}_{t+j}-\boldsymbol{\nu})(\boldsymbol{y}_t-\boldsymbol{\nu})^{\mathrm{T}}]。\tag{3-9}$$

与一元平稳时间序列的自协方差不同，对于多元时间序列，$\boldsymbol{\Gamma}_y(j)\neq\boldsymbol{\Gamma}_y(-j)$。相反，$\boldsymbol{\Gamma}_y(j)=\boldsymbol{\Gamma}_y(-j)^{\mathrm{T}}$，原因如下：

$$\begin{aligned}\boldsymbol{\Gamma}_y(j) &= E[(\boldsymbol{y}_{t+j}-\boldsymbol{\nu})(\boldsymbol{y}_{t+j-j}-\boldsymbol{\nu})^{\mathrm{T}}]\\ &= E[(\boldsymbol{y}_{t+j}-\boldsymbol{\nu})(\boldsymbol{y}_t-\boldsymbol{\nu})^{\mathrm{T}}]\\ &= E[(\boldsymbol{y}_t-\boldsymbol{\nu})(\boldsymbol{y}_{t-(-j)}-\boldsymbol{\nu})^{\mathrm{T}}]^{\mathrm{T}}\\ &= \boldsymbol{\Gamma}_y(-j)^{\mathrm{T}}。\end{aligned}$$

对于一个无穷阶数的向量移动平均过程 $MA(\infty)$：

$$\boldsymbol{y}_t = \boldsymbol{\xi}+\boldsymbol{\varepsilon}_t+\boldsymbol{\Phi}_1\boldsymbol{\varepsilon}_{t-1}+\boldsymbol{\Phi}_2\boldsymbol{\varepsilon}_{t-2}+\cdots,\tag{3-10}$$

$E(\boldsymbol{\varepsilon}_t)=\boldsymbol{0}$，$E(\boldsymbol{\varepsilon}_t\boldsymbol{\varepsilon}_t^{\mathrm{T}})=\boldsymbol{\Sigma}_{\boldsymbol{\varepsilon}}$，同时，$E(\boldsymbol{\varepsilon}_t\boldsymbol{\varepsilon}_s^{\mathrm{T}})=\boldsymbol{0}$ 对于 $t\neq s$。该向量移动平均过程的自协方差矩阵可以写为：

$$\boldsymbol{\Gamma}_y(j) = \sum_{i=0}^{\infty}\boldsymbol{\Phi}_{j+i}\boldsymbol{\Sigma}_{\boldsymbol{\varepsilon}}\boldsymbol{\Phi}_i^{\mathrm{T}}。\tag{3-11}$$

3.3 自协方差矩阵生成函数

在第二章，对于一元平稳时间序列，定义了如下的自协方差矩阵生成函数：

$$g_y(z) = \sum_{j=-\infty}^{\infty}\gamma(j)z^j,$$

同理，对于平稳的多元时间序列 $\boldsymbol{y}_t=(y_{1t},y_{2t},\cdots,y_{Kt})^{\mathrm{T}}$，也可以定义类似

的自协方差矩阵生成函数：

$$\boldsymbol{G}_y(z) = \sum_{j=-\infty}^{\infty} \boldsymbol{\Gamma}_y(j) z^j, \tag{3-12}$$

其中，$\boldsymbol{\Gamma}_y(j) = E[(\boldsymbol{y}_t - \boldsymbol{\mu})(\boldsymbol{y}_{t-j} - \boldsymbol{\mu})^{\mathrm{T}}]$，$E(\boldsymbol{y}_t) = \boldsymbol{\nu}$（对$\forall t$）。利用上述自协方差矩阵生成函数，可以较为简单地求解多元平稳时间序列的谱密度，因此下面介绍一些常用的多元平稳时间序列的自协方差矩阵生成函数。

对于白噪声过程 $\boldsymbol{\varepsilon}_t$，满足 $E(\boldsymbol{\varepsilon}_t) = \boldsymbol{0}$，$E(\boldsymbol{\varepsilon}_t \boldsymbol{\varepsilon}_t^{\mathrm{T}}) = \boldsymbol{\Sigma}_\varepsilon$，同时 $E(\boldsymbol{\varepsilon}_t \boldsymbol{\varepsilon}_s^{\mathrm{T}}) = \boldsymbol{0}$ 对于 $t \neq s$，它的自协方差矩阵生成函数为：

$$\boldsymbol{G}_{\boldsymbol{\varepsilon}}(z) = \boldsymbol{\Sigma}_{\boldsymbol{\varepsilon}}。 \tag{3-13}$$

对于一个 q 阶向量移动平均过程：

$$\boldsymbol{y}_t = \boldsymbol{\xi} + \boldsymbol{\varepsilon}_t + \boldsymbol{\Phi}_1 \boldsymbol{\varepsilon}_{t-1} + \boldsymbol{\Phi}_2 \boldsymbol{\varepsilon}_{t-2} + \cdots + \boldsymbol{\Phi}_q \boldsymbol{\varepsilon}_{t-q}, \tag{3-14}$$

白噪声过程 $\boldsymbol{\varepsilon}_t$ 满足 $E(\boldsymbol{\varepsilon}_t) = \boldsymbol{0}$，$E(\boldsymbol{\varepsilon}_t \boldsymbol{\varepsilon}_t^{\mathrm{T}}) = \boldsymbol{\Sigma}_\varepsilon$，同时 $E(\boldsymbol{\varepsilon}_t \boldsymbol{\varepsilon}_s^{\mathrm{T}}) = \boldsymbol{0}$ 对于 $t \neq s$，它的自协方差矩阵生成函数为：

$$\boldsymbol{G}_y(z) = (\boldsymbol{I} + \boldsymbol{\Phi}_1 z + \boldsymbol{\Phi}_2 z^2 + \cdots + \boldsymbol{\Phi}_q z^q) \boldsymbol{\Sigma}_\varepsilon (\boldsymbol{I} + \boldsymbol{\Phi}_1^{\mathrm{T}} z^{-1} + \boldsymbol{\Phi}_2^{\mathrm{T}} z^{-2} + \cdots + \boldsymbol{\Phi}_q^{\mathrm{T}} z^{-q})。 \tag{3-15}$$

更一般地，对于一个无穷阶的向量移动平均过程：

$$\boldsymbol{y}_t = \boldsymbol{\xi} + \boldsymbol{\Phi}_0 \boldsymbol{\varepsilon}_t + \boldsymbol{\Phi}_1 \boldsymbol{\varepsilon}_{t-1} + \boldsymbol{\Phi}_2 \boldsymbol{\varepsilon}_{t-2} + \cdots, \tag{3-16}$$

令 $\boldsymbol{\Phi}(L) = \boldsymbol{\Phi}_0 + \boldsymbol{\Phi}_1 L^1 + \boldsymbol{\Phi}_2 L^2 + \cdots$，白噪声过程 $\boldsymbol{\varepsilon}_t$ 满足 $E(\boldsymbol{\varepsilon}_t) = \boldsymbol{0}$，$E(\boldsymbol{\varepsilon}_t \boldsymbol{\varepsilon}_t^{\mathrm{T}}) = \boldsymbol{\Sigma}_{\boldsymbol{\varepsilon}}$，同时 $E(\boldsymbol{\varepsilon}_t \boldsymbol{\varepsilon}_s^{\mathrm{T}}) = \boldsymbol{0}$ 对于 $t \neq s$，则该过程的自协方差矩阵生成函数为：

$$\boldsymbol{G}_y(z) = \boldsymbol{\Phi}(z) \boldsymbol{\Sigma}_\varepsilon \boldsymbol{\Phi}(z^{-1})^{\mathrm{T}}。 \tag{3-17}$$

对于一个平稳的一阶向量自回归模型：

$$\boldsymbol{y}_t = \boldsymbol{\nu} + \boldsymbol{\Theta}_1 \boldsymbol{y}_{t-1} + \boldsymbol{\varepsilon}_t, \tag{3-18}$$

白噪声过程 $\boldsymbol{\varepsilon}_t$ 满足 $E(\boldsymbol{\varepsilon}_t) = \boldsymbol{0}$，$E(\boldsymbol{\varepsilon}_t \boldsymbol{\varepsilon}_t^{\mathrm{T}}) = \boldsymbol{\Sigma}_{\boldsymbol{\varepsilon}}$，同时 $E(\boldsymbol{\varepsilon}_t \boldsymbol{\varepsilon}_s^{\mathrm{T}}) = \boldsymbol{0}$ 对于 $t \neq s$，其可以写作移动平均模型：

$$\boldsymbol{y}_t = (\boldsymbol{I} - \boldsymbol{\Theta}_1 L)^{-1} \boldsymbol{\nu} + (\boldsymbol{I} - \boldsymbol{\Theta}_1 L)^{-1} \boldsymbol{\varepsilon}_t, \tag{3-19}$$

则基于等式（3-19）可得：

$$\begin{aligned} \boldsymbol{G}_y(z) &= (\boldsymbol{I} - \boldsymbol{\Theta}_1 z)^{-1} \boldsymbol{\Sigma}_{\boldsymbol{\varepsilon}} (\boldsymbol{I} - \boldsymbol{\Theta}_1 z^{-1})^{\mathrm{T}} \\ &= (\boldsymbol{I} + \boldsymbol{\Theta}_1 z + \boldsymbol{\Theta}_1^2 z^2 + \cdots) \boldsymbol{\Sigma}_{\boldsymbol{\varepsilon}} [\boldsymbol{I} + \boldsymbol{\Theta}_1^{\mathrm{T}} z^{-1} + (\boldsymbol{\Theta}_1^{\mathrm{T}})^2 z^{-2} + \cdots]。 \end{aligned} \tag{3-20}$$

进一步，对于2个互不相关的平稳时间序列 $\boldsymbol{m}_t$ 和 $\boldsymbol{n}_t$，假设它们的均值为 $E(\boldsymbol{m}_t)=\boldsymbol{\xi}_m$，$E(\boldsymbol{n}_t)=\boldsymbol{\xi}_n$，则它们的自协方差矩阵生成函数等于各自的自协方差矩阵生成函数的和：

$$\begin{aligned}\boldsymbol{G}_{m+n}(z) &= \sum_{j=-\infty}^{\infty} E[(\boldsymbol{m}_{t+j}+\boldsymbol{n}_{t+j}-\boldsymbol{\xi}_m-\boldsymbol{\xi}_n)(\boldsymbol{m}_t+\boldsymbol{n}_t-\boldsymbol{\xi}_m-\boldsymbol{\xi}_n)^{\mathrm{T}}]z^j \\ &= \sum_{j=-\infty}^{\infty} E[(\boldsymbol{m}_{t+j}-\boldsymbol{\xi}_m)(\boldsymbol{m}_t-\boldsymbol{\xi}_m)^{\mathrm{T}}]z^j + \sum_{j=-\infty}^{\infty} E[(\boldsymbol{n}_{t+j}-\boldsymbol{\xi}_n)(\boldsymbol{n}_{t+j}-\boldsymbol{\xi}_n)^{\mathrm{T}}]z^j \\ &= \boldsymbol{G}_m(z)+\boldsymbol{G}_n(z)\text{。}\end{aligned}\tag{3-21}$$

对于一个平稳随机过程 $\boldsymbol{y}_t$，假设其期望为 $E(\boldsymbol{y}_t)=\boldsymbol{v}_y$，如果给其左乘一个常数矩阵 $\boldsymbol{C}$，则其自协方差矩阵生成函数为：

$$\begin{aligned}\boldsymbol{G}_{Cy}(z) &= \sum_{j=-\infty}^{\infty} E[(\boldsymbol{C}\boldsymbol{y}_{t+j}-\boldsymbol{C}\boldsymbol{v}_y)(\boldsymbol{C}\boldsymbol{y}_t-\boldsymbol{C}\boldsymbol{v}_y)^{\mathrm{T}}]z^j \\ &= \sum_{j=-\infty}^{\infty} \boldsymbol{C}E[(\boldsymbol{y}_{t+j}-\boldsymbol{v}_y)(\boldsymbol{y}_t-\boldsymbol{v}_y)^{\mathrm{T}}]\boldsymbol{C}^{\mathrm{T}}z^j \\ &= \boldsymbol{C}\sum_{j=-\infty}^{\infty} E[(\boldsymbol{y}_{t+j}-\boldsymbol{v}_y)(\boldsymbol{y}_t-\boldsymbol{v}_y)^{\mathrm{T}}]z^j\boldsymbol{C}^{\mathrm{T}} \\ &= \boldsymbol{C}\boldsymbol{G}_y(z)\boldsymbol{C}^{\mathrm{T}}\text{。}\end{aligned}\tag{3-22}$$

更一般化地，对于如下一个移动平均过程：

$$\boldsymbol{y}_t=\boldsymbol{\xi}+\boldsymbol{\Phi}(L)\boldsymbol{\varepsilon}_t,\tag{3-23}$$

其中，白噪声过程 $\boldsymbol{\varepsilon}_t$ 满足 $E(\boldsymbol{\varepsilon}_t)=\boldsymbol{0}$，$E(\boldsymbol{\varepsilon}_t\boldsymbol{\varepsilon}_t^{\mathrm{T}})=\boldsymbol{\Sigma}_{\boldsymbol{\varepsilon}}$，同时 $E(\boldsymbol{\varepsilon}_t\boldsymbol{\varepsilon}_s^{\mathrm{T}})=\boldsymbol{0}(t\neq s)$，$\boldsymbol{\Phi}(L)=\sum_{i=0}^{\infty}\boldsymbol{\Phi}_iL^i$，其中 $\{\boldsymbol{\Phi}_i, i=0,1,\cdots,\infty\}$ 绝对可加，则其自协方差矩阵生成函数一般可写作：

$$\boldsymbol{G}_y(z)=\boldsymbol{\Phi}(z)\boldsymbol{\Sigma}_{\boldsymbol{\varepsilon}}\boldsymbol{\Phi}(z^{-1})^{\mathrm{T}}\text{。}\tag{3-24}$$

进一步，令 $\boldsymbol{F}(L)=\sum_{i=-\infty}^{\infty}\boldsymbol{F}_iL^i$，且 $\{\boldsymbol{F}_i, i=0,1,\cdots\}$ 绝对可加，则 $\boldsymbol{F}(L)$ 被称为是一个多元滤波器，将 $\boldsymbol{F}(L)$ 左乘式（3－23）可得：

$$\begin{aligned}\boldsymbol{x}_t &= \boldsymbol{F}(L)\boldsymbol{y}_t \\ &= \boldsymbol{F}(L)\boldsymbol{\xi}+\boldsymbol{F}(L)\boldsymbol{\Phi}(L)\boldsymbol{\varepsilon}_t \\ &= \boldsymbol{\xi}_x+\boldsymbol{K}(L)\boldsymbol{\varepsilon}_t,\end{aligned}\tag{3-25}$$

其中，$\boldsymbol{\xi}_x=\boldsymbol{F}(1)\boldsymbol{\xi}$，$\boldsymbol{K}(L)=\boldsymbol{F}(L)\boldsymbol{\Phi}(L)$，从而 $\boldsymbol{x}_t$ 的自协方差矩阵生成函数可表示为：

$$
\begin{aligned}
\boldsymbol{G}_x(z) &= \boldsymbol{F}(z)\boldsymbol{\Sigma}_{\boldsymbol{\varepsilon}}\boldsymbol{F}(z^{-1})^{\mathrm{T}} \\
&= \boldsymbol{F}(z)\boldsymbol{\Phi}(z)\boldsymbol{\Sigma}_{\boldsymbol{\varepsilon}}\boldsymbol{\Phi}(z^{-1})^{\mathrm{T}}\boldsymbol{F}(z^{-1})^{\mathrm{T}},
\end{aligned} \tag{3-26}
$$

将等式（3-24）代入等式（3-26）中，可得 $\boldsymbol{G}_y(z)$ 和 $\boldsymbol{G}_x(z)$ 的如下关系式：

$$
\boldsymbol{G}_x(z) = \boldsymbol{F}(z)\boldsymbol{G}_y(z)\boldsymbol{F}(z^{-1})^{\mathrm{T}}。 \tag{3-27}
$$

3.4 多元时间序列的谱密度

由第3.3节可知，对于一个平稳多元时间序列 $\boldsymbol{y}_t$，假设其均值为 $E(\boldsymbol{y}_t)=\boldsymbol{v}$，则其自协方差矩阵可表示为：

$$
\boldsymbol{\Gamma}_y(j) = E[(\boldsymbol{y}_{t+j}-\boldsymbol{v})(\boldsymbol{y}_t-\boldsymbol{v})^{\mathrm{T}}], \tag{3-28}
$$

如果 $\{\boldsymbol{\Gamma}_y(j), j=-\infty,\cdots,\infty\}$ 绝对可加且 z 是复数，那么平稳多元时间序列 $\boldsymbol{y}_t$ 的自协方差矩阵生成函数可以表示为：

$$
\boldsymbol{G}_y(z) = \sum_{j=-\infty}^{\infty}\boldsymbol{\Gamma}_y(j)z^j。 \tag{3-29}
$$

如果将等式（3-29）两边同时除以 2π，且令 $z=\mathrm{e}^{-\mathrm{i}\omega}$，且 $\mathrm{i}=\sqrt{-1}$，则平稳多元时间序列 $\boldsymbol{y}_t$ 的谱密度可表示为：

$$
\begin{aligned}
f_y(\omega) &= \frac{1}{2\pi}\boldsymbol{G}_y(\mathrm{e}^{-\mathrm{i}\omega}) \\
&= \frac{1}{2\pi}\sum_{j=-\infty}^{\infty}\boldsymbol{\Gamma}_y(j)\mathrm{e}^{-\mathrm{i}\omega j},
\end{aligned} \tag{3-30}
$$

如果令 $f_y(\omega)$ 乘以 $\mathrm{e}^{\mathrm{i}\omega j}$，然后将其在 $(-\pi,\pi)$ 区间内进行积分，那么就可以得到第 j 个自协方差矩阵，即

$$
\int_{-\pi}^{\pi} f_y(\omega)\mathrm{e}^{\mathrm{i}\omega j}\mathrm{d}\omega = \boldsymbol{\Gamma}_y(j), \tag{3-31}
$$

如果 $j=0$，那么式（3-31）简化为：

$$
\int_{-\pi}^{\pi} f_y(\omega)\mathrm{d}\omega = \boldsymbol{\Gamma}_y(0), \tag{3-32}
$$

也即 $f_y(\omega)$ 在区间 $(-\pi,\pi)$ 的面积为平稳多元时间序列 $\boldsymbol{y}_t$ 的方差协方差矩阵。

在实践中，由于 $\boldsymbol{\Gamma}_y(j)$ 中的对角线元素为平稳多元时间序列 $\boldsymbol{y}_t$ 中每个元素的方差，而非对角线元素则是 $\boldsymbol{y}_t$ 中不同元素之间的协方差。因此，在平稳多元时间序列 $\boldsymbol{y}_t$ 的谱密度 $f_y(\omega)$ 中，其对角线元素为实数，而非对角线元素为复数。为了进一步说明，下面举一个二元平稳时间序列的例子，其中 $\boldsymbol{y}_t = (y_{1t}, y_{2t})^{\mathrm{T}}$，$E[(y_{1t}, y_{2t})^{\mathrm{T}}] = (v_{y_1}, v_{y_2})^{\mathrm{T}}$。对于该二元平稳时间序列，其自协方差矩阵可以写作：

$$
\begin{aligned}
\boldsymbol{\Gamma}_y(j) &= E\left(\left(\begin{bmatrix} y_{1t+j} \\ y_{2t+j} \end{bmatrix} - \begin{bmatrix} v_{y_1} \\ v_{y_2} \end{bmatrix}\right)\left(\begin{bmatrix} y_{1t} \\ y_{2t} \end{bmatrix} - \begin{bmatrix} v_{y_1} \\ v_{y_2} \end{bmatrix}\right)^{\mathrm{T}}\right) \\
&= E\left(\begin{bmatrix} y_{1t+j} - v_{y_1} \\ y_{2t+j} - v_{y_2} \end{bmatrix}\begin{bmatrix} y_{1t} - v_{y_1} & y_{2t} - v_{y_2} \end{bmatrix}\right) \\
&= E\begin{bmatrix} (y_{1t+j} - v_{y_1})(y_{1t} - v_{y_1}) & (y_{1t+j} - v_{y_1})(y_{2t} - v_{y_2}) \\ (y_{2t+j} - v_{y_2})(y_{1t} - v_{y_1}) & (y_{2t+j} - v_{y_2})(y_{2t} - v_{y_2}) \end{bmatrix} \\
&= \begin{bmatrix} \gamma_{y_1y_1}(j) & \gamma_{y_1y_2}(j) \\ \gamma_{y_2y_1}(j) & \gamma_{y_2y_2}(j) \end{bmatrix}。
\end{aligned}
\tag{3-33}
$$

通过式（3-33）可以看出，$\gamma_{y_1y_1}(j) = \gamma_{y_1y_1}(-j)$，$\gamma_{y_2y_2}(j) = \gamma_{y_2y_2}(-j)$，而

$$
\begin{aligned}
\gamma_{y_1y_2}(-j) &= E[(y_{1t} - v_{y_1})(y_{2t+j} - v_{y_2})] \\
&= E[(y_{2t+j} - v_{y_2})(y_{1t} - v_{y_1})] \\
&= \gamma_{y_2y_1}(j)。
\end{aligned}
$$

类似地，

$$
\begin{aligned}
\gamma_{y_2y_1}(-j) &= E[(y_{2t} - v_{y2})(y_{1t+j} - v_{y_1})] \\
&= E[(y_{1t+j} - v_{y_1})(y_{2t} - v_{y_2})] \\
&= \gamma_{y_1y_2}(j)。
\end{aligned}
$$

基于上面的结论和等式（3-30），可得：

$$
f_y(\omega) = \frac{1}{2\pi}\begin{bmatrix} \sum_{j=-\infty}^{\infty} \gamma_{y_1y_1}(j)\mathrm{e}^{-\mathrm{i}\omega j} & \sum_{j=-\infty}^{\infty} \gamma_{y_1y_2}(j)\mathrm{e}^{-\mathrm{i}\omega j} \\ \sum_{j=-\infty}^{\infty} \gamma_{y_2y_1}(j)\mathrm{e}^{-\mathrm{i}\omega j} & \sum_{j=-\infty}^{\infty} \gamma_{y_2y_2}(j)\mathrm{e}^{-\mathrm{i}\omega j} \end{bmatrix}
$$

$$= \frac{1}{2\pi}\begin{bmatrix} \sum_{j=-\infty}^{\infty}\gamma_{y_1y_1}(j)[\cos(\omega j) - i\sin(\omega j)] & \sum_{j=-\infty}^{\infty}\gamma_{y_1y_2}(j)[\cos(\omega j) - i\sin(\omega j)] \\ \sum_{j=-\infty}^{\infty}\gamma_{y_2y_1}(j)[\cos(\omega j) - i\sin(\omega j)] & \sum_{j=-\infty}^{\infty}\gamma_{y_2y_2}(j)[\cos(\omega j) - i\sin(\omega j)] \end{bmatrix}。 \tag{3-34}$$

利用关系式：

$$\gamma_{y_1y_1}(j) = \gamma_{y_1y_1}(-j),$$
$$\gamma_{y_2y_2}(j) = \gamma_{y_2y_2}(-j),$$
$$\gamma_{y_1y_2}(-j) = \gamma_{y_2y_1}(j),$$
$$\gamma_{y_2y_1}(-j) = \gamma_{y_1y_2}(j),$$
$$\sin(-\omega j) = -\sin(\omega j),$$
$$\cos(-\omega j) = \cos(\omega j),$$

等式（3－34）可以写作：

$$f_y(\omega) = \frac{1}{2\pi}\begin{bmatrix} \sum_{j=-\infty}^{\infty}\gamma_{y_1y_1}(j)[\cos(\omega j) - i\sin(\omega j)] & \sum_{j=-\infty}^{\infty}\gamma_{y_1y_2}(j)[\cos(\omega j) - i\sin(\omega j)] \\ \sum_{j=-\infty}^{\infty}\gamma_{y_2y_1}(j)[\cos(\omega j) - i\sin(\omega j)] & \sum_{j=-\infty}^{\infty}\gamma_{y_2y_2}(j)[\cos(\omega j) - i\sin(\omega j)] \end{bmatrix}$$

$$= \frac{1}{2\pi}\begin{bmatrix} \sum_{j=-\infty}^{\infty}\gamma_{y_1y_1}(j)[\cos(\omega j)] & \sum_{j=-\infty}^{\infty}\gamma_{y_1y_2}(j)[\cos(\omega j) - i\sin(\omega j)] \\ \sum_{j=-\infty}^{\infty}\gamma_{y_2y_1}(j)[\cos(\omega j) - i\sin(\omega j)] & \sum_{j=-\infty}^{\infty}\gamma_{y_2y_2}(j)[\cos(\omega j)] \end{bmatrix}$$

$$= \frac{1}{2\pi}\begin{bmatrix} \gamma_{y_1y_1}(0) + \sum_{j=1}^{\infty}2\gamma_{y_1y_1}(j)[\cos(\omega j)] & \sum_{j=-\infty}^{\infty}\gamma_{y_1y_2}(j)[\cos(\omega j) - i\sin(\omega j)] \\ \sum_{j=-\infty}^{\infty}\gamma_{y_2y_1}(j)[\cos(\omega j) - i\sin(\omega j)] & \gamma_{y_2y_2}(0) + \sum_{j=1}^{\infty}\gamma_{y_2y_2}(j)[\cos(\omega j)] \end{bmatrix}。 \tag{3-35}$$

通过上式可以看出，一般来说，一个多元平稳时间序列的谱密度矩阵中，对角线的值一般是实数，而非对角线元素的值则是复数。

根据 Hamilton（1994）的定义，在等式（3－35）中，左下角部分一般称为从 y_1 到 y_2 的交叉谱密度：

$$f_{y_2y_1}(\omega)=\frac{1}{2\pi}\sum_{j=-\infty}^{\infty}\gamma_{y_2y_1}(j)[\cos(\omega j)-i\sin(\omega j)]。\tag{3-36}$$

进一步，上述等式（3－36）可以写为实数和复数两部分之和：

$$f_{y_2y_1}(\omega)=\mathbb{C}_{y_2y_1}(\omega)+\mathbb{Q}_{y_2y_1}(\omega),\tag{3-37}$$

$f_{y_2y_1}(\omega)$ 中的实数部分被称为协谱：

$$\mathbb{C}_{y_2y_1}(\omega)=\frac{1}{2\pi}\sum_{j=-\infty}^{\infty}\gamma_{y_2y_1}(j)[\cos(\omega j)]。\tag{3-38}$$

利用关系式 $\gamma_{y_2y_1}(-j)=\gamma_{y_1y_2}(j)$，可得：

$$\begin{aligned}\mathbb{C}_{y_1y_2}(\omega)&=\frac{1}{2\pi}\sum_{j=-\infty}^{\infty}\gamma_{y_1y_2}(j)[\cos(\omega j)]\\&=\frac{1}{2\pi}\sum_{j=-\infty}^{\infty}\gamma_{y_2y_1}(-j)[\cos(\omega j)]\\&=\frac{1}{2\pi}\sum_{j=-\infty}^{\infty}\gamma_{y_2y_1}(-j)[\cos(-\omega j)]\\&=\mathbb{C}_{y_2y_1}(\omega)。\end{aligned}\tag{3-39}$$

因此，协谱既可以用 $\mathbb{C}_{y_2y_1}(\omega)$ 定义，也可以用 $\mathbb{C}_{y_1y_2}(\omega)$ 定义。

$f_{y_2y_1}(\omega)$ 中的虚数部分被称为正交谱：

$$\mathbb{Q}_{y_2y_1}(\omega)=-\frac{1}{2\pi}\sum_{j=-\infty}^{\infty}\gamma_{y_2y_1}(j)\sin(\omega j),\tag{3-40}$$

而

$$\begin{aligned}\mathbb{Q}_{y_1y_2}(\omega)&=-\frac{1}{2\pi}\sum_{j=-\infty}^{\infty}\gamma_{y_1y_2}(j)\sin(\omega j),\\&=-\frac{1}{2\pi}\sum_{j=-\infty}^{\infty}\gamma_{y_2y_1}(-j)\sin(\omega j)\\&=\frac{1}{2\pi}\sum_{j=-\infty}^{\infty}\gamma_{y_2y_1}(-j)\sin(-\omega j),\end{aligned}\tag{3-41}$$

通过等式（3－40）和等式（3－41）可以得出：

$$\mathbb{Q}_{y_2y_1}(-\omega)=-\mathbb{Q}_{y_2y_1}(\omega),\tag{3-42}$$

$$\mathbb{Q}_{y_2y_1}(\omega)=-\mathbb{Q}_{y_1y_2}(\omega)。\tag{3-43}$$

y_1 和 y_2 的自协方差与其交叉谱的关系可以表示为：

$$\int_{-\pi}^{\pi}f_{y_2y_1}(\omega)d\omega=E[(y_{2t}-v_{y_2})(y_{1t}-v_{y_1})]。\tag{3-44}$$

由于

$$\int_{-\pi}^{\pi} f_{y_2y_1}(\omega)\mathrm{d}\omega = \int_{-\pi}^{\pi} [\mathbb{C}_{y_2y_1}(\omega) + \mathbb{Q}_{y_2y_1}(\omega)]\mathrm{d}\omega$$

$$= \int_{-\pi}^{\pi} \mathbb{C}_{y_2y_1}(\omega)\mathrm{d}\omega + \int_{-\pi}^{\pi} \mathbb{Q}_{y_2y_1}(\omega)\mathrm{d}\omega , \qquad (3-45)$$

由等式（3－42）可得等式（3－45）的第二部分

$$\int_{-\pi}^{\pi} \mathbb{Q}_{y_2y_1}(\omega)\mathrm{d}\omega = 0, \qquad (3-46)$$

从而有

$$\int_{-\pi}^{\pi} f_{y_2y_1}(\omega)\mathrm{d}\omega = \int_{-\pi}^{\pi} \mathbb{C}_{y_2y_1}(\omega)\mathrm{d}\omega, \qquad (3-47)$$

因此

$$\int_{-\pi}^{\pi} \mathbb{C}_{y_2y_1}(\omega)\mathrm{d}\omega = E[(y_{2t} - v_{y_2})(y_{1t} - v_{y_1})] 。 \qquad (3-48)$$

基于等式（3－48），可以看出，协谱本质上是在不同频率处对 y_2 和 y_1 之间协方差的贡献度。

3.5 向量移动平均过程和向量自回归过程的谱密度

在多元时间序列分析中，经常会遇到有关向量移动平均过程和向量自回归过程的谱密度计算。假设 $\boldsymbol{y}_t$ 服从无穷阶的向量移动平均过程：

$$\boldsymbol{y}_t = \boldsymbol{\xi} + \boldsymbol{\Phi}(L)\boldsymbol{\varepsilon}_t , \qquad (3-49)$$

其中，$\boldsymbol{\xi}$ 是常数向量，白噪声过程 $\boldsymbol{\varepsilon}_t$ 满足 $E(\boldsymbol{\varepsilon}_t) = \boldsymbol{0}, E(\boldsymbol{\varepsilon}_t\boldsymbol{\varepsilon}_t^{\mathrm{T}}) = \boldsymbol{\Sigma}_\varepsilon$，同时 $E(\boldsymbol{\varepsilon}_t\boldsymbol{\varepsilon}_s^{\mathrm{T}}) = \boldsymbol{0}(t \neq s), \boldsymbol{\Phi}(L) = \sum_{i=0}^{\infty} \boldsymbol{\Phi}_i L^i$，其中 $\{\boldsymbol{\Phi}_i, i = 0,1,\cdots\}$ 绝对可加，则其自协方差矩阵生成函数一般可写作：

$$\boldsymbol{G}_y(z) = \boldsymbol{\Phi}(z)\boldsymbol{\Sigma}_{\boldsymbol{\varepsilon}}\boldsymbol{\Phi}(z^{-1})^{\mathrm{T}}, \qquad (3-50)$$

则基于自协方差矩阵生成函数，$\boldsymbol{y}_t$ 的谱密度可写作：

$$f_y(\omega) = \frac{1}{2\pi}\boldsymbol{\Phi}(\mathrm{e}^{-\mathrm{i}\omega})\boldsymbol{\Sigma}_\varepsilon\boldsymbol{\Phi}(\mathrm{e}^{\mathrm{i}\omega})^{\mathrm{T}} 。 \qquad (3-51)$$

对于一个滞后阶数为 p 的平稳向量自回归模型：

$$\boldsymbol{y}_t = \boldsymbol{v} + \boldsymbol{\Theta}_1\boldsymbol{y}_{t-1} + \boldsymbol{\Theta}_2\boldsymbol{y}_{t-2} + \cdots + \boldsymbol{\Theta}_p\boldsymbol{y}_{t-p} + \boldsymbol{\varepsilon}_t, \tag{3-52}$$

其中，$\boldsymbol{y}_t = (y_{1t}, y_{2t}, \cdots, y_{Kt})^{\mathrm{T}}$ 是 $K\times1$ 维向量，$\boldsymbol{v} = (v_1, v_2, \cdots, v_K)^{\mathrm{T}}$ 是 $K\times1$ 维常数向量，$\boldsymbol{\Theta}_i(i = 1,2,\cdots,p)$ 是 $K\times K$ 维系数矩阵，$\boldsymbol{\varepsilon}_t = (\varepsilon_{1t}, \varepsilon_{2t}, \cdots, \varepsilon_{Kt})^{\mathrm{T}}$ 是 $K\times1$ 维白噪声过程，其中 $E(\boldsymbol{\varepsilon}_t) = \boldsymbol{0}$，$E(\boldsymbol{\varepsilon}_t\boldsymbol{\varepsilon}_t^{\mathrm{T}}) = \boldsymbol{\Sigma}_{\boldsymbol{\varepsilon}}$，同时 $E(\boldsymbol{\varepsilon}_t\boldsymbol{\varepsilon}_s^{\mathrm{T}}) = \boldsymbol{0}(t\neq s)$，且 $\boldsymbol{\Sigma}_{\boldsymbol{\varepsilon}}$ 是对称的非奇异正定矩阵，则该平稳向量自回归模型可写作

$$\boldsymbol{\Theta}(L)\boldsymbol{y}_t = \boldsymbol{v} + \boldsymbol{\varepsilon}_t, \tag{3-53}$$

其中，$\boldsymbol{\Theta}(L) = \boldsymbol{I} - \boldsymbol{\Theta}_1L - \boldsymbol{\Theta}_2L^2 - \cdots - \boldsymbol{\Theta}_pL^p$，从而有：

$$\boldsymbol{y}_t = \boldsymbol{\Theta}(L)^{-1}\boldsymbol{v} + \boldsymbol{\Theta}(L)^{-1}\boldsymbol{\varepsilon}_t, \tag{3-54}$$

基于等式（3－54）可得 $\boldsymbol{y}_t$ 的谱密度为：

$$f_y(\omega) = \frac{1}{2\pi}\boldsymbol{\Theta}(\mathrm{e}^{-\mathrm{i}\omega})^{-1}\boldsymbol{\Sigma}_{\boldsymbol{\varepsilon}}(\boldsymbol{\Theta}(\mathrm{e}^{\mathrm{i}\omega})^{-1})^{\mathrm{T}}, \tag{3-55}$$

式（3－55）是平稳多元时间序列 $\boldsymbol{y}_t$ 的总体谱密度。为了计算样本谱密度，可以首先通过确定向量自回归模型的滞后阶数，然后利用普通最小二乘法估计向量自回归模型的系数 $\boldsymbol{\Theta}_1, \boldsymbol{\Theta}_2, \cdots, \boldsymbol{\Theta}_p$，然后基于估计得到的系数，利用式（3－55）即可以计算平稳多元时间序列 $\boldsymbol{y}_t$ 的样本谱密度。

3.6　多元时间序列滤波

与之前提到的一元时间序列滤波类似，也可以对多元时间序列进行滤波。具体来看，对于一个平稳的多元时间序列 $\boldsymbol{y}_t$，假设其谱密度为 $f_y(\omega)$，假设我们可以对 $\boldsymbol{y}_t$ 进行如下变换：

$$\boldsymbol{x}_t = \boldsymbol{F}(L)\boldsymbol{y}_t, \tag{3-56}$$

其中

$$\boldsymbol{F}(L) = \sum_{j=-\infty}^{\infty}\boldsymbol{F}_jL^j,$$

且 $\{\boldsymbol{F}_j, j = -\infty, \cdots, -1, 0, 1, \cdots, \infty\}$ 绝对可加，那么多元时间序列 $\boldsymbol{x}_t$ 的自协方差矩阵生成函数可写作：

$$\boldsymbol{G}_x(z) = \boldsymbol{F}(z)\boldsymbol{G}_y(z)\,\boldsymbol{F}(z^{-1})^{\mathrm{T}}, \tag{3-57}$$

其中，$\boldsymbol{G}_y(z)$ 为 $\boldsymbol{y}_t$ 的自协方差矩阵生成函数，那么基于等式（3－57），$\boldsymbol{x}_t$ 的谱

密度可以写作：

$$
\begin{aligned}
f_x(\omega) &= \frac{1}{2\pi}\boldsymbol{G}_x(\mathrm{e}^{-\mathrm{i}\omega}) \\
&= \frac{1}{2\pi}\boldsymbol{F}(\mathrm{e}^{-\mathrm{i}\omega})\boldsymbol{G}_y(\mathrm{e}^{-\mathrm{i}\omega})\boldsymbol{F}(\mathrm{e}^{\mathrm{i}\omega})^{\mathrm{T}} \\
&= \boldsymbol{F}(\mathrm{e}^{-\mathrm{i}\omega})\boldsymbol{f}_y(\omega)\boldsymbol{F}(\mathrm{e}^{\mathrm{i}\omega})^{\mathrm{T}},
\end{aligned}
\tag{3-58}
$$

因此，对于多元时间序列 $\boldsymbol{y}_t$ 左乘 $\boldsymbol{F}(L)$，得到的多元时间序列 $\boldsymbol{x}_t$ 的谱密度和 $\boldsymbol{F}(L)$ 相关，$\boldsymbol{F}(L)$ 被称为多元滤波器。

3.7 本章小结

本章从频域角度介绍了如何分析多元时间序列的性质。和一元时间序列类似，多元时间序列的谱密度也可基于多元时间序列模型的自协方差生成函数求得。同时，本章介绍了多元时间序列的交叉谱密度、协谱及正交谱。本章介绍的相关谱密度概念是第四章有关频域因果关系的测度定义的理论基础。只有理解这些概念，才能进一步理解频域因果关系测度的概念。

第四章　频域因果关系的测度

虽然传统的时间领域格兰杰因果关系测度和检验方法可以较好地刻画 2 个不同时间序列之间的预测关系，但是传统的时间领域格兰杰因果关系测度和检验方法一般都默认忽略了格兰杰因果关系在不同频率处的强度和方向，因为格兰杰因果关系的强度和方向可以在任意不同的频率上变化。这个想法首先是由 Granger（1969）提出的。Granger（1969）当时的想法是，相对于一次性利用传统的因果关系测度来刻画 2 个时间序列之间的预测关系，频谱密度方法能够更丰富更全面地刻画 2 个时间序列之间的预测关系，因为在频谱领域，每一个频率对应一个周期，如高频率对应的短周期，低频率对应的是长周期，商业周期频率对应的是商业周期。因此，在高频率处 2 个时间序列的因果关系测度实际上体现的是在短周期 2 个时间序列的因果关系测度；在低频率处 2 个时间序列的因果关系测度实际上体现的是在长周期 2 个时间序列的因果关系测度；在商业周期频率处 2 个时间序列的因果关系测度实际上体现的是在商业周期 2 个时间序列的因果关系测度。事实上，现有研究已经显示，不同类型时间序列在不同频率处的因果关系强度不同。一般来说，大部分宏观经济时间序列在商业周期频率内的相互作用关系最为显著（Thoma，2004）。对于调查类数据，它们在低频率处的相互作用关系较为明显（Öller et al.，1996）。同时，人们发现管理者对竞争对手的长期（低频率）价格变化策略反应较为强烈，而对竞争对手的短期（高频率）价格变化策略反应较为一般（Bronnenberg et al.，2006）。

受 Granger（1969）的启发，早在 20 世纪 70 年代末 80 年代初，两位知名且备受尊敬的统计学家 Pierce（1979）和 Geweke（1982）便基于 Granger（1969）提出的因果关系测度，在频谱领域，定义了 2 种可以将 2 个时间序列的因果关系分解到频谱领域各个频率处的方法。Pierce（1979）首先提出度量2个时间序列之间关系的 R^2 测度，并将该测度分解到频谱领域的每个频率上，从而可以在每个频率上测度2个时间序列之间的预测关系或格兰杰因果关系。Geweke（1982）基于二元向量自回归模型，定义了时间领域的格兰杰因果关系测度，并将时间领域的因果关系测度分解到频谱领域的各个频率上。在满足一些条件的情形下，Geweke（1982）将频谱领域的频域因果关系测度在各个频率处进行积分，积分得到的值恰好等于时间领域因果关系测度的值。在Geweke（1982）研究的基础上，Hosoya（1991）同样基于多维向量自回归模型，定义了时间领域的格兰杰因果关系测度，并将时间领域的因果关系测度分解到频谱领域的各个频率上。与 Geweke（1982）定义的频谱领域频域因果关系测度不同，Hosoya（1991）定义的频谱领域频域因果关系测度更具一般性。将 Hosoya（1991）定义的频谱领域频域因果关系测度在各个频率处进行积分，得到的值恰好等于时间领域的因果关系测度。

现实中，Geweke（1982）和 Hosoya（1991）定义的频谱领域频域因果关系测度更具应用性，因为在某些情形下，Geweke（1982）和 Hosoya（1991）定义的频谱领域频域因果关系测度在各个频率处进行积分，得到的值恰好等于时间领域的因果关系测度。因此，在本章有关频域因果关系的测度的具体介绍中，将首先介绍 Geweke（1982）和 Hosoya（1991）定义的频谱领域频域因果关系测度，然后介绍 Pierce（1979）定义的频谱领域频域因果关系测度，最后基于 Geweke（1982）和 Hosoya（1991）定义的频谱领域频域因果关系测度，通过2个具体实例来进一步阐述如何定义的频谱领域频域因果关系测度。

4.1 Geweke 的平稳时间序列频域因果关系测度定义

本节介绍平稳时间序列的频域因果关系测度。目前，有关频域因果关系的测度都是基于时间序列线性系统构建的。一般来说，假设 $f_{y\to x}(\omega)$ 是在频率 ω 处从 y_t 到 x_t 的因果关系测度，而 $F_{y\to x}$ 是从 y_t 到 x_t 的因果关系测度，那么，一般来说频域因果关系测度 $f_{y\to x}(\omega)$ 和时域因果关系测度 $F_{y\to x}$ 应该满足如下关系：

$$F_{y\to x} = \frac{1}{2\pi}\int_{-\pi}^{\pi} f_{y\to x}(\omega)\,\mathrm{d}\omega, \tag{4-1}$$

其中，$f_{y\to x}(\omega)$ 和 $F_{y\to x}$ 应该是非负的。

Geweke（1982）即是基于上述原则构建频域因果关系的测度。假设 $\boldsymbol{z}_t = (\boldsymbol{x}_t^{\mathrm{T}}, \boldsymbol{y}_t^{\mathrm{T}})^{\mathrm{T}}$ 是一个 $(k+l)\times 1$ 维的多元平稳时间序列，其中 $\boldsymbol{x}_t$ 是 $k\times 1$ 维平稳时间序列，$\boldsymbol{y}_t$ 是 $l\times 1$ 维平稳时间序列。假设人们关注的是从 $\boldsymbol{y}_t$ 到 $\boldsymbol{x}_t$ 的频域因果关系，且 $\boldsymbol{z}_t$ 服从如下平稳向量自回归模型：

$$\begin{aligned}\boldsymbol{z}_t &= \sum_{j=1}^{\infty} \boldsymbol{B}_j \boldsymbol{z}_{t-j} + \boldsymbol{\varepsilon}_t \\ &= \boldsymbol{B}(L)\boldsymbol{z}_t + \boldsymbol{\varepsilon}_t,\end{aligned} \tag{4-2}$$

其中，$\boldsymbol{B}(L) = \sum_{j=1}^{\infty} \boldsymbol{B}_j L^j$，$E(\boldsymbol{\varepsilon}_t) = \boldsymbol{0}$，$E(\boldsymbol{\varepsilon}_t\boldsymbol{\varepsilon}_t^{\mathrm{T}}) = \boldsymbol{\Sigma}$，同时 $E(\boldsymbol{\varepsilon}_t\boldsymbol{\varepsilon}_s^{\mathrm{T}}) = \boldsymbol{0}$ 对于 $t \neq s$，且 $\boldsymbol{\Sigma}$ 是非奇异正定矩阵，上述平稳向量自回归过程可写作如下向量移动平均模型：

$$\boldsymbol{z}_t = \sum_{j=0}^{\infty} \boldsymbol{A}_j \boldsymbol{\varepsilon}_{t-j} \text{。} \tag{4-3}$$

由于 $\boldsymbol{x}_t$ 是平稳的时间序列，进一步假设其服从如下向量自回归过程：

$$\boldsymbol{x}_t = \sum_{j=1}^{\infty} \boldsymbol{E}_{1j} \boldsymbol{x}_{t-j} + \boldsymbol{u}_{1t}, \tag{4-4}$$

其中，$E(\boldsymbol{u}_{1t}) = \boldsymbol{0}$，$E(\boldsymbol{u}_{1t}\boldsymbol{u}_{1t}^{\mathrm{T}}) = \boldsymbol{\Sigma}_1$，同时 $E(\boldsymbol{u}_{1t}\boldsymbol{u}_{1s}^{\mathrm{T}}) = \boldsymbol{0}$ 对于 $t \neq s$，且 $\boldsymbol{\Sigma}_1$ 是对称的非奇异正定矩阵。上式隐含着 $\boldsymbol{x}_t$ 在其自身滞后期的投影。

假设在等式（4-2）中，

$$\boldsymbol{B}(L) = \begin{bmatrix} \boldsymbol{E}_2(L) & \boldsymbol{F}_2(L) \\ \boldsymbol{G}_2(L) & \boldsymbol{H}_2(L) \end{bmatrix}, \tag{4-5}$$

其中，$\boldsymbol{E}_2(L) = \sum_{j=1}^{\infty} \boldsymbol{E}_{2j} L^j$，$\boldsymbol{F}_2(L) = \sum_{j=1}^{\infty} \boldsymbol{F}_{2j} L^j$，$\boldsymbol{G}_2(L) = \sum_{j=1}^{\infty} \boldsymbol{G}_{2j} L^j$，$\boldsymbol{H}_2(L) = \sum_{j=1}^{\infty} \boldsymbol{H}_{2j} L^j$，同时假设：

$$\boldsymbol{\varepsilon}_t = \begin{bmatrix} \boldsymbol{u}_{2t} \\ \boldsymbol{v}_{2t} \end{bmatrix}, \tag{4-6}$$

其中，$\boldsymbol{u}_{2t}$ 是 $k\times 1$ 维随机误差，而 $\boldsymbol{v}_{2t}$ 是 $l\times 1$ 维随机误差，则基于等式（4-2）

可得：

$$\boldsymbol{x}_t = \sum_{j=1}^{\infty} \boldsymbol{E}_{2j}\boldsymbol{x}_{t-j} + \sum_{j=1}^{\infty} \boldsymbol{F}_{2j}\boldsymbol{y}_{t-j} + \boldsymbol{u}_{2t}, \quad (4-7)$$

$$\boldsymbol{y}_t = \sum_{j=1}^{\infty} \boldsymbol{G}_{2j}\boldsymbol{y}_{t-j} + \sum_{j=1}^{\infty} \boldsymbol{H}_{2j}\boldsymbol{x}_{t-j} + \boldsymbol{v}_{2t}, \quad (4-8)$$

其中，$E(\boldsymbol{u}_{2t}) = \boldsymbol{0}$，$E(\boldsymbol{u}_{2t}\boldsymbol{u}_{2t}^{\mathrm{T}}) = \boldsymbol{\Sigma}_2$，同时 $E(\boldsymbol{u}_{2t}\boldsymbol{u}_{2s}^{\mathrm{T}}) = \boldsymbol{0}$ 对于 $t \neq s$，且 $\boldsymbol{\Sigma}_2$ 是非奇异正定矩阵。类似地，$E(\boldsymbol{v}_{2t}) = \boldsymbol{0}$，$E(\boldsymbol{v}_{2t}\boldsymbol{v}_{2t}^{\mathrm{T}}) = \boldsymbol{T}_2$，同时 $E(\boldsymbol{v}_{2t}\boldsymbol{v}_{2s}^{\mathrm{T}}) = \boldsymbol{0}$ 对于 $t \neq s$，且 $\boldsymbol{T}_2$ 是非奇异正定矩阵。

在等式（4－4）和等式（4－7）的基础上，可以定义从 $\boldsymbol{y}_t$ 到 $\boldsymbol{x}_t$ 的因果关系测度：

$$F_{y\to x} = \ln\left(\frac{|\boldsymbol{\Sigma}_1|}{|\boldsymbol{\Sigma}_2|}\right), \quad (4-9)$$

该定义有 2 个明显特点，首先，由于 $|\boldsymbol{\Sigma}_1| \geqslant |\boldsymbol{\Sigma}_2|$，从而保证了因果关系测度 $F_{y\to x} \geqslant 0$；其次，如果 $\boldsymbol{y}_t$ 对 $\boldsymbol{x}_t$ 没有格兰杰因果关系，则 $\boldsymbol{F}_{2j} = \boldsymbol{0}, j = 1,2,\cdots,\infty$，从有 $|\boldsymbol{\Sigma}_1| = |\boldsymbol{\Sigma}_2|$，进而因果关系测度 $F_{y\to x} = 0$。

进一步，假设随机误差项 $\boldsymbol{u}_{2t}$ 和 $\boldsymbol{v}_{2t}$ 具有如下关系式：

$$\begin{bmatrix} \boldsymbol{u}_{2t} \\ \boldsymbol{v}_{2t} \end{bmatrix} = \begin{bmatrix} \boldsymbol{\Sigma}_2 & \boldsymbol{C} \\ \boldsymbol{C}^{\mathrm{T}} & \boldsymbol{T}_2 \end{bmatrix}, \quad (4-10)$$

同时将等式（4－7）和等式（4－8）写作如下向量自回归模型：

$$\begin{bmatrix} \boldsymbol{x}_t \\ \boldsymbol{y}_t \end{bmatrix} = \begin{bmatrix} \boldsymbol{E}_2(L) & \boldsymbol{F}_2(L) \\ \boldsymbol{G}_2(L) & \boldsymbol{H}_2(L) \end{bmatrix} \begin{bmatrix} \boldsymbol{x}_t \\ \boldsymbol{y}_t \end{bmatrix} + \begin{bmatrix} \boldsymbol{u}_{2t} \\ \boldsymbol{v}_{2t} \end{bmatrix}, \quad (4-11)$$

其中，$\boldsymbol{E}_2(L) = \sum_{j=1}^{\infty} \boldsymbol{E}_{2j}L^j$，$\boldsymbol{F}_2(L) = \sum_{j=1}^{\infty} \boldsymbol{F}_{2j}L^j$，$\boldsymbol{G}_2(L) = \sum_{j=1}^{\infty} \boldsymbol{G}_{2j}L^j$，$\boldsymbol{H}_2(L) = \sum_{j=1}^{\infty} \boldsymbol{H}_{2j}L^j$，在此基础上，对上述向量自回归模型左乘如下矩阵：

$$\begin{bmatrix} \boldsymbol{I}_k & -\boldsymbol{C}\boldsymbol{T}_2^{-1} \\ -\boldsymbol{C}^{\mathrm{T}}\boldsymbol{\Sigma}_2^{-1} & \boldsymbol{I}_l \end{bmatrix},$$

可得

$$\begin{bmatrix} \boldsymbol{I}_k & -\boldsymbol{C}\boldsymbol{T}_2^{-1} \\ -\boldsymbol{C}^{\mathrm{T}}\boldsymbol{\Sigma}_2^{-1} & \boldsymbol{I}_l \end{bmatrix} \begin{bmatrix} \boldsymbol{x}_t \\ \boldsymbol{y}_t \end{bmatrix} = \begin{bmatrix} \boldsymbol{I}_k & -\boldsymbol{C}\boldsymbol{T}_2^{-1} \\ -\boldsymbol{C}^{\mathrm{T}}\boldsymbol{\Sigma}_2^{-1} & \boldsymbol{I}_l \end{bmatrix} \begin{bmatrix} \boldsymbol{E}_2(L) & \boldsymbol{F}_2(L) \\ \boldsymbol{G}_2(L) & \boldsymbol{H}_2(L) \end{bmatrix} \begin{bmatrix} \boldsymbol{x}_t \\ \boldsymbol{y}_t \end{bmatrix} +$$

$$\begin{bmatrix} \boldsymbol{I}_k & -\boldsymbol{C}\boldsymbol{T}_2^{-1} \\ -\boldsymbol{C}^{\mathrm{T}}\boldsymbol{\Sigma}_2^{-1} & \boldsymbol{I}_l \end{bmatrix}\begin{bmatrix} \boldsymbol{u}_{2t} \\ \boldsymbol{v}_{2t} \end{bmatrix}。\tag{4-12}$$

基于等式（4－12）可以发现，向量 $\boldsymbol{x}_t$ 是 $\boldsymbol{x}_t$ 的滞后期，$\boldsymbol{y}_t$ 的滞后期及 $\boldsymbol{y}_t$ 当前值的线性函数，对应的残差项为 $\boldsymbol{u}_{2t}-\boldsymbol{C}\boldsymbol{T}_2^{-1}\boldsymbol{v}_{2t}$，该残差和 $\boldsymbol{v}_{2t}$ 不相关，原因如下：

$$\begin{aligned} E(\boldsymbol{u}_{2t}-\boldsymbol{C}\boldsymbol{T}_2^{-1}\boldsymbol{v}_{2t})\boldsymbol{v}_{2t}^{\mathrm{T}} &= \boldsymbol{C}-\boldsymbol{C}\boldsymbol{T}_2^{-1}E(\boldsymbol{v}_{2t}\boldsymbol{v}_{2t}^{\mathrm{T}}) \\ &= \boldsymbol{C}-\boldsymbol{C}\boldsymbol{T}_2^{-1}\boldsymbol{T}_2 \\ &= \boldsymbol{0}, \end{aligned}\tag{4-13}$$

同时，残差项 $\boldsymbol{u}_{2t}-\boldsymbol{C}\boldsymbol{T}_2^{-1}\boldsymbol{v}_{2t}$ 和 $\boldsymbol{x}_t$ 的滞后期，$\boldsymbol{y}_t$ 的滞后期及 $\boldsymbol{y}_t$ 当前值都线性无关，从而有如下等式：

$$\boldsymbol{x}_t = \sum_{j=1}^{\infty}\boldsymbol{E}_{3j}\boldsymbol{x}_{t-j}+\boldsymbol{F}_0\boldsymbol{y}_t+\sum_{j=1}^{\infty}\boldsymbol{F}_{3j}\boldsymbol{y}_{t-j}+\boldsymbol{u}_{3t},\tag{4-14}$$

其中，$E(\boldsymbol{u}_{3t})=\boldsymbol{0}$，$E(\boldsymbol{u}_{3t}\boldsymbol{u}_{3t}^{\mathrm{T}})=\boldsymbol{\Sigma}_3$。令 $\boldsymbol{E}_3(L)=\sum_{j=1}^{\infty}\boldsymbol{E}_{3j}\boldsymbol{L}^j$，$\boldsymbol{F}_3(L)=\sum_{j=0}^{\infty}\boldsymbol{F}_{3j}L^j$，则等式（4－14）可进一步写作：

$$\boldsymbol{x}_t = \boldsymbol{E}_3(L)\boldsymbol{x}_t+\boldsymbol{F}_3(L)\boldsymbol{y}_t+\boldsymbol{u}_{3t}。\tag{4-15}$$

同理，$\boldsymbol{y}_t$ 可以写作如下：

$$\boldsymbol{y}_t = \sum_{j=1}^{\infty}\boldsymbol{G}_{3j}\boldsymbol{y}_{t-j}+\sum_{j=0}^{\infty}\boldsymbol{H}_{3j}\boldsymbol{x}_{t-j}+\boldsymbol{v}_{3t},\tag{4-16}$$

其中，$E(\boldsymbol{v}_{3t})=\boldsymbol{0}$，$E(\boldsymbol{v}_{3t}\boldsymbol{v}_{3t}^{\mathrm{T}})=\boldsymbol{T}_3$。令 $\boldsymbol{G}_3(L)=\sum_{j=1}^{\infty}\boldsymbol{G}_{3j}L^j$，$\boldsymbol{H}_3(L)=\sum_{j=0}^{\infty}\boldsymbol{H}_{3j}L^j$，则等式（4－16）可进一步写作：

$$\boldsymbol{y}_t = \boldsymbol{G}_3(L)\boldsymbol{y}_t+\boldsymbol{H}_3(L)\boldsymbol{x}_t+\boldsymbol{v}_{3t},\tag{4-17}$$

将等式（4－7）和等式（4－17）结合起来，可得：

$$\begin{bmatrix} \boldsymbol{E}_2^*(L) & \boldsymbol{F}_2^*(L) \\ \boldsymbol{H}_3^*(L) & \boldsymbol{G}_3^*(L) \end{bmatrix}\begin{bmatrix} \boldsymbol{x}_t \\ \boldsymbol{y}_t \end{bmatrix} = \begin{bmatrix} \boldsymbol{u}_{2t} \\ \boldsymbol{v}_{3t} \end{bmatrix},\tag{4-18}$$

其中，$\boldsymbol{E}_2^*(L)=\boldsymbol{I}-\sum_{j=1}^{\infty}\boldsymbol{E}_{2j}L^j$，$\boldsymbol{F}_2^*(L)=-\sum_{j=1}^{\infty}\boldsymbol{F}_{2j}L^j$，$\boldsymbol{H}_3^*(L)=-\sum_{j=0}^{\infty}\boldsymbol{H}_{3j}L^j$，$\boldsymbol{G}_3^*(L)=\boldsymbol{I}-\sum_{j=1}^{\infty}\boldsymbol{G}_{3j}L^j$。通过对比等式（4－12）和等式（4－18），可以得到：

$$\boldsymbol{v}_{3t} = -\boldsymbol{C}^{\mathrm{T}}\boldsymbol{\Sigma}_2^{-1}\boldsymbol{u}_{2t}+\boldsymbol{v}_{2t},\tag{4-19}$$

因此，可以得到：

$$\begin{aligned} \boldsymbol{E}(\boldsymbol{v}_{3t}\boldsymbol{u}_{2t}^{\mathrm{T}}) &= E(-\boldsymbol{C}^{\mathrm{T}}\boldsymbol{\Sigma}_2^{-1}\boldsymbol{u}_{2t}+\boldsymbol{v}_{2t})\boldsymbol{u}_{2t}^{\mathrm{T}} \\ &= -\boldsymbol{C}^{\mathrm{T}}\boldsymbol{\Sigma}_2^{-1}E(\boldsymbol{u}_{2t}\boldsymbol{u}_{2t}^{\mathrm{T}})+E(\boldsymbol{v}_{2t}\boldsymbol{u}_{2t}^{\mathrm{T}}) \\ &= -\boldsymbol{C}^{\mathrm{T}}\boldsymbol{\Sigma}_2^{-1}\boldsymbol{\Sigma}_2+\boldsymbol{C}^{\mathrm{T}} \\ &= \boldsymbol{0}, \end{aligned} \tag{4-20}$$

通过式（4－20）可以得到 Cov（$\boldsymbol{u}_{2t},\boldsymbol{v}_{3t}$）$=\boldsymbol{0}$，进一步将式（4－18）转换成移动平均模型，可得：

$$\begin{bmatrix}\boldsymbol{x}_t\\ \boldsymbol{y}_t\end{bmatrix}=\begin{bmatrix}\boldsymbol{\Phi}_{11}(L) & \boldsymbol{\Phi}_{12}(L)\\ \boldsymbol{\Phi}_{21}(L) & \boldsymbol{\Phi}_{22}(L)\end{bmatrix}\begin{bmatrix}\boldsymbol{u}_{2t}\\ \boldsymbol{v}_{3t}\end{bmatrix}, \tag{4-21}$$

基于上述等式，可得：

$$\boldsymbol{x}_t=\boldsymbol{\Phi}_{11}(L)\boldsymbol{u}_{2t}+\boldsymbol{\Phi}_{12}(L)\boldsymbol{v}_{3t}, \tag{4-22}$$

基于等式（4－22），可得 $\boldsymbol{x}_t$ 的谱密度：

$$f_x(\omega)=\frac{1}{2\pi}[\boldsymbol{\Phi}_{11}(\mathrm{e}^{-\mathrm{i}\omega})\boldsymbol{\Sigma}_2\boldsymbol{\Phi}_{11}(\mathrm{e}^{\mathrm{i}\omega})^{\mathrm{T}}+\boldsymbol{\Phi}_{12}(\mathrm{e}^{-\mathrm{i}\omega})\boldsymbol{T}_3\boldsymbol{\Phi}_{12}(\mathrm{e}^{\mathrm{i}\omega})^{\mathrm{T}}]。 \tag{4-23}$$

在等式（4－23）的基础上，可以定义在频率 ω 处从 $\boldsymbol{y}_t$ 到 $\boldsymbol{x}_t$ 的因果关系测度为：

$$\begin{aligned} F_{y\to x}(\omega) &= \ln\left[\frac{2\pi f_x(\omega)}{\boldsymbol{\Phi}_{11}(\mathrm{e}^{-\mathrm{i}\omega})\boldsymbol{\Sigma}_2\boldsymbol{\Phi}_{11}(\mathrm{e}^{\mathrm{i}\omega})^{\mathrm{T}}}\right] \\ &= \ln\left[\frac{\boldsymbol{\Phi}_{11}(\mathrm{e}^{-\mathrm{i}\omega})\boldsymbol{\Sigma}_2\boldsymbol{\Phi}_{11}(\mathrm{e}^{\mathrm{i}\omega})^{\mathrm{T}}+\boldsymbol{\Phi}_{12}(\mathrm{e}^{-\mathrm{i}\omega})\mathbf{T}_3\boldsymbol{\Phi}_{12}(\mathrm{e}^{\mathrm{i}\omega})^{\mathrm{T}}}{\boldsymbol{\Phi}_{11}(\mathrm{e}^{-\mathrm{i}\omega})\boldsymbol{\Sigma}_2\boldsymbol{\Phi}_{11}(\mathrm{e}^{\mathrm{i}\omega})^{\mathrm{T}}}\right] \\ &= \ln\left[1+\frac{\boldsymbol{\Phi}_{12}(\mathrm{e}^{-\mathrm{i}\omega})\boldsymbol{T}_3\boldsymbol{\Phi}_{12}(\mathrm{e}^{\mathrm{i}\omega})^{\mathrm{T}}}{\boldsymbol{\Phi}_{11}(\mathrm{e}^{-\mathrm{i}\omega})\boldsymbol{\Sigma}_2\boldsymbol{\Phi}_{11}(\mathrm{e}^{\mathrm{i}\omega})^{\mathrm{T}}}\right], \end{aligned} \tag{4-24}$$

基于等式（4－24）的频域因果关系测度具有 3 个重要特点，首先，频域因果关系测度 $F_{y\to x}(\omega)$ 具有非负性的特点；其次，只有 $\boldsymbol{\Phi}_{12}(\mathrm{e}^{-\mathrm{i}\omega})=\boldsymbol{0}$ 时，频域因果关系测度 $F_{y\to x}(\omega)=0$；最后，该频域因果关系测度还具有以下特点：

$$\frac{1}{2\pi}\int_{-\pi}^{\pi}F_{y\to x}(\omega)\mathrm{d}\omega\leqslant F_{y\to x}, \tag{4-25}$$

而当 $|\boldsymbol{\Phi}_{22}(L)|$ 的根都落在单位圆之外时，进一步有：

$$\frac{1}{2\pi}\int_{-\pi}^{\pi}F_{y\to x}(\omega)\mathrm{d}\omega=F_{y\to x}, \tag{4-26}$$

不仅如此，该频域因果关系测度几乎在各个频率处都存在，同时 $\frac{1}{2\pi}\int_{-\pi}^{\pi} F_{y\to x}(\omega)\mathrm{d}\omega$ 的值是有限的。最后，尽管上述频域因果关系测度的定义不一定完全满足等式（4－1），但是该定义还是突破性地给出了一个可以测度的频域因果关系。

4.2 Hosoya 的平稳时间序列频域因果关系测度定义

由于 Geweke（1982）的频域因果关系定义在某些情况下不一定满足等式（4－1），Hosoya（1991）进一步给出一个能满足等式（4－1）的频域因果关系测度。假设 $\boldsymbol{x}_t$ 是 k 维平稳时间序列而 $\boldsymbol{y}_t$ 是 l 维平稳时间序列，在引入 Hosoya（1991）的频域因果关系测度时，首先需要引入一系列如下向量自回归模型：

$$\boldsymbol{x}_t = \sum_{i=1}^{\infty} \boldsymbol{\Theta}_{1i}\boldsymbol{x}_{t-i} + \boldsymbol{u}_{1t}, \tag{4－27}$$

$$\boldsymbol{y}_t = \sum_{i=0}^{\infty} \boldsymbol{\Theta}_{2i}\boldsymbol{x}_{t-i} + \sum_{i=1}^{\infty} \boldsymbol{\Gamma}_{2i}\boldsymbol{y}_{t-i} + \boldsymbol{v}_{1t}, \tag{4－28}$$

$$\boldsymbol{x}_t = \sum_{i=1}^{\infty} \boldsymbol{\Theta}_{3i}\boldsymbol{x}_{t-i} + \sum_{i=1}^{\infty} \boldsymbol{\Gamma}_{3i}\boldsymbol{v}_{1t-i} + \boldsymbol{u}_{2t}, \tag{4－29}$$

其中，$\boldsymbol{u}_{1t}$、$\boldsymbol{v}_{1t}$ 和 $\boldsymbol{u}_{2t}$ 的方差协方差矩阵分别为 $\boldsymbol{\Sigma}_{u_1}$、$\boldsymbol{\Sigma}_{v_1}$ 和 $\boldsymbol{\Sigma}_{u_2}$。$\boldsymbol{u}_{1t}$ 可以理解为 $\boldsymbol{x}_t$ 不能被 $\boldsymbol{x}_t$ 的过去信息解释的部分；$\boldsymbol{v}_{1t}$ 可以理解为 $\boldsymbol{y}_t$ 中不能被 $\boldsymbol{x}_t$ 的当前信息、过去信息及 $\boldsymbol{y}_t$ 的过去信息所解释的部分，因此，$\boldsymbol{v}_{1t}$ 是 $\boldsymbol{y}_t$ 是的部分信息，它不包含 $\boldsymbol{x}_t$ 和 $\boldsymbol{y}_t$ 的相互反馈信息；$\boldsymbol{u}_{2t}$ 可以理解为 $\boldsymbol{x}_t$ 不能被 $\boldsymbol{x}_t$ 的过去信息，以及 $\boldsymbol{y}_t$ 的过去信息所解释的部分。基于上述等式，Hosoya（1991）定义的因果关系测度如下：

$$M_{y\to x} = \ln\left(\frac{\boldsymbol{\Sigma}_{u_1}}{\boldsymbol{\Sigma}_{u_2}}\right)。 \tag{4－30}$$

同时，假设平稳时间序列 $[\boldsymbol{x}_t^{\mathrm{T}}, \boldsymbol{y}_t^{\mathrm{T}}]^{\mathrm{T}}$ 可以写作如下移动平均模型：

$$\begin{bmatrix} \boldsymbol{x}_t \\ \boldsymbol{y}_t \end{bmatrix} = \begin{bmatrix} \sum_{i=0}^{\infty} \widetilde{\boldsymbol{\Lambda}}_{11,i} & \sum_{i=0}^{\infty} \widetilde{\boldsymbol{\Lambda}}_{12,i} \\ \sum_{i=0}^{\infty} \widetilde{\boldsymbol{\Lambda}}_{21,i} & \sum_{i=0}^{\infty} \widetilde{\boldsymbol{\Lambda}}_{22,i} \end{bmatrix} \begin{bmatrix} \widetilde{\boldsymbol{\varepsilon}}_{t-i} \\ \widetilde{\boldsymbol{\eta}}_{t-i} \end{bmatrix}$$

$$= \begin{bmatrix} \widetilde{\boldsymbol{\Lambda}}_{11}(L) & \widetilde{\boldsymbol{\Lambda}}_{12}(L) \\ \widetilde{\boldsymbol{\Lambda}}_{21}(L) & \widetilde{\boldsymbol{\Lambda}}_{22}(L) \end{bmatrix} \begin{bmatrix} \tilde{\boldsymbol{\varepsilon}}_t \\ \widetilde{\boldsymbol{\eta}}_t \end{bmatrix}$$

$$= \widetilde{\boldsymbol{\Lambda}}(L) \begin{bmatrix} \tilde{\boldsymbol{\varepsilon}}_t \\ \widetilde{\boldsymbol{\eta}}_t \end{bmatrix}, \tag{4-31}$$

其中，$E(\tilde{\boldsymbol{\varepsilon}}_t) = E(\widetilde{\boldsymbol{\eta}}_t) = \mathbf{0}$，$\widetilde{\boldsymbol{\Lambda}}_{11}(L) = \sum_{i=0}^{\infty} \widetilde{\boldsymbol{\Lambda}}_{11,i} L^i$，$\widetilde{\boldsymbol{\Lambda}}_{12}(L) = \sum_{i=0}^{\infty} \widetilde{\boldsymbol{\Lambda}}_{12,i} L^i$，$\widetilde{\boldsymbol{\Lambda}}_{21}(L) = \sum_{i=0}^{\infty} \widetilde{\boldsymbol{\Lambda}}_{21,i} L^i$，$\widetilde{\boldsymbol{\Lambda}}_{22}(L) = \sum_{i=0}^{\infty} \widetilde{\boldsymbol{\Lambda}}_{22,i} L^i$，同时

$$\operatorname{Cov}(\tilde{\boldsymbol{\varepsilon}}_t, \widetilde{\boldsymbol{\eta}}_t) = \widetilde{\boldsymbol{\Sigma}} = \begin{bmatrix} \widetilde{\boldsymbol{\Sigma}}_{11} & \mathbf{0} \\ \mathbf{0} & \widetilde{\boldsymbol{\Sigma}}_{22} \end{bmatrix}, \tag{4-32}$$

那么 $(\boldsymbol{x}_t^{\mathrm{T}}, \boldsymbol{y}_t^{\mathrm{T}})^{\mathrm{T}}$ 的谱密度可写作：

$$f(\omega) = \frac{1}{2\pi} \widetilde{\boldsymbol{\Lambda}}(\mathrm{e}^{-\mathrm{i}\omega}) \widetilde{\boldsymbol{\Sigma}} \widetilde{\boldsymbol{\Lambda}}(\mathrm{e}^{\mathrm{i}\omega})^{\mathrm{T}}$$

$$= \frac{1}{2\pi} \begin{bmatrix} \widetilde{\boldsymbol{\Lambda}}_{11}(\mathrm{e}^{-\mathrm{i}\omega}) & \widetilde{\boldsymbol{\Lambda}}_{12}(\mathrm{e}^{-\mathrm{i}\omega}) \\ \widetilde{\boldsymbol{\Lambda}}_{21}(\mathrm{e}^{-\mathrm{i}\omega}) & \widetilde{\boldsymbol{\Lambda}}_{22}(\mathrm{e}^{-\mathrm{i}\omega}) \end{bmatrix} \begin{bmatrix} \widetilde{\boldsymbol{\Sigma}}_{11} & \mathbf{0} \\ \mathbf{0} & \widetilde{\boldsymbol{\Sigma}}_{22} \end{bmatrix} \begin{bmatrix} \widetilde{\boldsymbol{\Lambda}}_{11}(\mathrm{e}^{\mathrm{i}\omega})^{\mathrm{T}} & \widetilde{\boldsymbol{\Lambda}}_{21}(\mathrm{e}^{\mathrm{i}\omega})^{\mathrm{T}} \\ \widetilde{\boldsymbol{\Lambda}}_{12}(\mathrm{e}^{\mathrm{i}\omega})^{\mathrm{T}} & \widetilde{\boldsymbol{\Lambda}}_{22}(\mathrm{e}^{\mathrm{i}\omega})^{\mathrm{T}} \end{bmatrix}$$

$$= \begin{bmatrix} f_{11}(\omega) & f_{12}(\omega) \\ f_{21}(\omega) & f_{22}(\omega) \end{bmatrix}, \tag{4-33}$$

基于上式可得 $\boldsymbol{x}_t$ 的谱密度：

$$f_{11}(\omega) = \frac{1}{2\pi} [\widetilde{\boldsymbol{\Lambda}}_{11}(\mathrm{e}^{-\mathrm{i}\omega}) \widetilde{\boldsymbol{\Sigma}}_{11} \widetilde{\boldsymbol{\Lambda}}_{11}(\mathrm{e}^{\mathrm{i}\omega})^{\mathrm{T}} + \widetilde{\boldsymbol{\Lambda}}_{12}(\mathrm{e}^{-\mathrm{i}\omega}) \widetilde{\boldsymbol{\Sigma}}_{22} \widetilde{\boldsymbol{\Lambda}}_{12}(\mathrm{e}^{\mathrm{i}\omega})^{\mathrm{T}}]。 \tag{4-34}$$

基于等式（4-34），与 Geweke（1982）的频域因果关系测度定义类似，Hosoya（1991）定义的频域因果关系测度如下：

$$M_{y \to x}(\omega) = \ln\left(\frac{2\pi f_{11}(\omega)}{\widetilde{\boldsymbol{\Lambda}}_{11}(\mathrm{e}^{-\mathrm{i}\omega}) \widetilde{\boldsymbol{\Sigma}}_{11} \widetilde{\boldsymbol{\Lambda}}_{11}(\mathrm{e}^{\mathrm{i}\omega})^{\mathrm{T}}} \right), \tag{4-35}$$

该频域因果关系测度 $M_{y \to x}(\omega)$ 和时域因果关系测度 $M_{y \to x}$ 满足如下关系：

$$\frac{1}{2\pi}\int_{-\pi}^{\pi} M_{y\to x}(\omega)\,\mathrm{d}\omega = M_{y\to x}\text{。} \tag{4-36}$$

4.3　Pierce 的平稳时间序列频域因果关系测度定义

除 Geweke（1982）和 Hosoya（1991）定义的频域因果关系测度外，Pierce（1979）基于自回归移动平均模型的随机误差项 u_t 和 v_t 定义的格兰杰因果关系测度，也定义了频域因果关系的测度，其中，随机误差项 u_t 和 v_t 由以下自回归移动平均模型给出：

$$\Theta^{x}(L)x_t = C^{x} + \Psi^{x}(L)u_t\,, \tag{4-37}$$

$$\Theta^{y}(L)y_t = C^{y} + \Psi^{y}(L)v_t\,, \tag{4-38}$$

在上面的 2 个等式中，$\Theta^{x}(L)$ 和 $\Theta^{y}(L)$ 分别代表关于变量 x_t 和 y_t 的自回归多项式系数，$\Psi^{x}(L)$ 和 $\Psi^{y}(L)$ 分别代表与变量 x_t 和 y_t 相对应的等式的移动平均多项式系数，C^{x} 和 C^{y} 分别代表与变量 x_t 和 y_t 相对应的等式中可能存在的确定性成分。如果对上述等式（4－37）左乘 $\Psi^{x}(L)^{-1}$，对等式（4－38）左乘 $\Psi^{y}(L)^{-1}$，则上述 2 个等式（4－37）和等式（4－38）可以看作 2 个自回归移动平均滤波器，它们分别对 x_t 和 y_t 进行滤波，得到了相应的随机误差项 u_t 和 v_t。在实践中，随机误差项 u_t 和 v_t 的均值都为零，但是，它们可能会和自己的领先期和滞后期变量相关。基于这些随机误差项，Pierce et al.（1977）定义了著名的 Haugh－Pierce 格兰杰因果关系检验。

Pierce（1979）利用上述随机误差项 u_t 和 v_t，进一步定义了频谱领域的格兰杰因果关系。令 $f_u(\omega)$ 代表 u_t 的频谱密度，令 $f_v(\omega)$ 代表 v_t 的频谱密度，其中频率 $\omega\in(0,\pi)$。频谱密度 $f_u(\omega)$ 和频谱密度 $f_v(\omega)$ 的具体定义如下：

$$f_u(\omega) = \frac{1}{2\pi}\sum_{j=-\infty}^{\infty}\gamma_u(j)\mathrm{e}^{-\mathrm{i}\omega j}, \tag{4-39}$$

$$f_v(\omega) = \frac{1}{2\pi}\sum_{j=-\infty}^{\infty}\gamma_v(j)\mathrm{e}^{-\mathrm{i}\omega j}, \tag{4-40}$$

其中，$\gamma_u(j)$ 是随机误差项 u_t 与其滞后期 j 时 u_{t-j} 的自协方差函数，表达式为 $\gamma_u(j)=\mathrm{Cov}(u_t,u_{t-j})$，$\gamma_v(j)$ 是随机误差项 v_t 与其滞后期 j 时 v_{t-j} 的自协方差函

数，表达式为 $\gamma_v(j) = \text{Cov}(v_t, v_{t-j})$。上述频谱表达式蕴含的含义是随机误差项 u_t 和 v_t 一系列互不相关成分的和，每一个互不相关的成分对应一个频率 ω。

为了研究 2 个随机过程，即随机误差项 u_t 和 v_t 的关系，可以进一步考虑随机误差项 u_t 和 v_t 的交叉谱密度，它们的交叉谱密度定义如下：

$$f_{uv}(\omega) = \frac{1}{2\pi}\sum_{j=-\infty}^{\infty}\gamma_{uv}(j)\mathrm{e}^{-i\omega j}$$

$$= \frac{1}{2\pi}\sum_{j=-\infty}^{\infty}\gamma_{uv}(j)[\cos(\omega j) - i\sin(\omega j)]。\tag{4-41}$$

根据第三章的相关定义，上述交叉谱密度可以进一步写作实部和复部两部分之和：

$$f_{uv}(\omega) = \mathbb{C}_{uv}(\omega) + i\mathbb{Q}_{uv}(\omega),\tag{4-42}$$

其中，交叉谱密度 $f_{uv}(\omega)$ 中的第一部分，也即实部一般被称为协谱：

$$\mathbb{C}_{uv}(\omega) = \frac{1}{2\pi}\sum_{j=-\infty}^{\infty}\gamma_{uv}(j)[\cos(\omega j)],\tag{4-43}$$

而 $f_{uv}(\omega)$ 中的第二部分，也即虚部一般被称为正交谱：

$$\mathbb{Q}_{uv}(\omega) = \frac{1}{2\pi}\sum_{j=-\infty}^{\infty}\gamma_{uv}(j)[\sin(\omega j)],\tag{4-44}$$

在上式中，协方差 $\gamma_{uv}(j) = \text{Cov}(u_t, v_{t-j})$，代表在滞后期 j 随机误差项 u_t 和随机误差项 v_t 的协方差。

根据第三章关于 2 个随机过程交叉谱密度的性质可知，随机误差项 u_t 和随机误差项 v_t 的自协方差与其交叉谱密度的关系可以表示为：

$$\int_{-\pi}^{\pi} f_{uv}(\omega)\mathrm{d}\omega = E[(u_t - \mu_u)(v_t - \mu_v)],\tag{4-45}$$

其中，μ_u 和 μ_v 分别是随机误差项 u_t 和随机误差项 v_t 的总体均值。

由于

$$\int_{-\pi}^{\pi} f_{uv}(\omega)\mathrm{d}\omega = \int_{-\pi}^{\pi}[\mathbb{C}_{uv}(\omega) + \mathbb{Q}_{uv}(\omega)]\mathrm{d}\omega$$

$$= \int_{-\pi}^{\pi}\mathbb{C}_{uv}(\omega)\mathrm{d}\omega + \int_{-\pi}^{\pi}\mathbb{Q}_{uv}(\omega)\mathrm{d}\omega,\tag{4-46}$$

又由于 $\mathbb{Q}_{uv}(-\omega) = -\mathbb{Q}_{uv}(\omega)$，因此可得式（4-46）中第二部分

$$\int_{-\pi}^{\pi}\mathbb{Q}_{uv}(\omega)\mathrm{d}\omega = 0,\tag{4-47}$$

从而式（4－46）可以进一步写作如下形式：

$$\int_{-\pi}^{\pi} f_{uv}(\omega)\mathrm{d}\omega = \int_{-\pi}^{\pi} \mathbb{C}_{uv}(\omega)\mathrm{d}\omega, \tag{4-48}$$

因此，结合等式（4－45）和等式（4－48），最终可得协谱与随机误差项 u_t 和随机误差项 v_t 协方差之间的关系式，具体表达式如下：

$$\int_{-\pi}^{\pi} \mathbb{C}_{uv}(\omega)\mathrm{d}\omega = E[(u_t-\mu_u)(v_t-\mu_v)], \tag{4-49}$$

基于等式（4－49），可以进一步得出，随机误差项 u_t 和随机误差项 v_t 的协谱本质上是在不同频率处对随机误差项 u_t 和随机误差项 v_t 之间协方差的贡献度，它们在频率 $\omega\in(0,\pi)$ 范围内对随机误差项 u_t 和随机误差项 v_t 之间协方差的总贡献度便是随机误差项 u_t 和随机误差项 v_t 之间协方差。因此，可以通过计算随机误差项 u_t 和随机误差项 v_t 之间的协谱来初步了解随机误差项 u_t 和随机误差项 v_t 在不同频率处对随机误差项 u_t 和随机误差项 v_t 之间相互作用的贡献度。

上述随机误差项 u_t 和随机误差项 v_t 的交叉谱密度 $f_{uv}(\omega)$ 可以基于样本数据，通过非参数方法得到，具体计算方式如下：

$$\widehat{f}_{uv}(\omega) = \frac{1}{2\pi}\left[\sum_{j=-M}^{M} w_j\,\widehat{\gamma}_{uv}(j)\,\mathrm{e}^{-\mathrm{i}\omega j}\right], \tag{4-50}$$

上述随机误差项 u_t 和随机误差项 v_t 的协谱 $\mathbb{C}_{uv}(\omega)$ 同样可以基于样本数据，通过非参数方法得到，具体计算方式如下：

$$\widehat{\mathbb{C}}_{uv}(\omega) = \frac{1}{2\pi}\left\{\sum_{j=-M}^{M} w_j\,\widehat{\gamma}_{uv}(j)[\cos(\omega j)]\right\}。 \tag{4-51}$$

最后，上述随机误差项 u_t 和随机误差项 v_t 的正交谱 $\mathbb{Q}_{uv}(\omega)$ 同样也可以基于样本数据，通过非参数方法得到，具体计算方式如下：

$$\widehat{\mathbb{Q}}_{uv}(\omega) = \frac{1}{2\pi}\left\{\sum_{j=-M}^{M} w_j\,\widehat{\gamma}_{uv}(j)[\sin(\omega j)]\right\}, \tag{4-52}$$

在式（4－50）至式（4－52）中，$\widehat{\gamma}_{uv}(j) = \widehat{\mathrm{Cov}}(u_t, v_{t-j})$ 代表随机误差项 u_t 和随机误差项 v_t 的协方差 $\gamma_{uv}(j) = \mathrm{Cov}(u_t, v_{t-j})$ 的估计值，w_j 代表随机误差项 u_t 和随机误差项 v_t 的协方差估计值的权重，其中，$j=-M, -M+1, \cdots, M-1, M$。在时间序列分析中，式（4－50）至式（4－52）中的估计量一般被称为加权协方差估计量。特别地，当加权权重 $w_j = 1-|j|/M$ 时，该权重被称为是巴雷

特（Barlett）加权格式。同时，常数项 M 决定了随机误差项 u_t 和随机误差项 v_t 的协方差 $\gamma_{uv}(j) = \mathrm{Cov}(u_t, v_{t-j})$ 的估计值所考虑的最大滞后阶数。如果时间序列随机误差项 u_t 和随机误差项 v_t 的长度趋于无穷大，那么常数项 M 也将会趋近于无穷大，但是常数项 M 趋近于无穷大的速度会慢很多。例如，$M/T \to 0$。

基于随机误差项 u_t 和随机误差项 v_t 的交叉谱密度 $f_{uv}(\omega)$、随机误差项 u_t 的谱密度 $f_u(\omega)$ 及随机误差项 v_t 的谱密度 $f_v(\omega)$，在频率 ω 处，可以进一步定义随机误差项 u_t 和随机误差项 v_t 的相干性，即 $h_{uv}(\omega)$，特别地，在频率 ω 处，随机误差项 u_t 和随机误差项 v_t 的相干性 $h_{uv}(\omega)$ 可以写作如下形式：

$$h_{uv}(\omega) = \frac{|f_{uv}(\omega)|}{\sqrt{f_u(\omega) f_v(\omega)}}, \tag{4-53}$$

其中，随机误差项 u_t 的谱密度 $f_u(\omega)$ 及随机误差项 v_t 的谱密度 $f_v(\omega)$ 被假设具有非零性。如果随机误差项 u_t 的谱密度 $f_u(\omega)$ 及随机误差项 v_t 的谱密度 $f_v(\omega)$ 都为零，那么随机误差项 u_t 和随机误差项 v_t 的相干性 $h_{uv}(\omega)$ 被定义为零。当随机误差项 u_t 和随机误差项 v_t 是协方差平稳，协方差矩阵绝对可加，且协方差矩阵的绝对值相加具有有限值时，随机误差项 u_t 和随机误差项 v_t 的相干性 $0 \leqslant h_{uv}(\omega) \leqslant 1$，对于任意频率 $\omega \in (0, \pi)$。随机误差项 u_t 和随机误差项 v_t 的相干性描述了在多大程度上随机误差项 u_t 和随机误差项 v_t 同时受到频率 ω 的影响。

由于随机误差项 u_t 和随机误差项 v_t 的交叉谱密度可以进一步写作实部和复部两部分之和，即 $f_{uv}(\omega) = \mathbb{C}_{uv}(\omega) + i\mathbb{Q}_{uv}(\omega)$，因此，在频率 ω 处，上述随机误差项 u_t 和随机误差项 v_t 的相干性 $h_{uv}(\omega)$ 可以进一步写作如下形式：

$$h_{uv}(\omega) = \frac{\sqrt{[\mathbb{C}_{uv}(\omega)]^2 + [\mathbb{Q}_{uv}(\omega)]^2}}{\sqrt{f_u(\omega) f_v(\omega)}}, \tag{4-54}$$

通过等式（4-54）可以发现，在频率 ω 处，随机误差项 u_t 和随机误差项 v_t 的相干性综合了随机误差项 u_t 和随机误差项 v_t 的协谱及随机误差项 u_t 和随机误差项 v_t 的正交谱信息。

在频率 ω 处，上述随机误差项 u_t 和随机误差项 v_t 的相干性系数 $h_{uv}(\omega)$ 给出了两个随机误差项 u_t 和随机误差项 v_t 之间在每一个频率 ω 的线性关联强度，但是不提供任何有关随机误差项 u_t 和随机误差项 v_t 之间关系的方向信息，即

随机误差项 u_t 对随机误差项 v_t 在每一个频率 ω 的线性影响强度，以及随机误差项 v_t 对随机误差项 u_t 在每一个频率 ω 的线性影响强度。随机误差项 u_t 和随机误差项 v_t 的相干性系数 $h_{uv}(\omega)$ 的平方所表达的意义与线性回归分析中的拟合优度 R^2 所表达的意义类似。事实上，Pierce（1979）已经证明，以随机误差项 v_t 作为被解释变量，以随机误差项 u_t 的所有过去值、未来值和当前值作为解释变量进行线性回归，与该线性回归对应的拟合优度等于相干性系数 $h_{uv}(\omega)$ 的平方在频率内的积分。

基于等式（4－54），可以定义统计假设检验的原假设，即

$$H_0: h_{uv}(\omega) = 0, \tag{4-55}$$

与之对应的备择假设为：

$$H_1: h_{uv}(\omega) > 0, \tag{4-56}$$

基于上述原假设式（4－55），可以发现，在频率 ω 处，其中频率 $\omega \in (0, \pi)$，随机误差项 u_t 和随机误差项 v_t 的相干性 $h_{uv}(\omega)$ 的估计量 $\widehat{h}_{uv}(\omega)$ 的平方，即 $\widehat{h}^2_{uv}(\omega)$ 渐近服从自由度为 2 的卡方分布，即 χ^2_2 分布，具体表示如下：

$$2(n-1)\widehat{h}^2_{uv}(\omega) \xrightarrow{d} \chi^2_2, \tag{4-57}$$

其中，$\xrightarrow{d}$ 代表依概率收敛，而 $n = T/(\sum_{j=-M}^{M} w_j^2)$，$T$ 是随机变量的个数。

在一定的显著性水平 α 下，如果假设检验统计量 $2(n-1)\widehat{h}^2_{uv}(\omega) > \chi^2_{2,\alpha}$，则拒绝原假设 $h_{uv}(\omega) = 0$，也即如果 $\widehat{h}_{uv}(\omega) > \sqrt{\frac{\chi^2_{2,\alpha}}{2(n-1)}}$，则拒绝原假设 $h_{uv}(\omega) = 0$，其中 $\chi^2_{2,\alpha}$ 表示在显著性水平 α 下的卡方分布的临界值。

上述随机误差项 u_t 和随机误差项 v_t 的相干性系数 $h_{uv}(\omega)$ 实际上只是描述了随机误差项 u_t 和随机误差项 v_t 在频率 ω 处的相互作用或依赖程度，而相对应的假设检验也只是能够检验出随机误差项 u_t 和随机误差项 v_t 在频率 ω 处的相互作用是否在统计意义上显著。

如果读者不仅关心随机误差项 u_t 和随机误差项 v_t 在频率 ω 处的相互作用或依赖程度，也关心随机误差项 u_t 和随机误差项 v_t 在频率 ω 处相互作用的方向性，那么等式（4－53）所表述的随机误差项 u_t 和随机误差项 v_t 的相干性系数 $h_{uv}(\omega)$ 需要进一步分解。正如 Pierce（1979）所述，等式（4－41）或等

式（4－42）所表述的随机误差项 u_t 和随机误差项 v_t 的交叉谱密度 $f_{uv}(\omega)$ 可以进一步分解为3个部分：（ⅰ）$f_{u\Leftrightarrow v}(\omega)$，代表在频率 ω 处，随机误差项 u_t 和随机误差项 v_t 的即时关系；（ⅱ）$f_{u\Rightarrow v}(\omega)$，代表在频率 ω 处，随机误差项 u_t 的滞后期对随机误差项 v_t 的关系；（ⅲ）$f_{v\Rightarrow u}(\omega)$，代表在频率 ω 处，随机误差项 v_t 的滞后期对随机误差项 u_t 的关系。这3种关系可以通过如下表达式进行体现：

$$
\begin{aligned}
f_{uv}(\omega) &= [f_{u\Leftrightarrow v}(\omega) + f_{u\Rightarrow v}(\omega) + f_{v\Rightarrow u}(\omega)] \\
&= \frac{1}{2\pi}[\gamma_{uv}(0) + \sum_{j=-\infty}^{-1}\gamma_{uv}(j)e^{-i\omega j} + \sum_{j=1}^{\infty}\gamma_{uv}(j)e^{-i\omega j}]。
\end{aligned}
\tag{4－58}
$$

通过等式（4－58）所述的分解，频谱领域的格兰杰因果关系测度的定义是基于一个非常重要的性质，即 x_t 不是 y_t 的格兰杰原因当且仅当随机误差项 u_t 和随机误差项 v_t 的协方差 $\gamma_{uv}(j) = 0$ 对于所有的 $j < 0$（Gourieroux and Monfort，1997）。因此，如果本书的主要目标是关心 x_t 对 y_t 的预测能力，那么可以主要关注上述分解等式（4－58）的第二部分，也即如下等式：

$$
f_{u\Rightarrow v}(\omega) = \frac{1}{2\pi}\sum_{j=-\infty}^{-1}\gamma_{uv}(j)e^{-i\omega j}。\tag{4－59}
$$

基于上述等式（4－59），Pierce（1979）进一步定义了随机误差项 u_t 和随机误差项 v_t 在频率 ω 处的相干性格兰杰系数：

$$
h_{u\Rightarrow v}(\omega) = \frac{|f_{u\Rightarrow v}(\omega)|}{\sqrt{f_u(\omega)f_v(\omega)}},\tag{4－60}
$$

基于式（4－60）定义的随机误差项 u_t 和随机误差项 v_t 在频率 ω 处的相干性格兰杰系数 $h_{u\Rightarrow v}(\omega)$，如果在频率 ω 处，相干性格兰杰系数 $h_{u\Rightarrow v}(\omega) = 0$，那么在频率 ω 处，x_t 不是 y_t 的格兰杰原因，也即在频率 ω 处，x_t 对 y_t 没有预测能力。正如Pierce（1979）所述，在频率 ω 处，相干性格兰杰系数 $h_{u\Rightarrow v}(\omega)$ 的值域在 $(0,1)$ 范围内。

在频率 ω 处，随机误差项 u_t 和随机误差项 v_t 的相干性格兰杰因果关系系数 $h_{u\Rightarrow v}(\omega)$ 的一个很自然的估计量可以表述如下：

$$
\widehat{h}_{u\Rightarrow v}(\omega) = \frac{|\widehat{f}_{u\Rightarrow v}(\omega)|}{\sqrt{\widehat{f}_u(\omega)\widehat{f}_v(\omega)}},\tag{4－61}
$$

其中，在频率 ω 处，随机误差项 u_t 的滞后期对随机误差项 v_t 的关系 $f_{u\Rightarrow v}(\omega)$

的估计量 $\widehat{f}_{u\Rightarrow v}(\omega)$ 可以基于样本数据，通过非参数方法得到，具体计算方式如下：

$$\widehat{f}_{u\Rightarrow v}(\omega) = \frac{1}{2\pi}\{\sum_{j=-M}^{-1} w_j \widehat{\gamma}_{uv}(j) \mathrm{e}^{-\mathrm{i}\omega j}\} \tag{4-62}$$

其中，$\widehat{\gamma}_{uv}(j) = \widehat{\mathrm{Cov}}(u_t, v_{t-j})$ 代表随机误差项 u_t 和随机误差项 v_t 的协方差 $\gamma_{uv}(j) = \mathrm{Cov}(u_t, v_{t-j})$ 的估计值，w_j 代表随机误差项 u_t 和随机误差项 v_t 的协方差估计值的权重，其中，$j = -M, -M+1, \cdots, -1$。正如前面所述，在时间序列分析中，式（4－62）一般被称为加权协方差估计量。实践中，权重 w_j 可以选择巴雷特（Barlett）加权格式，即加权权重 $w_j = 1 - |j|/M$ 时（$j = -M, -M+1, \cdots, -1$）。

上述随机误差项 u_t 和随机误差项 v_t 在频率 ω 处的相干性格兰杰因果关系系数便是 Pierce（1979）定义的在频率 ω 处，时间序列 x_t 对时间序列 y_t 的格兰杰因果关系测度，该测度的取值范围是（0，1）。

上述在频率 ω 处，从随机误差项 u_t 到随机误差项 v_t 的相干性格兰杰因果关系系数 $h_{u\Rightarrow v}(\omega)$ 和 Geweke（1982）和 Hosoya（1991）定义的频域因果关系测度相比，具有很多很好的性质。首先，在频率 ω 处，从随机误差项 u_t 到随机误差项 v_t 的相干性格兰杰因果关系系数 $h_{u\Rightarrow v}(\omega)$ 具有很好的可解释性。Pierce（1979）的研究显示，从随机误差项 u_t 到随机误差项 v_t 的相干性格兰杰因果关系系数 $h_{u\Rightarrow v}(\omega)$ 和随机误差项 u_t 与随机误差项 v_t 相对应的 R^2 具有很强的关系。其中，随机误差项 u_t 与随机误差项 v_t 相对应的 R^2 可以通过随机误差项 v_t 对随机误差项 u_t 的滞后期进行线性回归得到，具体计算公式如下：

$$R^2 = \sum_{j=-\infty}^{-1} \rho_{uv}^2(j)\text{。} \tag{4-63}$$

在等式（4－63）中，随机误差项 u_t 与随机误差项 v_t 的相关系数 $\rho_{uv}(j) = \mathrm{Corr}(u_t, v_{t-j})$。具体来看，随机误差项 u_t 与随机误差项 v_t 的相关系数 $\rho_{uv}(j)$ 度量了被解释变量 y_t 被解释变量 x_t 解释的程度，该度量相对性地度量了相对于被解释变量 y_t 只被其过去值解释，解释变量 x_t 对被解释变量 y_t 的解释测度。因此，Pierce（1979）认为随机误差项 u_t 与随机误差项 v_t 相对应的 R^2 在一定程度上测度了从 x_t 到 y_t 的格兰杰因果关系。Pierce（1979）进一步认为随机误差项 u_t 与随机误差项 v_t 的 R^2 在频谱领域与从随机误差项 u_t 到随机误差项 v_t 的相干性格兰杰因果关系系数 $h_{u\Rightarrow v}(\omega)$ 相对应。Pierce（1979）特别指出，所有频率的从随机误差项 u_t 到随机误差项 v_t 的相干性格兰杰因果关系系数 $h_{u\Rightarrow v}(\omega)$ 的平方的平均值等于随机误差项 u_t 与随机误差项 v_t 的 R^2，具体关系表达式如下所示：

$$\frac{1}{\pi}\int_0^{\pi} h_{u\Rightarrow v}^2(\omega)\,\mathrm{d}\omega = R^2 \text{。} \tag{4-64}$$

基于上述等式所表示的关系式，可以发现，从随机误差项 u_t 到随机误差项 v_t 的相干性格兰杰因果关系系数 $h_{u\Rightarrow v}(\omega)$ 捕捉了在频率 ω 处，对从 x_t 到 y_t 的格兰杰因果关系的贡献度，而不是对从 x_t 到 y_t 的格兰杰因果关系、从 y_t 到 x_t 的格兰杰因果关系及 x_t 和 y_t 即时因果关系的总和的贡献度。这种关系在实证研究应用中非常重要，因为它不仅关系到格兰杰因果关系的显著性，也关系到在不同频率处格兰杰因果关系的相对重要程度。

上述从随机误差项 u_t 到随机误差项 v_t 的相干性格兰杰因果关系系数 $h_{u\Rightarrow v}(\omega)$ 的估计不依赖于具体的二元向量自回归模型的形式，因为其不需要通过参数估计的方式获取。相反，从随机误差项 u_t 到随机误差项 v_t 的相干性格兰杰因果关系系数 $h_{u\Rightarrow v}(\omega)$ 可以利用交叉谱密度，通过非参数方法简单稳健地估计出。与非参数估计方法相比，参数估计方法可能会使得被估计模型的系数快速增长，从而导致估计精度不高、稳定性差。正如著名学者 Koopmans（1995）所述，参数估计方法非常适合相对平稳的时间序列，但是对时间序列频谱密度的局部变化不敏感，从而导致基于参数估计方法估计的从随机误差项 u_t 到随机误差项 v_t 的相干性格兰杰因果关系系数 $h_{u\Rightarrow v}(\omega)$ 会忽略掉一些频谱波峰，进而导致从随机误差项 u_t 到随机误差项 v_t 的相干性格兰杰因果关系系数 $h_{u\Rightarrow v}(\omega)$ 估计得不准确。

最后，从随机误差项 u_t 到随机误差项 v_t 的相干性格兰杰因果关系系数 $h_{u\Rightarrow v}(\omega)$ 的估计量 $\widehat{h}_{u\Rightarrow v}(\omega)$ 在不同频率 ω 处相互渐近独立，该渐近独立性质允许科学研究人员进行频谱领域因果关系的联合假设检验，其中联合假设检验的原假设是 $H_0: h_{u\Rightarrow v}(\omega_1)=0,\cdots,h_{u\Rightarrow v}(\omega_m)=0$，对应的联合假设检验的备择假设是上述从随机误差项 u_t 到随机误差项 v_t 的相干性格兰杰因果关系系数 $h_{u\Rightarrow v}(\omega_1),h_{u\Rightarrow v}(\omega_2),\cdots,h_{u\Rightarrow v}(\omega_m)$ 至少有一个不为零，其中频率 $\omega_1,\omega_2,\cdots,\omega_m$ 互不相同。

4.4　非平稳时间序列频域因果关系测度的定义

对于非平稳时间序列，频谱领域的频域因果关系测度的定义相对较为复杂。在此，笔者主要以 Geweke（1982）和 Hosoya（1991）的频域因果关系测度定义为基础，进一步简要阐述如何定义非平稳时间序列在频谱领域的频域因果关系的测度。

假设向量 $\boldsymbol{z}_t = (\boldsymbol{x}_t^{\mathrm{T}}, \boldsymbol{y}_t^{\mathrm{T}})^{\mathrm{T}}$ 是一个 $(k+l)\times 1$ 维多元非平稳时间序列，其中，向量 $\boldsymbol{x}_t$ 是 $k\times 1$ 维多元非平稳时间序列，而向量 $\boldsymbol{y}_t$ 是 $l\times 1$ 维多元非平稳时间序列。在此基础上，进一步假设我们关注的是从向量 $\boldsymbol{y}_t$ 到向量 $\boldsymbol{x}_t$ 的频谱领域频域因果关系，且向量假设 $\boldsymbol{z}_t$ 服从如下的向量自回归模型：

$$\begin{aligned} \boldsymbol{z}_t &= \sum_{j=1}^{p} \boldsymbol{B}_j \boldsymbol{z}_{t-j} + \boldsymbol{\varepsilon}_t \\ &= \boldsymbol{B}(L)\boldsymbol{z}_t + \boldsymbol{\varepsilon}_t, \end{aligned} \tag{4-65}$$

其中，矩阵多项式 $\boldsymbol{B}(L) = \sum_{j=1}^{p} \boldsymbol{B}_j L^j$，随机误差项 $\boldsymbol{\varepsilon}_t$ 的期望 $E(\boldsymbol{\varepsilon}_t) = 0$，随机误差项 $\boldsymbol{\varepsilon}_t$ 的方差协方差矩阵 $E(\boldsymbol{\varepsilon}_t\boldsymbol{\varepsilon}_t^{\mathrm{T}}) = \boldsymbol{\Sigma}$，同时，$E(\boldsymbol{\varepsilon}_t\boldsymbol{\varepsilon}_s^{\mathrm{T}}) = \boldsymbol{0}$，对于任意 $t \neq s$，且方差协方差矩阵 $\boldsymbol{\Sigma}$ 是非奇异正定矩阵，因而其绝对值大于零，且具有可逆矩阵。令矩阵多项式 $\boldsymbol{A}(L) = \boldsymbol{I} - \sum_{j=1}^{p} \boldsymbol{B}_j L^j$，且假设方程 $|\boldsymbol{A}(L)| = 0$ 的所有特征根都在单位圆上或单位圆之外。则上述等式可以进一步写作如下形式：

$$\boldsymbol{A}(L)\boldsymbol{z}_t = \boldsymbol{\varepsilon}_t 。 \tag{4-66}$$

令矩阵多项式 $\boldsymbol{C}(L)$ 是矩阵多项式 $\boldsymbol{A}(L)$ 的伴随矩阵，从而有如下关系式：

$$\boldsymbol{C}(L)\boldsymbol{A}(L) \equiv \boldsymbol{D}(L),$$

其中，矩阵多项式 $\boldsymbol{D}(L)$ 是一个对角矩阵，它的对角线元素为 $d(L) \equiv |\boldsymbol{A}(L)|$，且 $d(L) = d_j L^j$ 是一个滞后多项式，$d_0 = 1$，同时，$d(L) = 0$ 的所有特征根都在单位圆上或单位圆之外。在此基础上，对上述等式（4-66）左乘多项式矩阵 $\boldsymbol{C}(L)$ 可得如下形式矩阵等式：

$$\begin{bmatrix} d(L) & \cdots & 0 \\ \vdots & & \vdots \\ 0 & \cdots & d(L) \end{bmatrix}\begin{bmatrix} \boldsymbol{x}_t \\ \boldsymbol{y}_t \end{bmatrix} = \boldsymbol{C}(L)\boldsymbol{\varepsilon}_t \equiv \begin{bmatrix} \boldsymbol{u}_t \\ \boldsymbol{v}_t \end{bmatrix}, \tag{4-67}$$

在上述等式中，多维向量（$\boldsymbol{u}_t, \boldsymbol{v}_t$）^{T}是一个平稳的移动平均过程，基于此可得，从非平稳时间序列 $\boldsymbol{y}_t$ 到非平稳时间序列 $\boldsymbol{x}_t$ 的频域因果关系测度等价于从随机误差项 $\boldsymbol{u}_t$ 到随机误差项 $\boldsymbol{v}_t$ 的频域因果关系测度。

基于上述等式，可以进一步得到平稳时间序列（$\boldsymbol{u}_t, \boldsymbol{v}_t$）^{T}的频率谱密度，具体如等式（4－68）所示：

$$f(\omega) = \frac{1}{2\pi}\boldsymbol{\Lambda}(\mathrm{e}^{-\mathrm{i}\omega})\boldsymbol{\Lambda}(\mathrm{e}^{\mathrm{i}\omega})^{\mathrm{T}}, \tag{4-68}$$

其中，矩阵 $\boldsymbol{\Lambda}(\mathrm{e}^{-\mathrm{i}\omega}) = \boldsymbol{C}(\mathrm{e}^{-\mathrm{i}\omega})\boldsymbol{\Sigma}^{1/2}$，从而有 $\boldsymbol{\Sigma}^{1/2}\boldsymbol{\Sigma}^{1/2} = \boldsymbol{\Sigma}$。基于等式（4－68）所表示的频率谱密度，即可进一步构建在频率 ω 处，从平稳时间序列 $\boldsymbol{u}_t$ 到平稳时间序列 $\boldsymbol{v}_t$ 的频域因果关系测度，也即从非平稳时间序列 $\boldsymbol{y}_t$ 到非平稳时间序列 $\boldsymbol{x}_t$ 的频域因果关系测度。

4.5 平稳时间序列频域因果关系测度举例

下面通过 2 个具体的例子，进一步详细说明平稳时间序列频域因果关系的测度是如何定义和构造的，这 2 个例子主要是基于 Geweke（1982）和 Hosoya（1991）的频域因果关系测度定义来叙述和展开的。

例 1：假设二元平稳时间序列 $(x_t, y_t)^{\mathrm{T}}$ 服从如下移动平均过程：

$$\begin{bmatrix} x_t \\ y_t \end{bmatrix} = \begin{bmatrix} 1-L & \alpha L \\ 0 & 1+\beta L \end{bmatrix}\begin{bmatrix} \varepsilon_t \\ \eta_t \end{bmatrix}, \tag{4-69}$$

其中，随机残差项 ε_t 和随机残差项 η_t 是白噪声过程，随机误差项 ε_t 和随机残差项 η_t 的期望 $E(\varepsilon_t) = E(\eta_t) = 0$，随机误差项 ε_t 和随机残差项 η_t 的方差 $E(\varepsilon_t^2) = E(\eta_t^2) = 1$。对于上述二元平稳时间序列，根据上述相关定义，它们的频率谱密度可以具体写作如下形式：

$$f(\omega) = \frac{1}{2\pi}\begin{bmatrix} 1-\mathrm{e}^{-\mathrm{i}\omega} & \alpha\mathrm{e}^{-\mathrm{i}\omega} \\ 0 & 1+\beta\mathrm{e}^{-\mathrm{i}\omega} \end{bmatrix}\begin{bmatrix} 1-\mathrm{e}^{\mathrm{i}\omega} & 0 \\ \alpha\mathrm{e}^{\mathrm{i}\omega} & 1+\beta\mathrm{e}^{\mathrm{i}\omega} \end{bmatrix}$$

$$= \frac{1}{2\pi}\begin{bmatrix} |1 - e^{-i\omega}|^2 + \alpha^2 & \alpha e^{-i\omega} + \alpha\beta \\ \alpha e^{i\omega} + \alpha\beta & |1 + \beta e^{-i\omega}|^2 \end{bmatrix}。 \tag{4-70}$$

基于等式（4－70）所示的谱密度，并根据 Geweke（1982）和 Hosoya（1991）的频域因果关系测度的定义可知，在频率 ω 处从平稳时间序列 y_t 到平稳时间序列 x_t 的频域因果关系测度可具体写作如下形式：

$$\begin{aligned} M_{y\to x}(\omega) &= \ln\left(\frac{|1 - e^{-i\omega}|^2 + \alpha^2}{|1 - e^{-i\omega}|^2}\right) \\ &= \ln\left(\frac{2 - 2\cos\omega + \alpha^2}{2 - 2\cos\omega}\right) \\ &= \ln\left(1 + \frac{\alpha^2}{2 - 2\cos\omega}\right)。 \end{aligned} \tag{4-71}$$

通过等式（4－71），可以看出在频率 $\omega \in (0,\pi)$ 范围内，只有当系数 $\alpha = 0$ 时，平稳时间序列 y_t 对平稳时间序列 x_t 才没有格兰杰因果关系，从而可以得出在该例子中，平稳时间序列 y_t 对平稳时间序列 x_t 的格兰杰因果关系不取决于系数 β。假设当系数 $\alpha = 1$，则在频率 $\omega \in (0,\pi)$ 范围内，基于上述频域因果关系的测度，可以计算从平稳时间序列 y_t 到平稳时间序列 x_t 的格兰杰因果关系测度，特别地，从平稳时间序列 y_t 到平稳时间序列 x_t 的格兰杰频域因果关系测度具体如图 4－1 所示。通过图 4－1 可以看出，随着频率 ω 从 0 趋近于 π，从平稳时间序列 y_t 到平稳时间序列 x_t 的格兰杰频域因果关系测度逐渐趋近于 0，平稳时间序列 y_t 到平稳时间序列 x_t 的格兰杰频域因果关系测度在频率 ω 趋近于 0 时具有最大值，相反，平稳时间序列 y_t 到平稳时间序列 x_t 的格兰杰频域因果关系测度在频率 ω 趋近于 π 时具有最小值。需要注意的是，在频率 $\omega \in (0,\pi)$ 范围内，平稳时间序列 y_t 到平稳时间序列 x_t 的格兰杰频域因果关系测度始终大于 0，也即在频率 $\omega \in (0,\pi)$ 范围内，平稳时间序列 y_t 对平稳时间序列 x_t 始终具有预测效应，并且随着频率 ω 从 0 逐渐增加到 π，预测效应逐渐变小。

例 2：假设二元平稳时间序列 $(x_t, y_t)^T$ 服从如下移动平均过程：

$$\begin{bmatrix} x_t \\ y_t \end{bmatrix} = \begin{bmatrix} 1 + aL & bL \\ 0 & 1 + cL \end{bmatrix}\begin{bmatrix} \varepsilon_t \\ \eta_t \end{bmatrix}, \tag{4-72}$$

其中，随机误差项 ε_t 和随机误差项 η_t 是白噪声，随机误差项 ε_t 和随机误差项

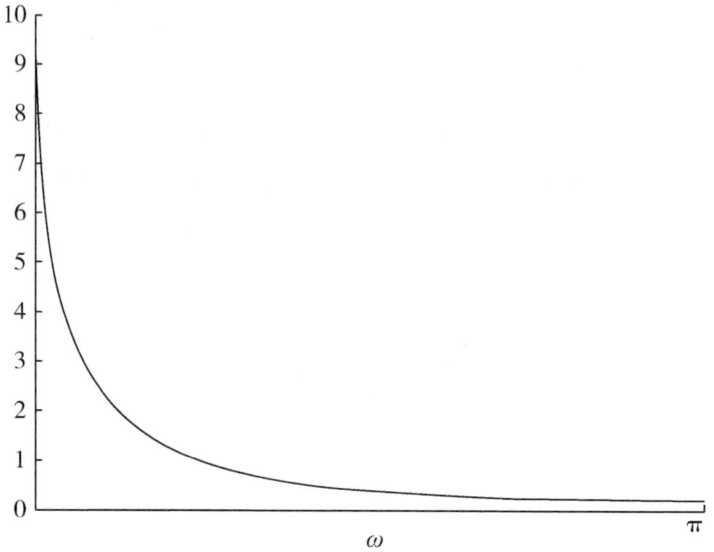

图 4－1　例 1 频域因果关系测度

η_t 的期望 $E(\varepsilon_t) = E(\eta_t) = 0$，随机误差项 ε_t 和随机误差项 η_t 的方差 $E(\varepsilon_t^2) = E(\eta_t^2) = 1$ 。对于该二元平稳时间序列，根据上述相关定义，它们的频率谱密度可以具体写作如下形式：

$$\begin{aligned} f(\omega) &= \frac{1}{2\pi}\begin{bmatrix} 1+ae^{-i\omega} & be^{-i\omega} \\ 0 & 1+ce^{-i\omega} \end{bmatrix}\begin{bmatrix} 1+ae^{i\omega} & 0 \\ be^{i\omega} & 1+ce^{i\omega} \end{bmatrix} \\ &= \frac{1}{2\pi}\begin{bmatrix} 1+a^2+b^2+2a\cos\omega & be^{-i\omega}+bc \\ bc+be^{i\omega} & 1+c^2+2c\cos\omega \end{bmatrix}。 \end{aligned} \tag{4-73}$$

基于等式（4－73）所示的频率谱密度，并根据 Geweke（1982）和 Hosoya（1991）的频域因果关系测度的定义可知，在频率 ω 处，从平稳时间序列 y_t 到平稳时间序列 x_t 的频域因果关系测度可以具体写作如下形式：

$$\begin{aligned} M_{y\to x}(\omega) &= \ln\left(\frac{1+a^2+b^2+2a\cos\omega}{1+a^2+2a\cos\omega}\right) \\ &= \ln\left(1+\frac{b^2}{1+a^2+2a\cos\omega}\right)。 \end{aligned} \tag{4-74}$$

通过等式（4－74）所表述的频域因果关系测度可以看出，在频率 $\omega \in (0,\pi)$ 范围内，只有当系数 $b=0$ 时，平稳时间序列 y_t 对平稳时间序列 x_t 没有格兰杰频域因果关系，也即平稳时间序列 y_t 对平稳时间序列 x_t 在频谱领域是否存在格兰杰因果关系不取决于系数 a 和 c 。假设系数 $b=0.7$，$a=0.3$，则在频率 $\omega\in(0,\pi)$ 范围内，基于上述频域因果关系测度表达式可以计算从平稳时间序列 y_t 到平稳时间序列 x_t 的格兰杰因果关系测度，特别地，从平稳时间序列 y_t 到平稳时间序列 x_t 的格兰杰频域因果关系测度具体如图 4－2 所示，可以看出，随着频率 ω 从 0 趋近于 π，从平稳时间序列 y_t 到平稳时间序列 x_t 的格兰杰频域因果关系测度逐渐增加，且一直为正值。平稳时间序列 y_t 到平稳时间序列 x_t 的格兰杰频域因果关系测度在频率 ω 趋近于 π 时具有最大值，相反，平稳时间序列 y_t 到平稳时间序列 x_t 的格兰杰频域因果关系测度在频率 ω 趋近于 0 时具有最小值。需要注意的是，在频率 $\omega\in(0,\pi)$ 范围内，平稳时间序列 y_t 到平稳时间序列 x_t 的格兰杰频域因果关系测度始终大于 0，也即在频率 $\omega\in(0,\pi)$ 范围内，平稳时间序列 y_t 对平稳时间序列 x_t 始终具有预测效应，并且随着频率 ω 从 0 增加到 π，预测效应逐渐变大。

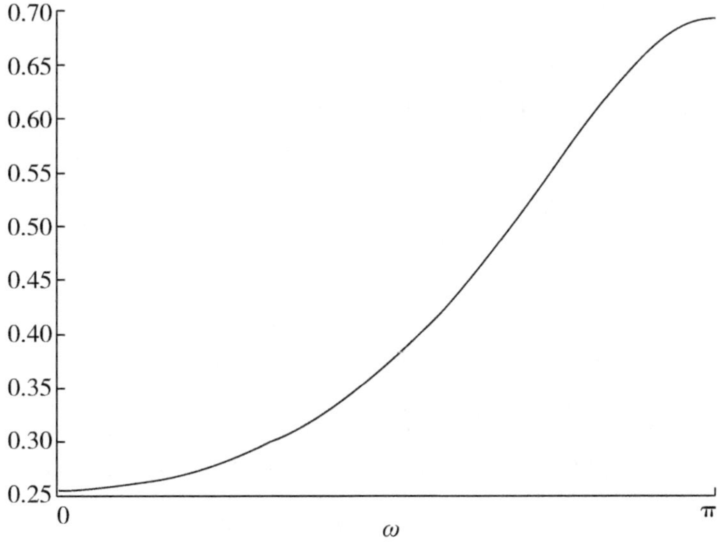

图 4－2　例 2 频域因果关系测度

4.6 本章小结

正如前文所述，目前，在实际学术研究中，大部分学者都是使用时间领域的格兰杰因果关系检验来分析2个变量之间的预测关系或因果关系，即使有越来越多的学术研究证据可以表明，2个变量之间的预测关系或因果关系可能随着频率的变化而变化，但是在频谱领域定义格兰杰因果关系测度比较困难，导致难以进一步发展出频谱领域的格兰杰因果关系检验。频谱领域因果关系测度不仅在经济金融领域有着广泛的应用，而且在医学中的脑科学领域也有着广泛的应用。在经济金融领域，目前最成功而且最常用的频谱领域因果关系测度就是Geweke（1982）和Hosoya（1991）基于向量自回归模型定义的频谱领域因果关系测度。

一般来说，频谱领域因果关系测度的定义需要与时间领域频域因果关系测度的定义相一致，也即时间领域的因果关系测度可以分解到各个频谱领域，所以频谱领域的因果关系测度在各个频谱进行积分，结果应该等于时间领域的因果关系测度。如果时间领域的因果关系测度显示2个变量没有格兰杰因果关系，那么在频谱领域，任意一个频率处，频谱领域的因果关系测度都应该显示2个变量之间没有格兰杰因果关系；相反，如果在频谱领域，任意一个频率处，频谱领域的因果关系测度显示2个变量之间有格兰杰因果关系，那么在时间领域，时间领域的因果关系测度也应该显示2个变量有格兰杰因果关系。基于这一准则，当时间序列满足一定条件时，Geweke（1982）和Hosoya（1991）基于向量自回归模型定义的频谱领域因果关系测度很好地定义了频谱领域的因果关系，他们定义的频谱领域因果关系测度基本满足上述准则。

著名学者Pierce（1979）也定义了频谱领域的格兰杰因果关系测度，但是Pierce（1979）定义的频谱领域的格兰杰因果关系测度与Geweke（1982）和Hosoya（1991）定义的频谱领域的格兰杰因果关系测度有明显的区别。首先，Geweke（1982）和Hosoya（1991）定义的频谱领域的格兰杰因果关系测度是基于向量自回归模型，并直接基于感兴趣的时间序列而定义的，而 Pierce（1979）也定义了频谱领域的格兰杰因果关系测度，但是他的定义是基于自回归移动平均模型的随机误差项定义的，相对来说，Pierce（1979）定义的频谱领域的格兰杰因果关系测度是一种间接的定义方法。其次，Geweke（1982）和 Hosoya（1991）基于向量自回归模型定义的频谱领域因果关系测度满足如下准则，即时间领域的因果关系测度可以分解到各个频谱领域，且频谱领域的因果关系测度在各个频谱进行积分，结果等于时间领域的因果关系测度。相反，Pierce（1979）定义的频谱领域的格兰杰因果关系测度则不满足这一准则，他的测度只是和随机误差项之间线性回归所对应的拟合优度有一定的关系。因此，在实际研究中，Geweke（1982）和 Hosoya（1991）基于向量自回归模型定义的频谱领域因果关系测度应用更加广泛。

第五章　频域因果关系的检验与效力

对于平稳时间序列的频域因果关系测度，Pierce（1979）、Geweke（1982）和 Hosoya（1991）分别给出了相关定义，在此基础上，Breitung 等（2006）基于 Geweke（1982）和 Hosoya（1991）的频域因果关系测度，并基于向量自回归模型，构造了频域因果关系检验步骤。他们的检验是基于对向量自回归模型系数的一系列线性约束来进行的，因而可以通过传统的卡方检验或 F 检验来检验两个时间序列之间的频域因果关系。而 Lemmens 等（2008）则基于 Pierce（1979）的频域因果关系测度，利用自回归移动平均模型的随机误差项，构造了频域因果关系检验步骤，与该检验步骤对应的统计量也服从卡方分布。与 Breitung 等（2006）的频域因果关系检验不同，Lemmens 等（2008）的频域因果关系检验统计量是基于非参数方法构造的。

本章将详细介绍 Breitung 等（2006）的频域因果关系检验，并通过数据生成过程，利用蒙特卡罗模拟方法，研究 Breitung 等（2006）的频域因果关系检验在不同频率处的效力特点，并探究 Breitung 等（2006）的频域因果关系检验与向量自回归模型对应的特征方程的特征根之间的关系。同时，本章也将介绍如何利用 Toda 等（1995）方法，检验非平稳时间序列的频域因果关系，并简要介绍 Lemmens 等（2008）的频域因果关系检验步骤。

5.1　Breitung 和 Candelon 的平稳时间序列的频域因果关系检验

对于二元平稳时间序列，Breitung 等（2006）基于 Geweke（1982）和

Hosoya（1991）的频域因果关系测度定义，创造性地给出了较为简单的统计假设检验步骤，该假设检验步骤可以检验在任意频率处，从一个时间序列到另一个时间序列的频域因果关系。为了说明该假设检验步骤，首先令向量 $\boldsymbol{z}_t = (x_t, y_t)^{\mathrm{T}}$ 是一组平稳的二维时间序列在 $t = 1,2,\cdots,T$ 的观测值。进一步假设二维向量 $\boldsymbol{z}_t$ 具有如下的向量自回归模型形式：

$$\begin{bmatrix} x_t \\ y_t \end{bmatrix} = \begin{bmatrix} \theta_{11,1} & \theta_{12,1} \\ \theta_{21,1} & \theta_{22,1} \end{bmatrix} \begin{bmatrix} x_{t-1} \\ y_{t-1} \end{bmatrix} + \cdots + \begin{bmatrix} \theta_{11,p} & \theta_{12,p} \\ \theta_{21,p} & \theta_{22,p} \end{bmatrix} \begin{bmatrix} x_{t-p} \\ y_{t-p} \end{bmatrix} + \begin{bmatrix} \varepsilon_{1t} \\ \varepsilon_{2t} \end{bmatrix}。\quad (5-1)$$

为了表达简便，进一步令矩阵 $\boldsymbol{\Theta}_i = \begin{bmatrix} \theta_{11,i} & \theta_{12,i} \\ \theta_{21,i} & \theta_{22,i} \end{bmatrix}$，对于 $i = 1,2,\cdots,p$，二维随机误差项 $\boldsymbol{\varepsilon}_t = \begin{bmatrix} \varepsilon_{1t} \\ \varepsilon_{2t} \end{bmatrix}$，则上述向量自回归模型可以进一步写作如下紧凑的形式：

$$\boldsymbol{\Theta}(L)\boldsymbol{z}_t = \boldsymbol{\varepsilon}_t, \quad (5-2)$$

其中，矩阵 $\boldsymbol{\Theta}(L) = \boldsymbol{I} - \Theta_1 L - \cdots - \boldsymbol{\Theta}_p L^p$ 是一个 2×2 多项式，L 是滞后算子，随机误差向量 $\boldsymbol{\varepsilon}_t$ 是白噪声，随机误差向量 $\boldsymbol{\varepsilon}_t$ 的期望 $E(\boldsymbol{\varepsilon}_t) = \boldsymbol{0}$，随机误差向量 $\boldsymbol{\varepsilon}_t$ 的方差协方差矩阵 $E(\boldsymbol{\varepsilon}_t\boldsymbol{\varepsilon}_t^{\mathrm{T}}) = \boldsymbol{\Sigma}$，且随机误差向量 $\boldsymbol{\varepsilon}_t$ 的方差协方差矩阵 $\boldsymbol{\Sigma}$ 是正定矩阵，其绝对值大于零，并具有可逆矩阵。为了叙述简便，上述向量自回归模型省略了确定性项，在实际应用中，上述向量自回归模型可能包含常数项、趋势项和虚拟变量等形式。

令矩阵 $\boldsymbol{G}$ 是乔里斯基分解 $\boldsymbol{G}^{\mathrm{T}}\boldsymbol{G} = \boldsymbol{\Sigma}^{-1}$ 所对应的下三角矩阵，且令随机误差项 $\boldsymbol{\eta}_t = \boldsymbol{G}\boldsymbol{\varepsilon}_t$，则可以得到下述表达式：

$$\begin{aligned} E(\boldsymbol{\eta}_t\boldsymbol{\eta}_t^{\mathrm{T}}) &= \boldsymbol{G}E(\boldsymbol{\varepsilon}_t\boldsymbol{\varepsilon}_t^{\mathrm{T}})\boldsymbol{G}^{\mathrm{T}} \\ &= \boldsymbol{G}\boldsymbol{\Sigma}\boldsymbol{G}^{\mathrm{T}} \\ &= \boldsymbol{I}。 \end{aligned} \quad (5-3)$$

假设上述向量自回归模型是平稳向量自回归模型，则该平稳向量自回归模型可以进一步写作移动平均模型形式：

$$\boldsymbol{z}_t = \boldsymbol{\Phi}(L)\boldsymbol{\varepsilon}_t = \begin{bmatrix} \phi_{11}(L) & \phi_{12}(L) \\ \phi_{21}(L) & \phi_{22}(L) \end{bmatrix} \begin{bmatrix} \varepsilon_{1t} \\ \varepsilon_{2t} \end{bmatrix}$$

$$= \boldsymbol{\Psi}(L)\boldsymbol{\eta}_t = \begin{bmatrix} \Psi_{11}(L) & \Psi_{12}(L) \\ \Psi_{21}(L) & \Psi_{22}(L) \end{bmatrix} \begin{bmatrix} \eta_{1t} \\ \eta_{2t} \end{bmatrix}, \tag{5-4}$$

其中，矩阵 $\boldsymbol{\Phi}(L) = \boldsymbol{\Theta}(L)^{-1}$，矩阵 $\boldsymbol{\Psi}(L) = \boldsymbol{\Phi}(L)\boldsymbol{G}^{-1}$。基于上述等式（5－4）所表示的平稳向量自回归模型，二元平稳时间序列 $\boldsymbol{z}_t$ 的自协方差生成函数可以写作如下形式：

$$\boldsymbol{G}_z(z) = \boldsymbol{\Psi}(z)\boldsymbol{\Psi}(z^{-1})^{\mathrm{T}}, \tag{5-5}$$

其中，$z = \mathrm{e}^{\mathrm{i}w}$。在此基础上，二元平稳时间序列 $\boldsymbol{z}_t$ 的谱密度可以写作如下形式：

$$f_z(\omega) = \frac{1}{2\pi}\boldsymbol{\Psi}(\mathrm{e}^{-\mathrm{i}\omega})\boldsymbol{\Psi}(\mathrm{e}^{\mathrm{i}\omega})^{\mathrm{T}}, \tag{5-6}$$

基于上述二元平稳时间序列 $\boldsymbol{z}_t$ 的谱密度，可得平稳时间序列 x_t 的谱密度为如下形式：

$$\begin{aligned} f_x(\omega) &= \frac{1}{2\pi}[\Psi_{11}(\mathrm{e}^{-\mathrm{i}\omega})\Psi_{11}(\mathrm{e}^{\mathrm{i}\omega}) + \Psi_{12}(\mathrm{e}^{-\mathrm{i}\omega})\Psi_{12}(\mathrm{e}^{\mathrm{i}\omega})] \\ &= \frac{1}{2\pi}[|\Psi_{11}(\mathrm{e}^{-\mathrm{i}\omega})|^2 + |\Psi_{12}(\mathrm{e}^{-\mathrm{i}\omega})|^2], \end{aligned} \tag{5-7}$$

基于等式（5－7）所示的平稳时间序列 x_t 的谱密度，在频率 ω 处，从平稳时间序列 y_t 到平稳时间序列 x_t 的频域因果关系测度可以写作如下形式：

$$\begin{aligned} M_{y\to x}(\omega) &= \ln\left[\frac{2\pi f_x(\omega)}{|\Psi_{11}(\mathrm{e}^{-\mathrm{i}\omega})|^2}\right] \\ &= \ln\left[1 + \frac{|\Psi_{12}(\mathrm{e}^{-\mathrm{i}\omega})|^2}{|\Psi_{11}(\mathrm{e}^{-\mathrm{i}\omega})|^2}\right]。 \end{aligned} \tag{5-8}$$

通过上式从平稳时间序列 y_t 到平稳时间序列 x_t 的频域因果关系测度可以看出，当 $|\Psi_{12}(\mathrm{e}^{-\mathrm{i}\omega})| = 0$ 时，在频率 ω 处，从平稳时间序列 y_t 到平稳时间序列 x_t 的频域因果关系测度 $M_{y\to x}(\omega) = 0$，也即在频率 ω 处，平稳时间序列 y_t 不是引起平稳时间序列 x_t 的格兰杰原因。基于此，在频率 ω 处，平稳时间序列 y_t 不是平稳时间序列 x_t 的格兰杰原因等价于如下原假设形式：

$$H_0: M_{y\to x}(\omega) = 0。 \tag{5-9}$$

基于等式（5－8），可以看出，如果多项式 $|\Psi_{12}(\mathrm{e}^{-\mathrm{i}\omega})| = 0$，则从平稳时间序列 y_t 到平稳时间序列 x_t 的频域因果关系测度 $M_{y\to x}(\omega) = 0$。基于此，由关系式 $\boldsymbol{\Psi}(L) = \boldsymbol{\Phi}(L)\boldsymbol{G}^{-1}$ 可得如下表达式：

$$\Psi_{12}(L) = -\frac{g^{22}\boldsymbol{\Theta}_{12}(L)}{|\boldsymbol{\Theta}(L)|}。 \quad (5-10)$$

在式（5－10）中，g^{22} 是矩阵 $\boldsymbol{G}^{-1}$ 的下对角元素，$|\boldsymbol{\Theta}(L)|$ 是矩阵 $\boldsymbol{\Theta}(L)$ 的绝对值。由于随机误差向量 $\boldsymbol{\varepsilon}_t$ 的方差协方差矩阵 $\boldsymbol{\Sigma}$ 是正定矩阵，因此，$g^{22}>0$。在此基础上，通过等式（5－10）可以得出，从平稳时间序列 y_t 到平稳时间序列 x_t 的频域因果关系测度 $M_{y\to x}(\omega)=0$，如果 $|\boldsymbol{\Theta}_{12}(e^{-i\omega})|=0$，$|\boldsymbol{\Theta}_{12}(e^{-i\omega})|$ 可写作如下形式：

$$|\boldsymbol{\Theta}_{12}(e^{-i\omega})| = |-\boldsymbol{\Theta}_{12,1}e^{-i\omega} - \boldsymbol{\Theta}_{12,2}e^{-2i\omega} - \cdots - \boldsymbol{\Theta}_{12,p}e^{-pi\omega}|, \quad (5-11)$$

上述等式可进一步展开，进而写作如下形式：

$$\begin{aligned}|\Theta_{12}(e^{-i\omega})| &= |[\Theta_{12,1}\cos(\omega)+\cdots+\Theta_{12,p}\cos(p\omega)] - [\Theta_{12,1}\sin(\omega)+\cdots+\Theta_{12,p}\sin(p\omega)]i| \\ &= \sqrt{[\Theta_{12,1}\cos(\omega)+\cdots+\Theta_{12,p}\cos(p\omega)]^2 + [\Theta_{12,1}\sin(\omega)+\cdots+\Theta_{12,p}\sin(p\omega)]^2},\end{aligned} \quad (5-12)$$

基于等式（5－12），可得 $|\boldsymbol{\Theta}_{12}(e^{-i\omega})|=0$，也即，在频率 ω 处，平稳时间序列 y_t 不是平稳时间序列 x_t 的格兰杰原因的充分必要条件是：

$$\boldsymbol{\Theta}_{12,1}\cos(\omega)+\cdots+\boldsymbol{\Theta}_{12,p}\cos(p\omega)=0, \quad (5-13)$$

$$\boldsymbol{\Theta}_{12,1}\sin(\omega)+\cdots+\boldsymbol{\Theta}_{12,p}\sin(p\omega)=0, \quad (5-14)$$

在等式（5－14）中，由于当频率 $\omega=0$ 或频率 $\omega=\pi$ 时，$\sin(\omega)=0$，因此，不考虑这 2 个频率处的频域因果关系。通过上述两个等式，可以看出，可以通过检验等式（5－13）和等式（5－14）同时成立来确定在频率 ω 处，平稳时间序列 y_t 不是平稳时间序列 x_t 的格兰杰原因。

进一步，令 $\alpha_j=\theta_{11,j}$，$\beta_j=\theta_{12,j}$，则上述向量自回归模型中关于平稳时间序列 x_t 的等式可以写作如下形式：

$$x_t = \alpha_1 x_{t-1}+\cdots+\alpha_p x_{t-p}+\beta_1 y_{t-1}+\cdots+\beta_p y_{t-p}+\varepsilon_{1t}, \quad (5-15)$$

令 $\boldsymbol{\beta}=(\beta_1,\beta_2,\cdots,\beta_p)^{\mathrm{T}}$，

$$\boldsymbol{R} = \begin{bmatrix}\cos(\omega) & \cos(2\omega) & \cdots & \cos(p\omega) \\ \sin(\omega) & \sin(2\omega) & \cdots & \sin(p\omega)\end{bmatrix},$$

则上述原假设 $M_{y\to x}(\omega)=0$ 等价于：

$$H_0: \boldsymbol{R\beta}=\boldsymbol{0}, \quad (5-16)$$

对于上述原假设，可以通过 F 检验来检验，对于频率 $\omega\in(0,\pi)$，该 F 检验渐

近服从 $F(2,T-2p)$ 分布。

上述原假设也可直接基于平稳时间序列 x_t 和平稳时间序列 y_t 构成的向量自回归模型（5－1）进行检验，与该假设检验对应的沃尔德统计量可写作如下形式：

$$W=(\boldsymbol{R}\widehat{\boldsymbol{\beta}})^{\mathrm{T}}\left[\widehat{\sigma}_{\varepsilon_1}^2\boldsymbol{R}(\boldsymbol{Z}_2^{\mathrm{T}}\boldsymbol{Q}_{Z_1}\boldsymbol{Z}_2)^{-1}\boldsymbol{R}^{\mathrm{T}}\right]^{-1}\boldsymbol{R}\widehat{\boldsymbol{\beta}}, \tag{5-17}$$

其中，$\widehat{\boldsymbol{\beta}}=(\boldsymbol{Z}_2^{\mathrm{T}}\boldsymbol{Q}_{Z_1}\boldsymbol{Z}_2)^{-1}\boldsymbol{Z}_2^{\mathrm{T}}\boldsymbol{Q}_{Z_1}\boldsymbol{x}$，$\widehat{\sigma}_{\varepsilon_1}^2=\widehat{\boldsymbol{\varepsilon}}_1^{\mathrm{T}}\widehat{\boldsymbol{\varepsilon}}_1/(T-p)$，$\widehat{\boldsymbol{\varepsilon}}_1=\boldsymbol{Q}_{Z_1}\boldsymbol{x}-\boldsymbol{Q}_{Z_1}\boldsymbol{Z}_2\widehat{\boldsymbol{\beta}}$，$\boldsymbol{Q}_{Z_1}=\boldsymbol{I}_T-\boldsymbol{Z}_1(\boldsymbol{Z}_1^{\mathrm{T}}\boldsymbol{Z}_1)^{\mathrm{T}}\boldsymbol{Z}_1{}^{\mathrm{T}}$。其中，$\boldsymbol{x}=[x_{p+1},\cdots,x_T]^{\mathrm{T}}$，$\boldsymbol{Z}_i=[z_{i,p+1},\cdots,z_{i,T}]^{\mathrm{T}}$ 对于 $i=1,2$，且 $\boldsymbol{z}_{1,t}^{\mathrm{T}}=[x_{t-1},\cdots,x_{t-p}]$，$\boldsymbol{z}_{2,t}^{\mathrm{T}}=[y_{t-1},\cdots,y_{t-p}]$。当原假设 H_0：$\boldsymbol{R\beta}=\boldsymbol{0}$ 成立时，上述沃尔德统计量 W 渐近服从自由度为 2 的 $\chi_2^2(0)$ 分布。

5.2 非平稳时间序列的频域因果关系检验

对于非平稳时间序列，无法直接利用基于平稳时间序列的频域因果关系检验来研究 2 个非平稳时间序列是否在频谱领域存在频域因果关系。但是，注意到平稳时间序列的频域因果关系检验是基于一组对平稳时间序列的向量自回归模型系数的线性约束进行的，本质上和一般的时域格兰杰因果关系检验一样，而对于一般的时域格兰杰因果关系检验，如果在几个时间序列中，存在非平稳时间序列，则可以基于 Toda et al.（1995）的因果关系检验方法进行因果关系检验。

Toda et al.（1995）的因果关系检验方法具体如下，如果向量 $\boldsymbol{z}_t=(x_t, y_t)^{\mathrm{T}}$ 是二元平稳时间序列，则可以首先基于向量 $\boldsymbol{z}_t$ 建立如下向量自回归模型形式：

$$\begin{bmatrix} x_t \\ y_t \end{bmatrix}=\begin{bmatrix} \theta_{11,1} & \theta_{12,1} \\ \theta_{21,1} & \theta_{22,1} \end{bmatrix}\begin{bmatrix} x_{t-1} \\ y_{t-1} \end{bmatrix}+\cdots+\begin{bmatrix} \theta_{11,p} & \theta_{12,p} \\ \theta_{21,p} & \theta_{22,p} \end{bmatrix}\begin{bmatrix} x_{t-p} \\ y_{t-p} \end{bmatrix}+\begin{bmatrix} \varepsilon_{1t} \\ \varepsilon_{2t} \end{bmatrix}, \tag{5-18}$$

基于上述向量自回归模型，格兰杰因果关系检验：时间序列 y_t 不是时间序列 x_t 的格兰杰原因对应的原假设可以表示如下：

$$H_0: \theta_{12,1}=\theta_{12,2}=\cdots=\theta_{12,p}=0, \tag{5-19}$$

对于上述原假设，可以通过普通最小二乘法估计相关系数，进而通过构建沃尔德统计量进行格兰杰因果关系检验。

如果假设向量 $z_t = (x_t, y_t)^{\mathrm{T}}$中至少有一个时间序列为非平稳时间序列，且非平稳时间序列的最大单整阶数是 d，则可以将上述向量自回归模型的滞后阶数加以扩展，即扩展为 $(p+d)$ 阶，从而对向量 $z_t = (x_t, y_t)^{\mathrm{T}}$建立如下向量自回归模型：

$$\begin{bmatrix} x_t \\ y_t \end{bmatrix} = \begin{bmatrix} \theta_{11,1}^{*} & \theta_{12,1}^{*} \\ \theta_{21,1}^{*} & \theta_{22,1}^{*} \end{bmatrix} \begin{bmatrix} x_{t-1} \\ y_{t-1} \end{bmatrix} + \cdots + \begin{bmatrix} \theta_{11,p}^{*} & \theta_{12,p}^{*} \\ \theta_{21,p}^{*} & \theta_{22,p}^{*} \end{bmatrix} \begin{bmatrix} x_{t-p} \\ y_{t-p} \end{bmatrix} + \cdots + \begin{bmatrix} \theta_{11,p+d}^{*} & \theta_{12,p+d}^{*} \\ \theta_{21,p+d}^{*} & \theta_{22,p+d}^{*} \end{bmatrix} \begin{bmatrix} x_{t-p-d} \\ y_{t-p-d} \end{bmatrix} + \begin{bmatrix} \varepsilon_{1t} \\ \varepsilon_{2t} \end{bmatrix}, \quad (5-20)$$

此时，基于向量自回归模型，格兰杰因果关系检验：y_t 不是 x_t 的格兰杰原因对应的原假设可以表述如下：

$$H_0: \theta_{12,1}^{*} = \theta_{12,2}^{*} = \cdots = \theta_{12,p}^{*} = 0\text{。} \quad (5-21)$$

对于上述（5－21）所示的格兰杰因果关系检验的原假设，仍然可以通过普通最小二乘法估计向量自回归模型的相关系数，进而通过构建沃尔德统计量进行格兰杰因果关系检验，即 Toda et al.（1995）检验方法的主要思想是将向量自回归模型的滞后阶数 p 按非平稳时间序列的最大单整阶数 d 扩增到 $(p+d)$ 阶，然后，可以基于扩增后的向量自回归模型，通过普通最小二乘法估计该向量自回归模型的系数，进而对该向量自回归模型的相关系数约束进行统计假设检验，如格兰杰因果关系检验。

由于频域因果关系检验对应的原假设也是对一组向量自回归模型系数的线性约束，因此，当时间序列存在非平稳时，也可以利用 Toda et al.（1995）方法中的思想，将向量自回归模型的滞后阶数加以扩增，然后基于扩增后的向量自回归模型进行频域因果关系检验。以上述向量自回归模型（5－18）为例，如果该向量自回归模型平稳，则与频域因果关系检验：在频域 ω 处时间序列 y_t 不是时间序列 x_t 的格兰杰原因，对应的原假设是：

$$H_0: \boldsymbol{R\beta} = \mathbf{0} \quad (5-22)$$

$$\boldsymbol{\beta} = [\theta_{12,1}, \cdots, \theta_{12,p}]^{\mathrm{T}}$$

$$\boldsymbol{R} = \begin{bmatrix} \cos(\omega) & \cos(2\omega) & \cdots & \cos(p\omega) \\ \sin(\omega) & \sin(2\omega) & \cdots & \sin(p\omega) \end{bmatrix}$$

与之对应的沃尔德统计量渐近服从$\chi_2^2(0)$分布。

在向量自回归模型（5-18）中，假设向量$z_t=(x_t,y_t)^{\mathrm{T}}$中至少有一个时间序列为非平稳时间序列，且非平稳时间序列的最大单整阶数是d，则可以将上述向量自回归模型的滞后阶数扩展为（$p+d$）阶，进而建立向量自回归模型（5-20）。此时，基于该向量自回归模型，频域因果关系检验：在频域ω处，时间序列y_t不是时间序列x_t的格兰杰原因对应的原假设可以表述如下：

$$H_0: \boldsymbol{R\beta}^* = \mathbf{0} \tag{5-23}$$

$$\boldsymbol{\beta}^* = [\theta_{12,1}^*, \cdots, \theta_{12,p}^*]^{\mathrm{T}}$$

$$\boldsymbol{R} = \begin{bmatrix} \cos(\omega) & \cos(2\omega) & \cdots & \cos(p\omega) \\ \sin(\omega) & \sin(2\omega) & \cdots & \sin(p\omega) \end{bmatrix},$$

对于上述原假设，仍然可以通过普通最小二乘法估计向量自回归模型的相关系数，进而通过构建沃尔德统计量，进行频谱领域的格兰杰因果关系检验，该沃尔德统计量渐近服从$\chi_2^2(0)$分布。

5.3 Breitung 和 Candelon 的平稳时间序列频域因果关系检验效力的理论研究

频域因果关系检验是基于平稳的向量自回归模型进行的，因此，向量自回归模型必须平稳。根据向量自回归模型平稳性的定义，如果向量自回归模型平稳，则与之对应的特征方程的特征根必须全部在单外圆之外，以向量自回归模型（5-1）为例，即对于如下的特征方程：

$$|\boldsymbol{I} - \boldsymbol{\Theta}_1\lambda - \cdots - \boldsymbol{\Theta}_p\lambda^p| = 0, \tag{5-24}$$

如果向量自回归模型（5-1）为平稳模型，则上述方程对应的特征根$|\lambda|>1$。如果上述方程对应的特征根$|\lambda|\leqslant 1$，则等式（5-1）所对应的向量自回归模型是非平稳的，与之对应的基于等式（5-17）的频域因果关系检验统计量也是无效的。因此，研究平稳时间序列的频域因果关系检验的效力将主要聚焦于向量自回归模型的特征根$|\lambda|>1$的情况。

在进行频域因果关系检验效力研究时，首先需要厘清统计假设检验中的第一类错误和第二类错误概念。统计假设检验中的第一类错误是指当假设检验的原假设成立时，拒绝原假设的概率，也即“去真”的概率。统计假设检验中的第二类错误是指当假设检验的原假设确实错误时，却没有拒绝原假设的概率，即“存伪”的概率。统计假设检验的效力是指当原假设不成立时，正确拒绝原假设的概率。因此，统计假设检验的效力和统计假设检验二类错误之间具有如下关系：

$$\text{假设检验效力} = 1 - P(\text{假设检验二类错误})。\tag{5-25}$$

为了研究平稳时间序列频域因果关系检验的效力，Wei 等（2021）考虑了如下一个简单的滞后阶数为三阶的二元向量自回归模型：

$$\begin{bmatrix} 1 & -\alpha(L - 2\cos(\omega)L^2 + L^3) \\ 0 & 1 \end{bmatrix}\begin{bmatrix} x_t \\ y_t \end{bmatrix} = \begin{bmatrix} u_t \\ v_t \end{bmatrix}, \tag{5-26}$$

其中，随机误差项 u_t 和随机误差项 v_t 是相互独立的白噪声过程，即随机误差项 u_t 和随机误差项 v_t 的均值 $E(u_t) = E(v_t) = 0$，随机误差项 u_t 和随机误差项 v_t 的方差 $E(u_t) = \sigma_u^2, E(v_t) = \sigma_v^2$。基于等式（5-26）所示的三阶向量自回归模型，可得 $\boldsymbol{\beta} = (\alpha, -2\alpha\cos\omega, \alpha)^{\mathrm{T}}$，而

$$\boldsymbol{R} = \begin{bmatrix} \cos(\omega) & \cos(2\omega) & \cos(3\omega) \\ \sin(\omega) & \sin(2\omega) & \sin(3\omega) \end{bmatrix},$$

基于上述等式，可以进一步得到 $\boldsymbol{R\beta} = \boldsymbol{0}$，对于任何频率 $\omega \in (0, \pi)$，所以基于向量自回归模型（5-27），可知，在频率 ω 处，时间序列 y_t 不是时间序列 x_t 的格兰杰原因。

基于上述三阶向量自回归模型（5-26），可以进一步考虑如下二元向量自回归模型：

$$\begin{bmatrix} 1 & -\alpha(L - 2\cos(\omega + c/\sqrt{T})L^2 + L^3) \\ 0 & 1 - \rho L \end{bmatrix}\begin{bmatrix} x_t \\ y_t \end{bmatrix} = \begin{bmatrix} u_t \\ v_t \end{bmatrix}, \tag{5-27}$$

与上述二元向量自回归模型相对应的特征方程的特征根在单位圆之外的条件是 $-1 < \rho < 1$，也即上述二元向量自回归模型平稳的条件是 $-1 < \rho < 1$。当 $\rho = 0$ 时，上述二元向量自回归模型变为：

$$\begin{bmatrix} 1 & -\alpha(L - 2\cos(\omega + c/\sqrt{T})L^2 + L^3) \\ 0 & 1 \end{bmatrix}\begin{bmatrix} x_t \\ y_t \end{bmatrix} = \begin{bmatrix} u_t \\ v_t \end{bmatrix}。\tag{5-28}$$

当满足 $-1<\rho<1$ 这一条件时，与原假设：在频率 ω 处时间序列 y_t 不是时间序列 x_t 的格兰杰原因，相对应的沃尔德统计量 W 渐近服从非中心卡方分布，更具体一点，$W\to\chi_2^2(\gamma^2)$，其中，与之对应的非中心参数 γ^2 具有如下形式：

$$\gamma^2=\frac{\sigma_v^2(2c\alpha\sin\omega)^2}{\sigma_u^2(1+\rho^2-4\rho\cos\omega+2\cos^2\omega)},\tag{5-29}$$

当 $\rho=0$ 时，上述非中心参数 γ^2 退化为：

$$\gamma^2=\frac{\sigma_v^2(2c\alpha\sin\omega)^2}{\sigma_u^2(1+2\cos^2\omega)}。\tag{5-30}$$

证明：当 $p=3$ 时，

$$\boldsymbol{R}=\begin{bmatrix}\cos(\omega) & \cos(2\omega) & \cos(3\omega)\\ \sin(\omega) & \sin(2\omega) & \sin(3\omega)\end{bmatrix}$$

进一步，需要注意到矩阵 $\boldsymbol{R}$ 可以分解为 $\boldsymbol{R}=\boldsymbol{\Gamma S}$，其中：

$$\boldsymbol{\Gamma}=\begin{bmatrix}\cos(2\omega) & [\cos(2\omega)\cos(\omega)-\cos(\omega)]/\sin(\omega)\\ \sin(2\omega) & [\sin(2\omega)\cos(\omega)-\sin(\omega)]/\cos(\omega)\end{bmatrix},$$

$$\boldsymbol{S}=\begin{bmatrix}\cos(\omega) & 1 & \cos(\omega)\\ -\sin(\omega) & 0 & \sin(\omega)\end{bmatrix},$$

由于 $|\boldsymbol{\Gamma}|=1$，因此矩阵 $\boldsymbol{\Gamma}$ 是非奇异矩阵，所以与在频率 ω 处 y_t 不是 x_t 的格兰杰原因相对应的原假设 $\boldsymbol{R\beta}=\mathbf{0}$ 可以进一步写作如下形式：

$$H_0: \boldsymbol{S\beta}=\mathbf{0}。\tag{5-31}$$

在上述假设检验的原假设下，沃尔德统计量可以进一步写作如下形式：

$$W=(\boldsymbol{S}\hat{\boldsymbol{\beta}})^{\mathrm{T}}[\hat{\sigma}_u^2\boldsymbol{S}(\boldsymbol{Z}_2^{\mathrm{T}}\boldsymbol{Q}_\iota\boldsymbol{Z}_2)^{-1}\boldsymbol{S}^{\mathrm{T}}]^{-1}\boldsymbol{S}\hat{\boldsymbol{\beta}},\tag{5-32}$$

进一步注意到矩阵 $\boldsymbol{\xi}=\boldsymbol{S\beta}\approx[2c\alpha\sin(\omega)/\sqrt{T},0]^{\mathrm{T}}$，同时，矩阵 $\boldsymbol{Q}_\iota=\boldsymbol{I}_T-\boldsymbol{\iota}(\boldsymbol{\iota}^{\mathrm{T}}\boldsymbol{\iota})^{-1}\boldsymbol{\iota}^{\mathrm{T}}=\boldsymbol{I}$，其中向量 $\boldsymbol{\iota}=[1,\cdots,1]^{\mathrm{T}}$。所以，上述沃尔德统计量可以进一步写为如下形式：

$$\begin{aligned}W&=(\boldsymbol{S}\hat{\boldsymbol{\beta}})^{\mathrm{T}}[\hat{\sigma}_u^2\boldsymbol{S}(\boldsymbol{Z}_2^{\mathrm{T}}\boldsymbol{Z}_2)^{-1}\boldsymbol{S}^{\mathrm{T}}]^{-1}\boldsymbol{S}\hat{\boldsymbol{\beta}}\\&=(\boldsymbol{S}\hat{\boldsymbol{\beta}}-\boldsymbol{S\beta}+\boldsymbol{\xi})^{\mathrm{T}}[\hat{\sigma}_u^2\boldsymbol{S}(\boldsymbol{Z}_2^{\mathrm{T}}\boldsymbol{Z}_2)^{-1}\boldsymbol{S}^{\mathrm{T}}]^{-1}(\boldsymbol{S}\hat{\boldsymbol{\beta}}-\boldsymbol{S\beta}+\boldsymbol{\xi})\\&=\boldsymbol{A}^{\mathrm{T}}\boldsymbol{A},\end{aligned}\tag{5-33}$$

其中，矩阵

$$\begin{aligned}\boldsymbol{A} &= [\hat{\sigma}_u^2\boldsymbol{S}(\boldsymbol{Z}_2^{\mathrm{T}}\boldsymbol{Z}_2)^{-1}\boldsymbol{S}]^{-1/2}(\boldsymbol{S}\hat{\boldsymbol{\beta}} - \boldsymbol{S\beta} + \boldsymbol{\xi}) \\ &= [\hat{\sigma}_u^2\boldsymbol{S}(\boldsymbol{Z}_2^{\mathrm{T}}\boldsymbol{Z}_2)^{-1}\boldsymbol{S}^{\mathrm{T}}]^{-1/2}(\boldsymbol{S}\hat{\boldsymbol{\beta}} - \boldsymbol{S\beta}) + [\hat{\sigma}_u^2\boldsymbol{S}(\boldsymbol{Z}_2^{\mathrm{T}}\boldsymbol{Z}_2)^{-1}\boldsymbol{S}^{\mathrm{T}}]^{-1/2}\boldsymbol{\xi}\text{。}\end{aligned} \tag{5-34}$$

根据中心极限定理，等式（5-34）中的第一部分，即 $[\hat{\sigma}_u^2\boldsymbol{S}(\boldsymbol{Z}_2^{\mathrm{T}}\boldsymbol{Z}_2)^{-1}\boldsymbol{S}^{\mathrm{T}}]^{-1/2}(\boldsymbol{S}\hat{\boldsymbol{\beta}} - \boldsymbol{S\beta}) \sim N(\boldsymbol{0},\boldsymbol{I}_2)$，而等式（5-34）的第二部分

$$\begin{aligned}[\hat{\sigma}_u^2\boldsymbol{S}(\boldsymbol{Z}_2^{\mathrm{T}}\boldsymbol{Z}_2)^{-1}\boldsymbol{S}^{\mathrm{T}}]^{-1/2}\boldsymbol{\xi} &= \left[\hat{\sigma}_u^2\boldsymbol{S}\left(\frac{\boldsymbol{Z}_2^{\mathrm{T}}\boldsymbol{Z}_2}{\boldsymbol{T}}\right)^{-1}\boldsymbol{S}^{\mathrm{T}}\right]^{-1/2}\sqrt{T}\boldsymbol{\xi} \\ &= \left[\hat{\sigma}_u^2\boldsymbol{S}\left(\frac{1}{T}\sum_{t=1}^{T}z_{2t}z_{2t}^{\mathrm{T}}\right)^{-1}\boldsymbol{S}^{\mathrm{T}}\right]^{-1/2}\sqrt{T}\boldsymbol{\xi} \rightarrow \\ &\quad [\hat{\sigma}_u^2\boldsymbol{S}E(z_{2t}z_{2t}^{\mathrm{T}})^{-1}\boldsymbol{S}^{\mathrm{T}}]^{-1/2}\sqrt{T}\boldsymbol{\xi} \rightarrow \\ &\quad \left\{\frac{\hat{\sigma}_u^2}{\hat{\sigma}_v^2}\begin{bmatrix}1+\rho^2-4\rho\cos\omega+2\cos^2\omega & 0 \\ 0 & 2\sin^2\omega\end{bmatrix}\right\}^{-1/2} \\ &\quad \begin{bmatrix}2c\alpha\sin\omega \\ 0\end{bmatrix} \rightarrow \begin{bmatrix}\psi \\ 0\end{bmatrix} \\ &= \boldsymbol{\Theta},\end{aligned} \tag{5-35}$$

其中，参数

$$\psi = \frac{2\sigma_v c\alpha\sin\omega}{\sigma_u\sqrt{1+\rho^2-4\rho\cos\omega+2\cos^2\omega}}, \tag{5-36}$$

因此，$[\hat{\sigma}_u^2\boldsymbol{S}(\boldsymbol{Z}_2^{\mathrm{T}}\boldsymbol{Z}_2)^{-1}\boldsymbol{S}^{\mathrm{T}}]^{-1/2}(\boldsymbol{S}\hat{\boldsymbol{\beta}} - \boldsymbol{S\beta} + \boldsymbol{\xi}) \rightarrow N(\boldsymbol{\Theta},\boldsymbol{I}_2)$，从而沃尔德统计量 W 渐近服从非中心 $\chi_2^2(\gamma^2)$ 分布，非中心参数可写作如下形式：

$$\begin{aligned}\gamma^2(\rho,\omega) &= \boldsymbol{\Theta}^{\mathrm{T}}\boldsymbol{\Theta} \\ &= \frac{\sigma_v^2(2c\alpha\sin\omega)^2}{\sigma_u^2(1+\rho^2-4\rho\cos\omega+2\cos^2\omega)}\text{。}\end{aligned} \tag{5-37}$$

基于上述等式（5-37）所示的非中心参数，可以得到几个非常有意思的关于平稳时间序列频域因果关系检验效力特点的结论。首先，在频率 ω 处，平稳时间序列频域因果关系检验的效力和参数 ρ 密切相关。进一步，注意到向量自回归模型的特征方程的特征根由 ρ 决定，因此，在频率 ω 处，平稳时间序列频域因果关系检验的效力有可能和向量自回归模型特征方程的特征根有关。其次，非中心参数 $\gamma^2(-\rho,\omega) = \gamma^2(\rho,\pi-\omega)$，因此，当参数 $\rho=0$ 时，

平稳时间序列频域因果关系检验的效力在频率 $\omega = \pi/2$ 处对称。再次，非中心参数 $\gamma^2(\rho,\omega)$ 在点 $(\rho = 2,\omega = 0)$、$(\rho = 0,\omega = \pi/2)$ 和 $(\rho = -2,\omega = \pi)$ 处具有极大值。相应地，当参数 $\rho = 0$ 时，平稳时间序列频域因果关系检验的效力在 $\omega = \pi/2$ 处效力最大。由于向量自回归模型的平稳性条件是参数 $-1 < \rho < 1$，因此，需要进一步缩小参数 ρ 的范围，考虑当参数 $\rho = -1$ 和参数 $\rho = 1$ 时，非中心参数的最大值。当参数 $\rho = -1$ 时，非中心参数在频率 $\omega = \pi$ 处具有最大值，此时平稳时间序列频域因果关系检验的效力最大；当参数 $\rho = 1$ 时，非中心参数在频率 $\omega = 0$ 处具有最大值，此时平稳时间序列频域因果关系检验的效力最大。

除此之外，基于等式（5－27）所示的二元向量自回归模型，可以进一步计算出时间序列 y_t 的谱密度，具体表达式如下：

$$f_y(\omega) = \frac{\sigma_v^2}{2\pi}[1 - 2\rho\cos\omega + \rho^2]^{-1}。\qquad (5-38)$$

通过式（5－38）可以看出，当参数 $\rho \to -1^+$ 时，y_t 的谱密度主要集中在频率 $\omega = \pi$ 附近；当参数 $\rho \to 1^-$ 时，y_t 的谱密度主要集中在频率 $\omega = 0$ 附近。基于上述分析，可以预期，当参数 $\rho \to -1^+$ 时，平稳时间序列频域因果关系检验的效力在频率 $\omega = \pi$ 附近处的效力最大；当参数 $\rho \to 1^-$ 时，平稳时间序列频域因果关系检验的效力在频率 $\omega = 0$ 附近处的效力最大。由于参数 $\rho \to 1^-$ 和参数 $\rho \to -1^+$ 预示着向量自回归模型特征方程的根接近于 1 或 −1，因此，可以得出，当向量自回归模型特征方程的根接近于 1 或 −1 时，平稳时间序列频域因果关系检验会有很高检验效力。

进一步，基于上述等式（5－38），令参数 $\rho = -0.9$，方差 $\sigma_v^2 = 1$，计算在频率 $\omega \in (0,\pi)$ 处平稳时间序列 y_t 的频谱密度，具体如图 5－1 所示。通过图 5－1可以发现，与上述理论分析结果相一致，当参数 $\rho \to -1$ 时，时间序列 y_t 的谱密度主要集中在频率 $\omega = \pi$ 处附近。进一步，可以发现，当频率 $\omega \to 0$ 时，平稳时间序列 y_t 的谱密度几乎都为零，因此，当参数 $\rho \to -1$ 时，平稳时间序列 y_t 的谱密度主要受高频率成分驱动。

同样，基于上述等式（5－38），令参数 $\rho = 0.9$，方差 $\sigma_v^2 = 1$，计算在频率 $\omega \in (0,\pi)$ 处平稳时间序列 y_t 的频谱密度，具体如图 5－2 所示。通过

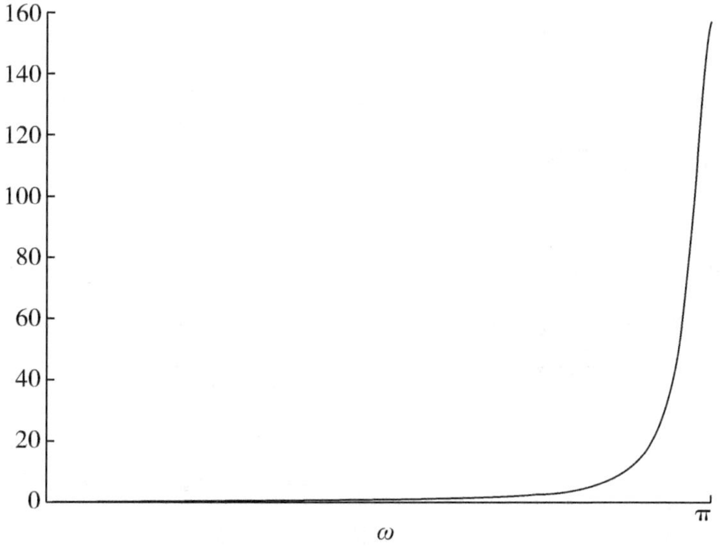

图 5－1　y_t **的谱密度，其中** $\rho = -0.9$

图 5－2可以发现，与上述理论分析结果相一致，当参数$\rho \to 1$时，时间序列y_t的谱密度主要集中在频率$\omega = 0$处附近。进一步，可以发现，当频率$\omega \to \pi$时，平稳时间序列y_t的谱密度几乎都为零，因此，当参数$\rho \to 1$时，平稳时间序列y_t的谱密度主要受低频率成分驱动。

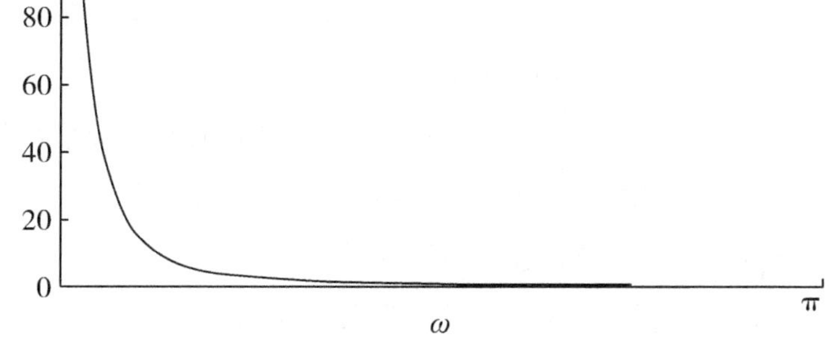

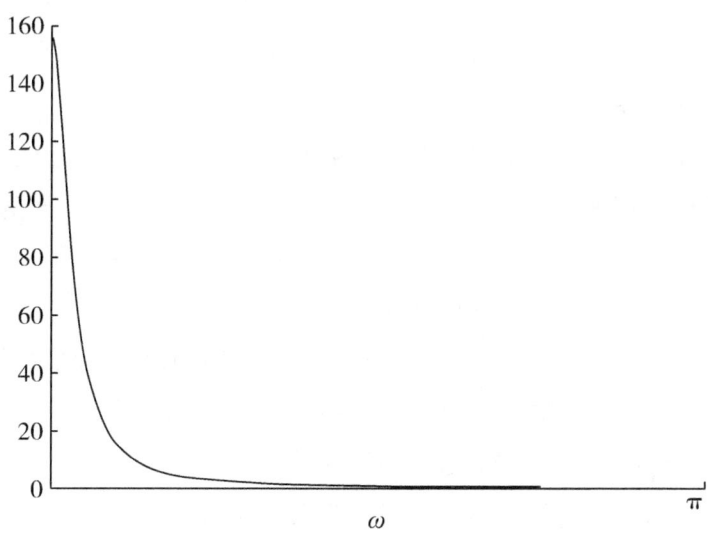

图 5－2　y_t **的谱密度，其中** $\rho = 0.9$

5.4 Breitung 和 Candelon 的平稳时间序列频域因果关系检验效力的蒙特卡罗模拟

进一步，当参数 $\rho \to 0$ 、参数 $\rho \to 1^-$ 和参数 $\rho \to -1^+$ 时，可以构造数据生成过程，利用蒙特卡罗方法来研究平稳时间序列频域因果关系检验在不同频率处的实际和渐近检验效力性质。具体来看，本部分基于 Wei 等（2021）的研究，利用蒙特卡罗方法，对于平稳向量自回归模型（5－27），令参数 $\alpha = 1$ 、方差 $\sigma_u^2 = \sigma_v^2 = 1$ 、样本容量 $T = 500$，同时选择参数 $\rho = 0.01$、参数 $\rho = 0.99$ 和参数 $\rho = -0.99$ 分别作为参数 $\rho \to 0$ 、参数 $\rho \to 1^-$ 和参数 $\rho \to -1^+$ 的特殊情况，进而生成平稳时间序列 x_t 和 y_t 。然后，基于生成的平稳时间序列 x_t 和平稳时间序列 y_t，进行频域因果关系检验，从而计算在不同频率 ω 处拒绝原假设的频率，进而比较平稳时间序列频域因果关系检验在不同频率处的实际和渐近检验效力。此处，频域因果关系检验拒绝原假设的频率是基于 20 000 次数据生成过程而进行的，而显著性水平是 0.05 。具体的蒙特卡罗模拟结果如表 5－1 至表 5－3 所示。

通过表 5－1 可以发现，当参数 $\rho = 0.01$ 时，平稳时间序列频域因果关系检验的最大效力在频率 $\omega = \pi/2$ 附近。此时，当频率 $\omega = \pi/2$ 时，且参数 c 的值较小时，平稳时间序列频域因果关系检验的实际效力和渐近效力都较小，但是，平稳时间序列频域因果关系检验的实际效力和渐近效力较为接近，但是，随着参数 c 的值逐渐变大，平稳时间序列频域因果关系检验的实际效力和渐近效力都显著变大，并且平稳时间序列频域因果关系检验的实际效力和渐近效力一直较为接近。当参数 $\rho = 0.01$ 时，平稳时间序列频域因果关系检验的效力在频率 $\omega \to 0$ 和频率 $\omega \to \pi$ 处都变得较低；此时，当频率 $\omega = \pi/4$ 时，且参数 c 的值较小时，平稳时间序列频域因果关系检验的实际效力和渐近效力都非常小，并且平稳时间序列频域因果关系检验的实际效力和渐近效力较为接近；同时，随着参数 c 的值逐渐变大，平稳时间序列频域因果关系检验的实际效力和渐近效力都显著变大，但是平稳时间序列频域因果关系检验的实际效力和渐近效力不再较为接近。类似地，当频率 $\omega = 3\pi/4$ 时，且参数 c 的值较小时，平稳时间序列频域因果关系检验的实际效力和渐近效力都非常小，并且平稳时间序列频域因果关系检验的实际效力和渐近效力较为接近；同时，随着参数 c 的值逐渐变大，平稳时间序列频域因果关系检验的实际效力和渐近效力都显著变大。但是，平稳时间序列频域因果关系检验的实际效力和渐近效力同样不再较为接近。

表 5－1　平稳时间序列频域因果关系检验的实际效力和渐近效力（$\rho = 0.01$）

c	$\omega = \pi/4$		$\omega = \pi/2$		$\omega = 3\pi/4$	
	实际效力	渐近效力	实际效力	渐近效力	实际效力	渐近效力
0.5	0.0694	0.0695	0.1301	0.1328	0.0719	0.0691
1.0	0.1349	0.1341	0.4098	0.4155	0.1318	0.1317
1.5	0.2534	0.2525	0.7646	0.7707	0.2344	0.2466
2.0	0.4350	0.4208	0.9537	0.9568	0.3860	0.4107
2.5	0.6372	0.6092	0.9959	0.9965	0.5551	0.5964
3.0	0.8114	0.7768	0.9999	0.9999	0.7064	0.7646

注：平稳时间序列频域因果关系检验的拒绝频率是基于 20 000 次数据生成过程；其中，样本量为 $T = 500$，平稳时间序列频域因果关系检验的显著性水平为 0.05。

同时，基于表 5－2 可以发现，当参数 $\rho = 0.99$ 时，平稳时间序列频域因果关系检验的最大效力在频率 $\omega = \pi/4$ 附近，此时当频率 $\omega = \pi/4$ 时，且参数 c 的值较小时，平稳时间序列频域因果关系检验的实际效力和渐近效力都较小，并且平稳时间序列频域因果关系检验的实际效力和渐近效力较为接近；同时，随着参数 c 的值逐渐变大，平稳时间序列频域因果关系检验的实际效力和渐近效力都显著变大，平稳时间序列频域因果关系检验的实际效力和渐近效力一直较为接近。当参数 $\rho = 0.99$ 时，平稳时间序列频域因果关系检验的效力在频率 $\omega \to \pi$ 处变得非常低；此时，当频率 $\omega = 3\pi/4$ 时，且参数 c 的值较小时，平稳时间序列频域因果关系检验的实际效力和渐近效力都非常小，接近于平稳时间序列频域因果关系检验的显著性水平 0.05；同时，平稳时间序列频域因果关系检验的实际效力和渐近效力较为接近，不仅如此随着参数 c 的值逐渐变大，平稳时间序列频域因果关系检验的实际效力和渐近效力没有显著变大。当频率 $\omega = \pi/2$ 时，该频率正好位于频率 $\omega = \pi/4$ 和 $\omega = 3\pi/4$ 的中间。此时，平稳时间序列频域因果关系检验的检验效力低于当频率 $\omega = \pi/4$ 时的平稳时间序列频域因果关系检验的检验效力，而高于频率 $\omega = 3\pi/4$ 时的平稳时间序列频域因果关系检验的检验效力。可以发现，当频率 $\omega = \pi/2$ 时，当参数 c 的值较小时，平稳时间序列频域因果关系检验的实际效力和渐近效力都较小，并且平稳时间序列频域因果关系检验的实际效力和渐近效力较为接近；同时，随着参数 c 的值逐渐变大，平稳时间序列频域因果关系检验的实际效力和渐近效力都显著变大；不仅如此，平稳时间序列频域因果关系检验的实际效力和渐近效力仍然较为接近。

表 5－2　平稳时间序列频域因果关系检验的实际效力和渐近效力（$\rho = 0.99$）

c	$\omega = \pi/4$		$\omega = \pi/2$		$\omega = 3\pi/4$	
	实际效力	渐近效力	实际效力	渐近效力	实际效力	渐近效力
0.5	0.3010	0.3003	0.0928	0.0900	0.0567	0.0566
1.0	0.8539	0.8565	0.2266	0.2276	0.0761	0.0769
1.5	0.9974	0.9964	0.4656	0.4646	0.1057	0.1133
2.0	1.0000	1.0000	0.7167	0.7221	0.1592	0.1678
2.5	1.0000	1.0000	0.8921	0.8994	0.2194	0.2413
3.0	1.0000	1.0000	0.9722	0.9757	0.2928	0.3325

注：平稳时间序列频域因果关系检验的拒绝频率是基于 20 000 次数据生成过程；其中，样本量为 $T = 500$，平稳时间序列频域因果关系检验的显著性水平为 0.05。

基于表 5－3 可以发现，当参数 $\rho = -0.99$ 时，平稳时间序列频域因果关系检验的最大效力在频率 $\omega = 3\pi/4$ 附近。此时，当频率 $\omega = 3\pi/4$ 时，且参数 c 的值较小时，平稳时间序列频域因果关系检验的实际效力和渐近效力都较小，并且平稳时间序列频域因果关系检验的实际效力和渐近效力较为接近；同时，随着参数 c 的值逐渐变大，平稳时间序列频域因果关系检验的实际效力和渐近效力都显著变大，平稳时间序列频域因果关系检验的实际效力和渐近效力一直较为接近。当参数 $\rho = -0.99$ 时，平稳时间序列频域因果关系检验的效力在频率 $\omega \to 0$ 处变得非常低；此时，当频率 $\omega = \pi/4$ 时，且参数 c 的值较小时，平稳时间序列频域因果关系检验的实际效力和渐近效力都非常小，且接近于平稳时间序列频域因果关系检验的显著性水平 0.05；同时，平稳时间序列频域因果关系检验的实际效力和渐近效力较为接近。不仅如此，随着参数 c 的值逐渐变大，平稳时间序列频域因果关系检验的实际效力和渐近效力并没有显著变大。当频率 $\omega = \pi/2$ 时，该频率正好位于频率 $\omega = \pi/4$ 和 $\omega = 3\pi/4$ 的中间。此时，平稳时间序列频域因果关系检验的检验效力低于当频率 $\omega = 3\pi/4$ 时的平稳时间序列频域因果关系检验的检验效力，而高于当频率 $\omega = \pi/4$ 时的平稳时间序列频域因果关系检验的检验效力。可以发现，当频率 $\omega = \pi/2$ 时，当参数 c 的值较小时，平稳时间序列频域因果关系检验的实际效力和渐近效力都较小，并且平稳时间序列频域因果关系检验的实际效力和渐近效力较为接近；同时，随着参数 c 的值逐渐变大，平稳时间序列频域因果关系检验的实际效力和渐近效力都显著变大。不仅如此，平稳时间序列频域因果关系检验的实际效力和渐近效力仍然较为接近。

表 5 - 3　平稳时间序列频域因果关系检验的实际效力和渐近效力（$\rho = -0.99$）

c	$\omega = \pi/4$		$\omega = \pi/2$		$\omega = 3\pi/4$	
	实际效力	渐近效力	实际效力	渐近效力	实际效力	渐近效力
0.5	0.0566	0.0566	0.0887	0.0901	0.2932	0.3003
1.0	0.0813	0.0770	0.2264	0.2277	0.8250	0.8565
1.5	0.1146	0.1133	0.4587	0.4645	0.9917	0.9965
2.0	0.1817	0.1677	0.7154	0.7223	0.9999	1.0000
2.5	0.2633	0.2411	0.8932	0.8993	1.0000	1.0000
3.0	0.3727	0.3323	0.9722	0.9757	1.0000	1.0000

注：平稳时间序列频域因果关系检验的拒绝频率是基于 20 000 次数据生成过程；其中，样本量为 $T = 500$，平稳时间序列频域因果关系检验的显著性水平为 0.05。

为了更进一步研究平稳时间序列频域因果关系检验的效力特点，基于如下两个数据生成过程来生成平稳时间序列 x_t 和平稳时间序列 y_t，然后进行频域因果关系检验，进而验证上述平稳时间序列频域因果关系检验的效力。其中，第 1 个数据生成过程（DGP_1）如下所示：

$$\begin{bmatrix} 1 & -0.3(L-2\cos\omega L^2+L^3) \\ 0 & 1-0.5L \end{bmatrix}\begin{bmatrix} x_t \\ y_t \end{bmatrix}=\begin{bmatrix} u_t \\ v_t \end{bmatrix}, \tag{5-39}$$

第 2 个数据生成过程（DGP_2）如下所示：

$$\begin{bmatrix} 1-0.7L & -0.3(L-2\cos\omega L^2+L^3) \\ 0.3L & 1-0.5L \end{bmatrix}\begin{bmatrix} x_t \\ y_t \end{bmatrix}=\begin{bmatrix} u_t \\ v_t \end{bmatrix}。 \tag{5-40}$$

在上述 2 个向量自回归模型中，随机向量误差项具有如下分布形式：

$$\begin{bmatrix} u_t \\ v_t \end{bmatrix} \sim N(\mathbf{0},\boldsymbol{\Sigma}),$$

其中，随机向量误差项的均值为 $\mathbf{0}$，随机向量误差项的方差协方差矩阵为 $\boldsymbol{\Sigma}$，其具体形式如下所示：

$$\boldsymbol{\Sigma}=\begin{bmatrix} 0.7 & 0.3 \\ 0.3 & 0.7 \end{bmatrix}。$$

在上述 2 个数据生成过程中，平稳时间序列 x_t 和平稳时间序列 y_t 之间的频域因果关系检验在 $\omega_0 \in (0,\pi)$ 处进行。由于在频率 ω 处，等式 $\boldsymbol{R\beta}=\mathbf{0}$，因此，在上述 2 个向量自回归模型中，在频率 ω 处，平稳时间序列 y_t 不是平稳时间序列 x_t 的格兰杰原因。基于等式（5-37），当参数 $\rho=0.5$ 时，且其他参数 c、α、σ_u^2 和 σ_v^2 固定时，非中心卡方分布的非中心参数 γ^2 在频率 69.8731。π/180 处具有最大值，表明平稳时间序列频域因果关系检验的效力在频率 69.8731π/180 附近具有最大效力。相应地，可以基于 DGP_1，通过检查平稳时间序列频域因果关系检验在频率 69.8731π/180 附近是否具有最大效力，来确认平稳时间序列频域因果关系检验的效力是否和参数 ρ 或向量自回归模型特征方程的特征根相关。

与 DGP_1 相比，DGP_2 在向量自回归模型的 2 个等式中引入了平稳时间序列 x_t 的滞后项，因此基于 DGP_2，可以进一步探究加入平稳时间序列 x_t 的滞后项后，从而允许存在从平稳时间序列 x_t 到平稳时间序列 y_t 的反馈时，平稳时间序列频域因果关系检验的效力在频率 69.8731π/180 附近是否仍然具有最大效力。对于蒙特卡罗模拟，平稳时间序列频域因果关系检验的拒绝概率是基于 10 000 次数据生成过程计算的，同时，样本容量 $T=300$，显著性水平为 0.05。图 5-3 显示了当频率 $\omega=69.8731\pi/180-\pi/4$、频率 $\omega=$

69.8731π/180 和频率 ω = 69.8731π/180 + π/4 时，平稳时间序列频域因果关系检验的拒绝频率。

基于图 5-3 可以看出，对于数据生成过程 DGP_1，平稳时间序列频域因果关系检验在频率 ω = 69.8731π/180 附近具有最大效力，该发现进一步确认了平稳时间序列频域因果关系检验的效力和参数 ρ 或向量自回归模型特征方程的特征根相关。进一步，可以发现，平稳时间序列频域因果关系检验在频率 ω = 69.8731π/180 - π/4 处的效力相对较低。特别地，当频率 ω 小于 69.8731π/180 - π/4 时，平稳时间序列频域因果关系检验的效力非常低，而当频率 ω 大于 69.8731π/180 - π/4 时，平稳时间序列频域因果关系检验的效力逐渐变大。平稳时间序列频域因果关系检验在频率 ω = 69.8731π/180 + π/4 处的效力相对较高。特别地，当频率 ω 高于 69.8731π/180 + π/4 时，平稳时间序列频域因果关系检验的效力相对较低，而当频率 ω 小于 69.8731π/180 + π/4 时，平稳时间序列频域因果关系检验的效力逐渐变大。除此之外，图 5-3 还显示，频域因果关系检验不能区别 2 个特别靠近的频率的因果关系。

对于数据生成过程 DGP_2，同样，平稳时间序列频域因果关系检验在频率 ω = 69.8731π/180 附近具有最大效力。该发现也进一步确认了平稳时间序列频域因果关系检验的效力和参数 ρ 或者向量自回归模型特征方程的特征根相关。进一步可以发现，和基于数据生成过程 DGP_1 得到结果类似，平稳时间序列频域因果关系检验在频率 ω = 69.8731π/180 - π/4 处的效力相对较低。特别地，当频率 ω 小于 69.8731π/180 - π/4 时，平稳时间序列频域因果关系检验的效力非常低，而当频率 ω 大于 69.8731π/180 - π/4 时，平稳时间序列频域因果关系检验的效力逐渐变大。平稳时间序列频域因果关系检验在频率 ω =69.8731π/180 + π/4 处的效力相对较高。特别地，当频率 ω 高于69.8731 · π/180 + π/4 时，平稳时间序列频域因果关系检验的效力相对较低，而当频率 ω 小于 69.8731π/180 + π/4 时，平稳时间序列频域因果关系检验的效力逐渐变大。除此之外，图 5-3 还显示，频域因果关系检验不能区别两个特别靠近的频率的因果关系。总之，这些蒙特卡罗模拟结果意味着加入平稳时间序列 x_t 的滞后项，从而允许存在从平稳时间序列 x_t 到平稳时间序列 y_t 的反馈时，并不会对平稳时间序列频域因果关系检验的效力特点产生显著影响。并且，通过图 5-3 可以发现，图中纵坐标的最小值都非常接近显著性水平 0.05，说明整体来看，频域因果关系检验具有很好的效力和大样本性质。

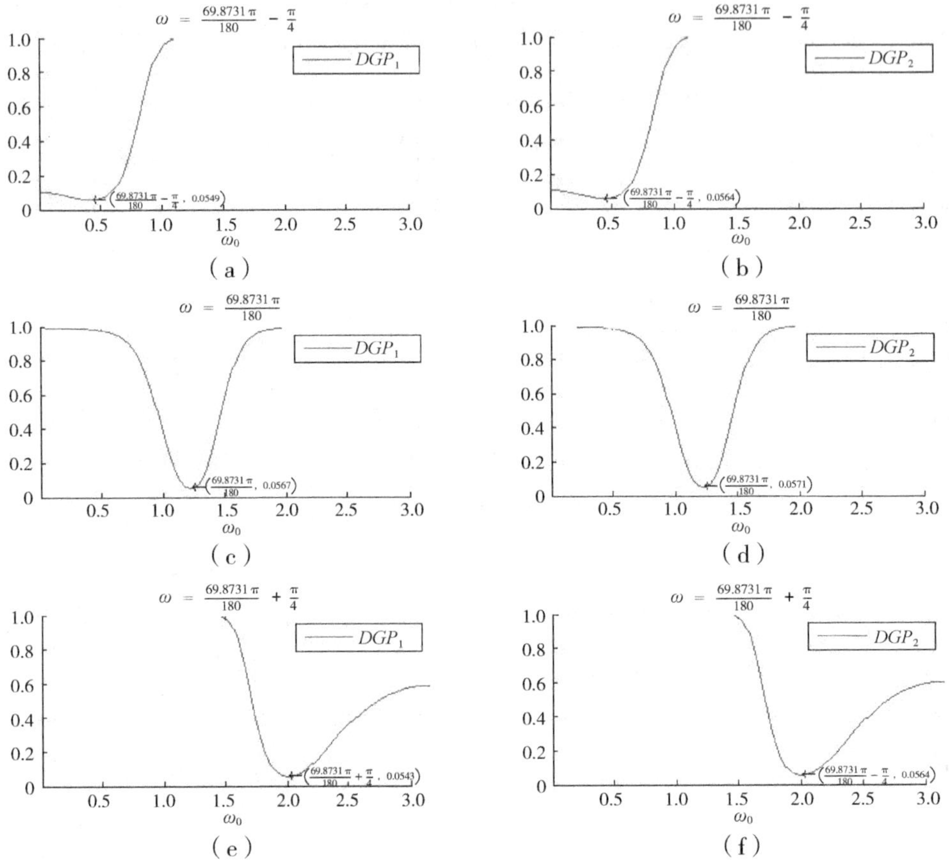

图 5-3　频域因果关系检验效力的蒙特卡罗模拟

最后，正如 Baccalá 等（2001）所提到过的，在基于向量自回归模型进行格兰杰因果关系检验时，向量自回归模型滞后阶数的选择非常重要。频域因果关系检验统计量的显著性对向量自回归模型的滞后阶数非常敏感。在实际研究中，向量自回归模型滞后阶数的选择方法因研究人员而异。虽然有些研究人员在基于向量自回归模型进行频域因果关系检验时，不提向量自回归模型滞后阶数的选择标准，但是大部分研究人员选择了赤池信息准则标准（Salazar et al.，2004）或施瓦茨贝叶斯信息准则标准（Roebroeck et al.，2005）来确定向量自回归模型的最优滞后阶数。除此之外，还有一些经验法则来帮助或者辅助我们确定向量自回归模型的滞后阶数。例如，在进行平稳时间序列频域因果关系检验时，对于宏观月度数据，向量自回归模型一般会选择滞后阶数为6或12，对于宏观季度数据，向量自回归模型一般会选择滞后阶数为4或8。同时，为了证明基于一定标准选择的向量自回归模型的滞后阶数是正确的，还可以针对向量自回归模型的滞后阶数进行稳健性检验，也即可以基于不同的标准来选择不同的向量自回归模型滞后阶数，然后分别进行平稳时间序列频域因果关系检验，从而通过对比基于不同滞后阶数的向量自回归模型的平稳时间序列频域因果关系检验结果，来阐明基于基准向量自回归模型滞后阶数的平稳时间序列频域因果关系检验结果的稳健性。

5.5　Lemmens 等的平稳时间序列频域因果关系检验

在第四章第3节给出了 Pierce（1979）基于自回归移动平均模型的随机误差项 u_t 和随机误差项 v_t 定义的格兰杰因果关系测度，也定义了频域因果关系的测度，其中，随机误差项 u_t 和随机误差项 v_t 由以下自回归移动平均模型给出：

$$\Theta^x(L)x_t = C^x + \Psi^x(L)u_t, \tag{5-41}$$

$$\Theta^y(L)y_t = C^y + \Psi^y(L)v_t \text{。} \tag{5-42}$$

Pierce（1979）定义的在频率 ω 处，随机误差项 u_t 和随机误差项 v_t 的相干性格兰杰系数 $h_{u\Rightarrow v}(\omega)$，它可以作为在频率 ω 处，平稳时间序列 x_t 对平稳时间序列 y_t 格兰杰原因的测度。随机误差项 u_t 和随机误差项 v_t 的相干性格兰杰系数 $h_{u\Rightarrow v}(\omega)$ 的估计量可以表述如下：

$$\widehat{h}_{u\Rightarrow v}(\omega) = \frac{|\widehat{f}_{u\Rightarrow v}(\omega)|}{\sqrt{\widehat{f}_u(\omega)\widehat{f}_v(\omega)}}, \tag{5-43}$$

其中，在频率 ω 处，随机误差项 u_t 的滞后期对随机误差项 v_t 的关系 $f_{u\Rightarrow v}(\omega)$ 的估计量 $\widehat{f}_{u\Rightarrow v}(\omega)$ 可以基于样本数据，通过非参数方法得到，具体计算方式如下：

$$\widehat{f}_{u\Rightarrow v}(\omega)=\frac{1}{2\pi}\Big[\sum_{j=-M}^{-1}w_j\,\widehat{\gamma}_{uv}(j)\,\mathrm{e}^{-\mathrm{i}\omega j}\Big],\tag{5-44}$$

其中，$\widehat{\gamma}_{uv}(j)=\widehat{\mathrm{Cov}}(u_t,v_{t-j})$ 代表随机误差项 u_t 和随机误差项 v_t 的协方差 $\gamma_{uv}(j)=\mathrm{Cov}(u_t,v_{t-j})$ 的估计值，w_j 代表随机误差项 u_t 和随机误差项 v_t 的协方差估计值的权重，其中，$j=-M,-M+1,\cdots,-1$。正如在4.3节所述，在时间序列分析中，式（5-44）一般被称为加权协方差估计量。加权权重 w_j 可以选择巴雷特（Barlett）加权格式。

Lemmens等（2008）的研究显示，从时间序列随机误差项 u_t 到时间序列随机误差项 v_t 的格兰杰相干系数 $\widehat{h}_{u\Rightarrow v}(\omega)$ 的渐近分布比较容易获得。为了进行频谱领域的格兰杰因果关系检验，首先需要建立原假设和备择假设，特别地，原假设的表达式如下所示：

$$H_0: h_{u\Rightarrow v}(\omega)=0,\tag{5-45}$$

而备择假设的表达式为：

$$H_1: h_{u\Rightarrow v}(\omega)>0\text{。}\tag{5-46}$$

基于上述2个等式所表述的假设检验的原假设和备择假设，可以得到在频率 ω 处，其中 $\omega\in(0,\pi)$，从时间序列随机误差项 u_t 到时间序列随机误差项 v_t 的格兰杰相干系数 $\widehat{h}_{u\Rightarrow v}(\omega)$ 的平方，即 $\widehat{h}^2_{u\Rightarrow v}(\omega)$，渐近服从自由度为2的卡方分布，即 χ^2_2 分布，具体表达式如下所示：

$$2(n^*-1)\,\widehat{h}^2_{u\Rightarrow v}(\omega)\xrightarrow{d}\chi^2_2,\tag{5-47}$$

在上述等式（5-47）中，其中 $\xrightarrow{d}$ 代表依概率收敛，参数 $n^*=T/\Big(\sum_{j=-M}^{-1}w_j^2\Big)$，$T$ 是随机变量的个数。因为在计算从时间序列随机误差项 u_t 到时间序列随机误差项 v_t 的格兰杰相干系数 $\widehat{h}_{u\Rightarrow v}(\omega)$ 时，当 $j\geqslant 0$ 时，权重 w_j 被强制等于0，因而只有当 $j<0$ 时，相关权重 w_j 才被考虑。

在一定的显著性水平 α 下，基于上述等式（5-47）所显示的渐近分布，可以拒绝原假设：在频率 ω 处，平稳时间序列 x_t 不是平稳时间序列 y_t 的格兰杰原因。如果假设检验统计量 $2(n^*-1)\,\widehat{h}^2_{u\Rightarrow v}(\omega)>\chi^2_{2,\alpha}$，也即如果 $\widehat{h}^2_{u\Rightarrow v}(\omega)>\sqrt{\dfrac{\chi^2_{2,\alpha}}{2(n^*-1)}}$，则拒绝原假设 $H_0: h_{u\Rightarrow v}(\omega)=0$，其中，$\chi^2_{2,\alpha}$ 表示在显著性水平 α

下的卡方分布的临界值。

由于在第四章中已经阐明，平稳时间序列随机误差项 u_t 到平稳时间序列随机误差项 v_t 的相干性格兰杰因果关系系数 $h_{u\Rightarrow v}(\omega)$ 的估计量 $\widehat{h}_{u\Rightarrow v}(\omega)$ 在不同频率 ω 处相互渐近独立，该渐近独立性质允许科学研究人员进行频谱领域因果关系的联合假设检验，其中联合假设检验的原假设是在频率 $\omega_1,\cdots,\omega_m$ 处，平稳时间序列 x_t 不是平稳时间序列 y_t 的格兰杰原因，对应的假设检验的原假设可具体表述如下：

$$H_0: h_{u\Rightarrow v}(\omega_1)=0,\cdots,h_{u\Rightarrow v}(\omega_m)=0, \tag{5-48}$$

对应的联合假设检验的备择假设可具体表述如下：

$$H_1: h_{u\Rightarrow v}(\omega_1),\cdots,h_{u\Rightarrow v}(\omega_m)\text{ 不全为 }0, \tag{5-49}$$

在上述2个等式中，频率 $\omega_1,\omega_2,\cdots,\omega_m$ 互不相同。对于上述原假设，可以用如下假设检验统计量来检验在频率 $\omega_1,\omega_2,\cdots,\omega_m$ 处，平稳时间序列 x_t 不是平稳时间序列 y_t 的格兰杰原因，假设检验统计量的表达式具体如下所示：

$$2(n^*-1)\sum_{j=1}^{m}\widehat{h}^{2}_{u\Rightarrow v}(\omega_j)\xrightarrow{d}\chi^2_{2m}, \tag{5-50}$$

在上述等式中，假设检验统计量渐近服从自由度为 $2m$ 的卡方分布。

5.6　本章小结

正如前文所述，目前，大部分学者使用格兰杰因果关系检验来分析2个宏观经济变量之间是否有预测关系。越来越多的证据表明，2个宏观经济变量之间的预测关系可能在频谱领域有所不同。例如，一些时间序列之间的格兰杰因果关系可能主要集中在低频率或高频率处，而另一些时间序列之间的格兰杰因果关系可能主要集中在商业周期频率内，因此有必要进一步在频谱领域进行格兰杰因果关系检验，以探究时间序列在不同频率内是否存在格兰杰因果关系。

本章基于第四章给出的3个频域因果关系测度，即 Geweke（1982）的频域因果关系测度、Hosoya（1991）的频域因果关系测度及 Pierce（1979）的频域因果关系测度，介绍了由 Breitung 等（2006）基于 Geweke（1982）和

Hosoya（1991）的频域因果关系测度而发展起来的频域因果关系检验。进一步，利用蒙特卡罗模拟方法和理论分析方法，研究了 Breitung 等（2006）频域因果关系检验的效力。相关研究结果显示频域因果关系检验的效力和向量自回归模型特征方程的特征根相关。Breitung 等（2006）频域因果关系检验具有很好的检验效力和大样本性质。不仅如此，Breitung 等（2006）频域因果关系检验和时间领域的频域因果关系检验具有一致性。当 2 个时间序列在所有频率处都没有因果关系时，在时间领域两个时间序列也没有因果关系。当在时间领域 2 个时间序列有因果关系时，则必然在某一频率处，存在频域因果关系。

本章还介绍了 Lemmens 等（2008）基于 Pierce（1979）的频域因果关系测度而发展起来的频域因果关系检验。但是，由于 Pierce（1979）定义的频谱领域的格兰杰因果关系测度与 Geweke（1982）和 Hosoya（1991）定义的频谱领域的格兰杰因果关系测度有明显的区别，因此，Lemmens 等（2008）频域因果关系检验的检验步骤和 Breitung 等（2006）频域因果关系检验的检验步骤也有着明显的区别。Breitung 等（2006）频域因果关系检验是基于向量自回归模型进行的，而 Lemmens 等（2008）频域因果关系检验是基于自回归移动平均模型的随机误差项进行的。准确来说，Lemmens 等（2008）频域因果关系检验是一种间接的频域因果关系检验方法。最后，由于 Breitung 等（2006）频域因果关系检验更加直观简单，因此，在实际研究中，与 Lemmens 等（2008）频域因果关系检验相比，Breitung 等（2006）频域因果关系检验的应用更加广泛。

第六章　频域因果关系检验的应用

本章将通过 2 个实证分析案例来阐述如何利用频域因果关系检验进行实证研究。第一个实证分析是基于 Wei（2015）的研究，利用频域因果关系检验，研究大宗商品价格是否包含有用信息，从而分析大宗商品价格是否有助于货币政策的制定。第二个实证分析是基于 Wei 等（2016）的研究，利用频域因果关系检验，研究大宗石油价格是否有助于预测中国宏观经济的波动。

6.1　大宗商品价格是否有助于货币政策的制定：基于频域因果关系检验的研究

6.1.1　研究背景

众所周知，宏观经济周期、地缘政治和气候变化等一系列因素都会导致大宗商品价格上涨，特别是粮食、石油、铁矿石、铜和煤炭等作为上游类基础商品的大宗商品，它们价格的上涨必然又会导致其他消费品价格的上涨，从而会导致生产者价格指数（PPI）和消费者价格指数（CPI）的上涨，致使企业的生产成本和消费者的消费成本上升，使得生产和消费萎缩，经济增长下降，中央银行等货币政策制定者为了避免经济增长放缓，通常会调整货币政策，刺激经济实现重新增长。在此背景下，很多研究显示大宗商品价格的变化有助于预测未来经济变化趋势，从而有助于货币政策的制定。然而，现有文献并没有阐明大宗商品价格对相关宏观经济变量的预测能力是否会随时间的变化而变化。本章以美国数据为例，利用从 1957 年 1 月到 2011 年 12 月的宏观经济数据来分析大宗商品价格是否有助于预测宏观经济变量，以及这种预测效应是否随时间的变化而变化。该部分研究为理解大宗商品价格变化对货币政策制定的信息作用提供了一种新的视角①。

目前，现有相关文献大都是基于向量自回归模型或向量误差修正模型，利用格兰杰因果关系检验来探究大宗商品价格变化是否有助于预测宏观经济变量的变化。基于向量自回归模型的格兰杰因果关系检验一般要求时间序列为平稳时间序列，而为了确定时间序列是否平稳，需要对时间序列进行单位根检验。基于向量误差修正模型的格兰杰因果关系检验一般要求时间序列为非平稳时间序列，且非平稳时间序列之间存在协整关系，而为了确定时间序列是否非平稳及是否存在协整关系，需要对时间序列进行单位根检验和协整检验。但是，越来越多的研究显示单位根检验和协整检验在某些条件下的稳定性较差，从而导致基于向量自回归模型或向量误差修正模型的格兰杰因果关系检验的稳定性也较差。

Toda 等（1995）提出的方法则在一定程度上能克服上述一系列问题。该方法不需要知道时间序列的准确单整阶数，也不需要知道时间序列之间是否存在准确的协整关系。它只需要基于时间序列的最大单整阶数，将向量自回归模型的滞后阶数加以扩增，然后基于扩增后的向量自回归模型进行格兰杰因果关系检验。但是，该检验步骤也存在一个缺点，那就是它无法探究大宗商品价格的变化在不同频率处是否有助于预测宏观经济变量的变化，也即无法探究大宗商品价格的变化在不同周期内是否有助于预测宏观经济变量的变化。

基于上述分析，本章利用频域因果关系检验来分析大宗商品价格的变化在不同频率处是否有助于预测宏观经济变量的变化。由于频域因果关系检验一般是基于平稳向量自回归模型进行的，因此，可以利用 Toda 等（1995）的思路，将向量自回归模型的滞后阶数加以扩展，然后基于扩展后的向量自回归模型来进行频域因果关系检验，进而分析大宗商品价格的变化在不同频率处是否有助于预测宏观经济变量的变化。

---

① 本章研究选取此数据的主要原因是数据样本量较大，从而有利于借助滚动样本研究方法，分析大宗商品价格对相关宏观经济变量的预测能力是否会随时间的变化而变化。

6.1.2 数据来源

本小节研究使用的研究数据是月度数据，包含货币供应量（M2）、联邦基金利率（FF）、消费者价格指数（CPI）、工业生产指数（IP），以及美国商品研究局的大宗商品价格指数（CRB）。其中，大宗商品价格指数衡量了22种基本大宗商品的价格，该指数通常可以作为宏观经济变化的一个领先指标。由于大宗商品价格指数中的22种基本大宗商品不包括能源商品，如大宗石油和天然气，因此，本章使用布伦特原油价格指数（OIL）来衡量石油价格的变化。同时，本章也使用了路透社连续商品价格指数（CCI）来衡量大宗商品价格的变化。路透社连续商品价格指数是一种期货指数，其前身为路透社大宗商品价格指数，该指数历史上经历过几次大的修订。从1983年开始，原油和取暖油价格被纳入该指数，1995年的最后一次修订中增加了天然气价格。路透社连续商品价格指数和美国商品研究局的大宗商品价格指数的主要区别是路透社连续商品价格指数考虑了能源类大宗商品价格的变化。在此研究中，所有的数据都来自 Thomson Datastream 数据库。样本数据从1957年1月开始，截至2011年12月。除利率外，所有数据都取了自然对数。

6.1.3 实证模型

本章是基于一个五维的向量自回归模型进行的。考虑一个五维的时间序列 $\boldsymbol{x}_t = (x_{1t}, x_{2t}, x_{3t}, x_{4t}, x_{5t})^{\mathrm{T}}$，其中 $t = 1,2,\cdots,T$。假设该时间序列服从如下有限阶数的向量自回归模型：

$$\boldsymbol{x}_t = \boldsymbol{v} + \boldsymbol{\Theta}_1 \boldsymbol{x}_{t-1} + \boldsymbol{\Theta}_2 \boldsymbol{x}_{t-2} + \cdots + \boldsymbol{\Theta}_k \boldsymbol{x}_{t-k} + \boldsymbol{\varepsilon}_t, \tag{6-1}$$

其中，$\boldsymbol{v}$ 是常数向量，$\boldsymbol{\Theta}_1$、$\boldsymbol{\Theta}_2$、$\cdots$、$\boldsymbol{\Theta}_k$ 是 5×5 系数矩阵，随机误差项 $\boldsymbol{\varepsilon}_t$ 是白噪声，其均值为 $\mathbf{0}$，而方差协方差矩阵是 $\boldsymbol{\Sigma}$，且 $\boldsymbol{\Sigma}$ 是正定矩阵。

对于 $i = 1,2,\cdots,k$，令 $\theta_{15,i}$ 代表 $\boldsymbol{\Theta}_i$ 的第（1,5）个元素，$\boldsymbol{\beta} = (\theta_{15,1}, \theta_{15,2}, \cdots, \theta_{15,k})^{\mathrm{T}}$，

$$\boldsymbol{R} = \begin{bmatrix} \cos(\omega) & \cos(2\omega) & \cdots & \cos(k\omega) \\ \sin(\omega) & \sin(2\omega) & \cdots & \sin(k\omega) \end{bmatrix},$$

根据 Breitung 等（2006）的因果关键检验方法，如果上述向量自回归模型是

平稳的，那么原假设：x_{5t} 在频率 ω 处不是 x_{1t} 的格兰杰原因可以表示为：

$$H_0: \boldsymbol{R\beta} = \boldsymbol{0}, \tag{6-2}$$

对于 $\omega \in (0,\pi)$，与上述原假设对应的沃尔德统计量渐近服从$\chi^2(2)$ 分布。

现在，假设上述时间序列的单整阶数未知，因而该模型的平稳性未知。在这种情况下，可以利用 Toda et al. （1995） 的方法进行频域因果关系检验。为了应用该方法，首先人为地将上述向量自回归模型的滞后阶数 k 进行增扩，扩展到 $(k+d)$ 阶，其中 d 是上述时间序列的最大单整阶数①。在此基础上，考虑如下向量自回归模型：

$$\boldsymbol{x}_t = \boldsymbol{v}^* + \boldsymbol{\Theta}_1^* \boldsymbol{x}_{t-1} + \boldsymbol{\Theta}_2^* \boldsymbol{x}_{t-2} + \cdots + \boldsymbol{\Theta}_k^* \boldsymbol{x}_{t-k} + \boldsymbol{\Theta}_{k+1}^* \boldsymbol{x}_{t-k-1} + \cdots + \boldsymbol{\Theta}_{k+d}^* \boldsymbol{x}_{t-k-d} + \boldsymbol{\varepsilon}_t^*, \tag{6-3}$$

其中，$\boldsymbol{v}^*$ 是 5×1 常数向量，$\boldsymbol{\Theta}_1^*$、$\boldsymbol{\Theta}_2^*$、…、$\boldsymbol{\Theta}_{k+d}^*$ 是 5×5 系数矩阵，随机误差项 $\boldsymbol{\varepsilon}_t^*$ 是白噪声，其均值为 $\boldsymbol{0}$，方差协方差矩阵是正定矩阵。

类似地，对于 $i=1,2,\cdots,k$，令 $\theta_{15,i}^*$ 代表系数矩阵 $\boldsymbol{\Theta}_i^*$ 的第 (1,5) 个元素，同时，令 $\boldsymbol{\beta}^* = (\theta_{15,1}^*, \theta_{15,2}^*, \cdots, \theta_{15,k}^*)^{\mathrm{T}}$。那么原假设：$x_{5t}$ 在频率 ω 处不是 x_{1t} 的格兰杰原因可以表示为：

$$H_0: \boldsymbol{R\beta}^* = \boldsymbol{0}, \tag{6-4}$$

也即可以通过给等式（6-3）的前 k 个系数矩阵施加上述如式（6-4）的线性约束，即可以检验 x_{5t} 在频率 ω 处是不是 x_{1t} 的格兰杰原因。此处需要注意到，当 $\boldsymbol{R}=\boldsymbol{I}$ 时，与上述原假设式（6-4）相对应的便是传统的格兰杰因果关系检验的原假设。

令 $\boldsymbol{S}_1 = (1,0,0,0,0)^{\mathrm{T}}$、$\boldsymbol{S}_2 = (0,0,0,0,1)^{\mathrm{T}}$、$\boldsymbol{S} = \boldsymbol{I} \otimes \boldsymbol{S}_2^{\mathrm{T}}$，那么与等式 (6-4)对应的沃尔德统计量 W 可以写作：

$$W = (T-k-d)[\boldsymbol{R}(\boldsymbol{S}\otimes \boldsymbol{S}_1^{\mathrm{T}})\mathrm{vec}(\widehat{\boldsymbol{\Theta}}^*)]^{\mathrm{T}}\{\boldsymbol{R}(\boldsymbol{S}\otimes \boldsymbol{S}_1^{\mathrm{T}})\widehat{\boldsymbol{\Sigma}}[\boldsymbol{R}(\boldsymbol{S}\otimes \boldsymbol{S}_1^{\mathrm{T}})]^{\mathrm{T}}\}^{-1} [\boldsymbol{R}(\boldsymbol{S}\otimes \boldsymbol{S}_1^{\mathrm{T}})\mathrm{vec}(\widehat{\boldsymbol{\Theta}}^*)], \tag{6-5}$$

其中，$\widehat{\boldsymbol{\Theta}}^*$ 是 $\boldsymbol{\Theta}^* = (\boldsymbol{\Theta}_1^*, \cdots, \boldsymbol{\Theta}_k^*)$ 的最小二乘估计量，$\widehat{\boldsymbol{\Sigma}}$ 是基于等式（6-3）的$\sqrt{T-k-d}\,\mathrm{vec}(\widehat{\boldsymbol{\Theta}}^* - \boldsymbol{\Theta}^*)$ 的方差协方差矩阵的一致估计量。

对于 $\omega \in (0,\pi)$，与上述原假设相对应的沃尔德统计量 W 渐近服从$\chi^2(2)$

① 对于一般的宏观经济时间序列，单整阶数一般是一阶，最多不超过二阶。

分布，为了评估格兰杰因果关系是否显著，在本章中，沃尔德统计量将在5%的显著性水平下与自由度为 2 的卡方分布的临界值进行比较，该临界值为5.99。

6.1.4　实证研究结果

基于上述滞后阶数增扩后的向量自回归模型，在频率 $\omega \in (0,\pi)$ 处，本小节分析大宗商品价格对宏观经济和金融变量的预测能力。选取 $k = 4$ 、$d = 1$ 作为五维向量自回归模型的滞后阶数，同时，在稳健性分析中，本章会选择其他滞后阶数来进一步证明选择 $k = 4$ 、$d = 1$ 作为五维向量自回归模型的滞后阶数是合适的，其实证分析结果具有稳健性。

使用1959 年1 月到1987 年12 月的美国月度数据，Cody 等（1991）发现以美国商品研究局的大宗商品价格指数为代表的大宗商品价格可以为货币政策的制定提供有用的信息。Awokuse 等（2003）利用从1975 年1 月到2001 年12 月的数据，也发现大宗商品价格的变化有助于预测宏观经济变量的变化，从而有助于货币政策的制定。因此，为了进行比较，本小节研究首先基于1957 年1 月到2011 年12 月的全样本数据，探究大宗商品价格是否有助于货币政策的制定，然后将全样本分为2 个子样本，从而基于子样本进一步分析大宗商品价格是否有助于货币政策的制定，进而探究这种预测效应是否稳定。

基于全样本从 CRB 到 4 个宏观经济变量的频域因果关系检验结果如图6 -1所示。频域因果关系检验结果显示，CRB 指数在频率低于0.5 时能显著预测联邦基金利率，在频率低于1.58 时能显著预测 CPI，在频率低于0.31 时能显著预测工业产值，与这些频率相对应的周期分别是长于约12.5 个月、4 个月和20 个月。基于这些实证结果，可以得出一个结论，大宗商品价格有助于货币政策的制定，这和 Cody 等（1991）及 Awokuse 等（2003）的研究结论一致。但是，基于全样本数据的频域因果关系检验无法进一步说明大宗商品价格和这些宏观经济变量之间的预测关系是否稳定。为此，本部分研究将样本分为2 个子样本，即1957 年1 月到1982 年6 月和1982 年7 月到2011 年12 月，从而进一步分析大宗商品价格在这2 个子样本区间是否仍然有助于预测这些宏观经济变量，进而判断这种预测关系是否稳定。选择这2 个子样本

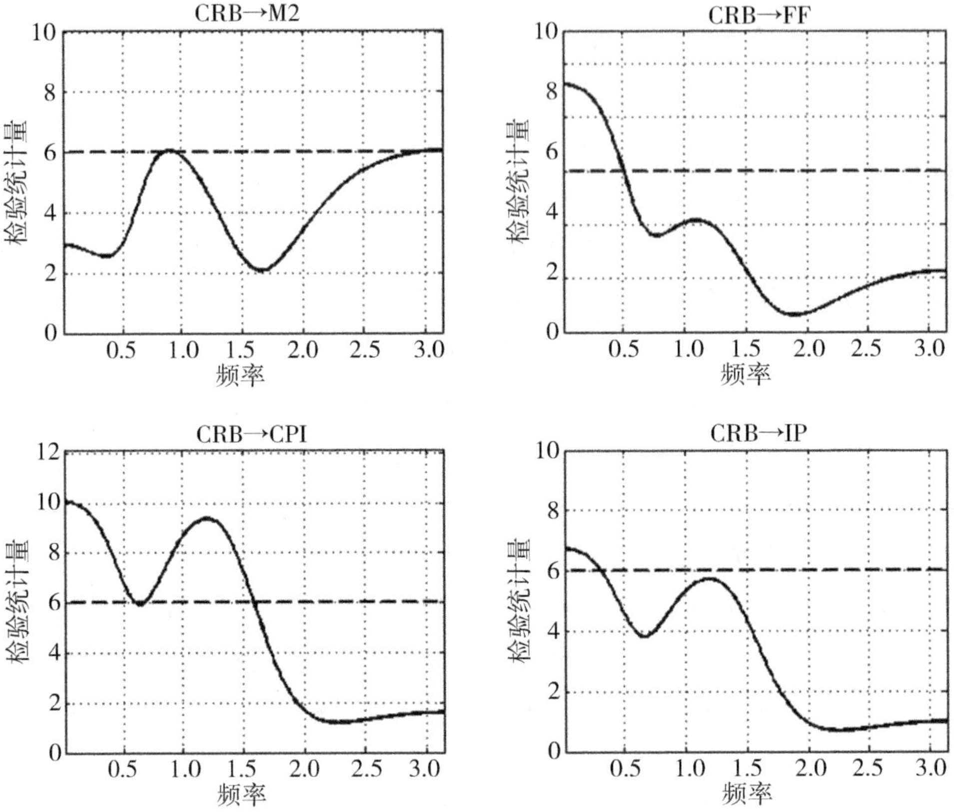

（实线是沃尔德统计量，水平线是5%显著性水平，该值为5.99）

图6－1　从CRB到4个宏观经济变量的频域因果关系检验（1957M1—2011M12）

的一个主要原因是美国的通货膨胀率和产出的波动从20世纪80年代中期开始变得较为稳定，且波动率较小（McConnell et al. 2000；Kahn et al. 2002），从而导致大宗商品价格和宏观经济金融变量之间的关系在这种波动率低和波动率高时期的关系也可能不同。与此同时，一些实证研究进一步发现，从20世纪80年代中期开始，大宗商品价格对CPI的预测能力开始显著下降（Furlong et al. 1996）。

基于2个子样本的频域因果关系检验结果如图6－2和图6－3所示。可以发现，基于这2个子样本的频域因果关系检验的结果完全不同。在第一个子样本中，CRB指数可以在频率低于0.32处预测货币供应量M2，与这些频率对应的周期是大于19.64个月。CRB指数对利率的预测能力主要体现在频率

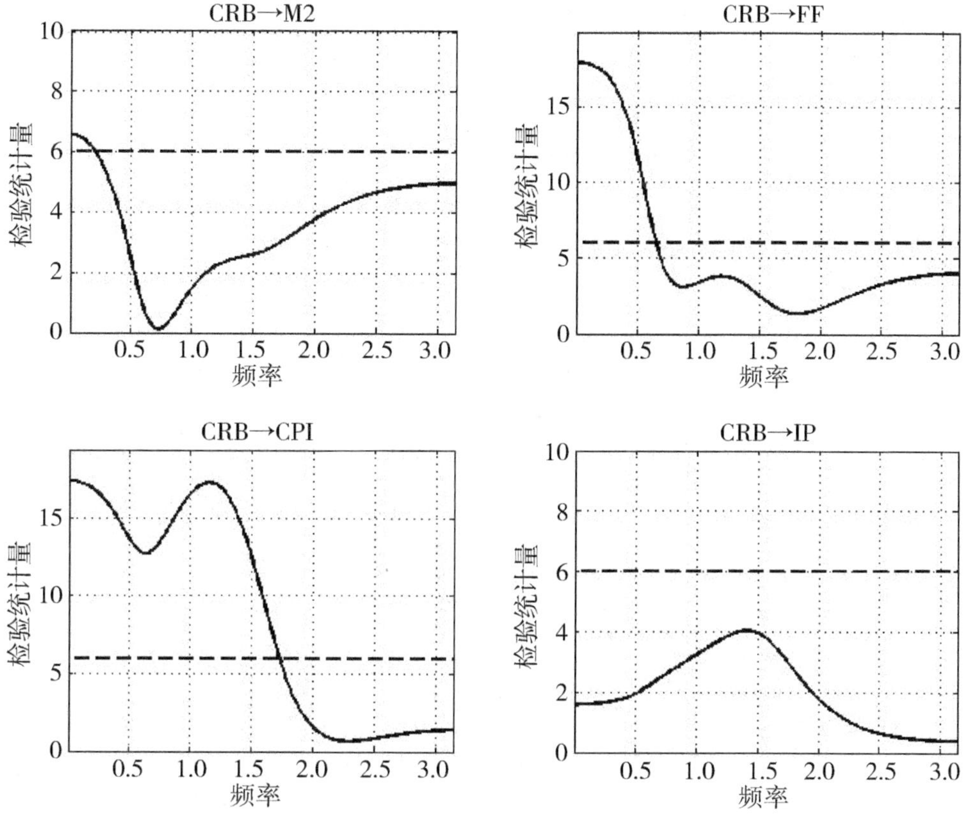

（实线是沃尔德统计量，水平线是5%显著性水平，该值为5.99）

图6－2　从CRB到4个宏观经济变量的频域因果关系检验（1957M1—1982M6）

低于0.68处，与这些频率对应的周期是大于9.24个月，而CRB指数对CPI的预测能力主要体现在频率低于1.65处，与这些频率对应的周期是大于3.81个月。而在第二个子样本，CRB指数对货币供应量、利率和CPI的预测能力则完全消失了。基于这些结果，可以得出结论，大宗商品价格指数在第一个子样本期间有助于货币政策的制定，而在第二个子样本期间则不含有对货币政策制定有用的信息。同时，大宗商品价格对CPI的预测能力从20世纪80年代中期开始显著下降。

最后，通过比较频域因果关系检验在3个不同样本期的结果可以得出一个有意思的结论。可以发现，基于全样本的从CRB指数到利率和CPI的频域因果关系检验结果和基于第一个子样本的从CRB指数到利率和CPI的频域因

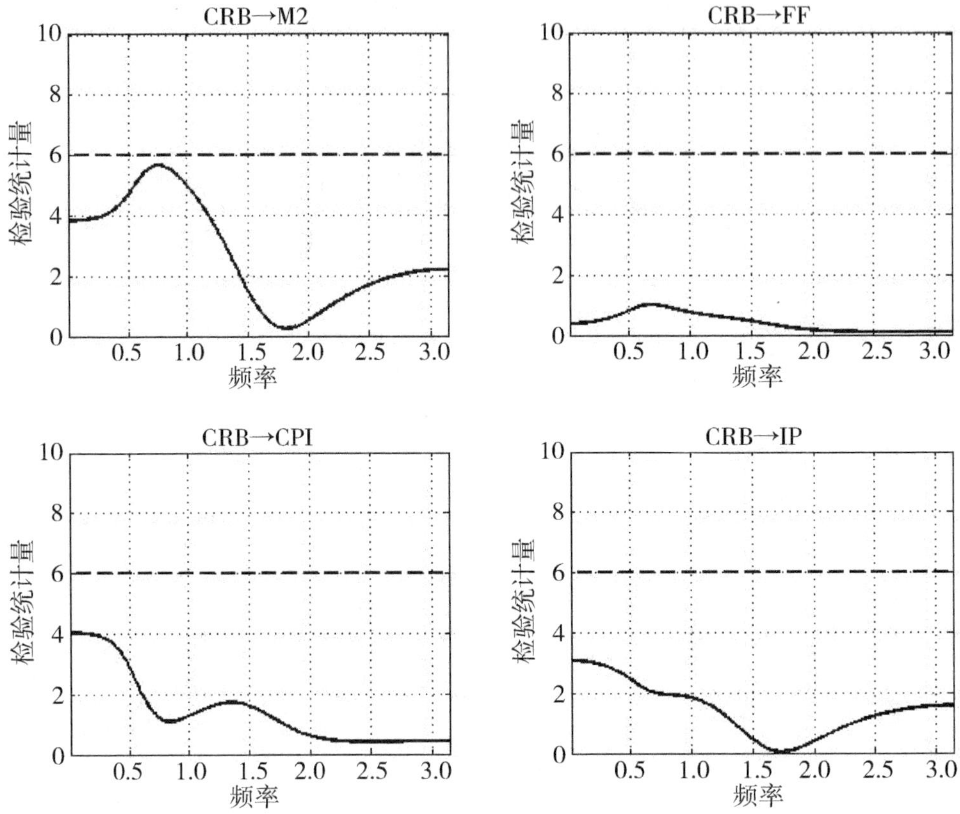

（实线是沃尔德统计量，水平线是5%显著性水平，该值为5.99）

图6-3　从CRB到4个宏观经济变量的频域因果关系检验（1982M7—2011M12）

果关系检验结果非常相似。结合在第二个子样本期间，CRB指数和利率与CPI没有频域因果关系这一事实，可以得到基于全样本的大宗商品价格对利率和CPI的预测效应主要可以归结于基于第一个子样本的大宗商品价格对利率对CPI的预测效应，从而可以解释为什么CRB指数在全样本和第一个子样本期间对利率和CPI有预测效应，而在第二个子样本期间对利率和CPI没有预测效应。

为了更深入地研究大宗商品价格对宏观经济变量的预测能力，可以滚动样本，进行频域因果关系检验，进而探究大宗商品价格对宏观经济变量随时间变化的预测能力。在此，设置滚动样本窗口为25年1次。滚动样本的第一个样本是从1957年1月到1981年12月，最后一个样本是从1987年1月到

2011 年 12 月。基于滚动样本的频域因果关系检验的结果如图 6－4 所示。在图 6－4 中，坐标轴上所显示的日期是指滚动样本窗口的开始日期。频域因果关系检验结果显示，在 20 世纪 70 年代到 20 世纪 80 年代中期，大宗商品价格在低频率和中等频率处对联邦基金利率、CPI 和工业产值具有显著的预测效应。但是，这种预测效应在 20 世纪 80 年代中期逐渐消失了。除此之外，在 20 世纪 80 年代以后，尽管大宗商品价格对货币供应量 M2 在低频率处具有一定的预测效应，但是这种预测效应相对来说很弱。同时，和基于样本分割的频域因果关系检验结果类似，基于滚动样本的频域因果关系检验也显示，从 20 世纪 80 年代中期开始，大宗商品价格不再包含制定货币政策的任何有用信息。

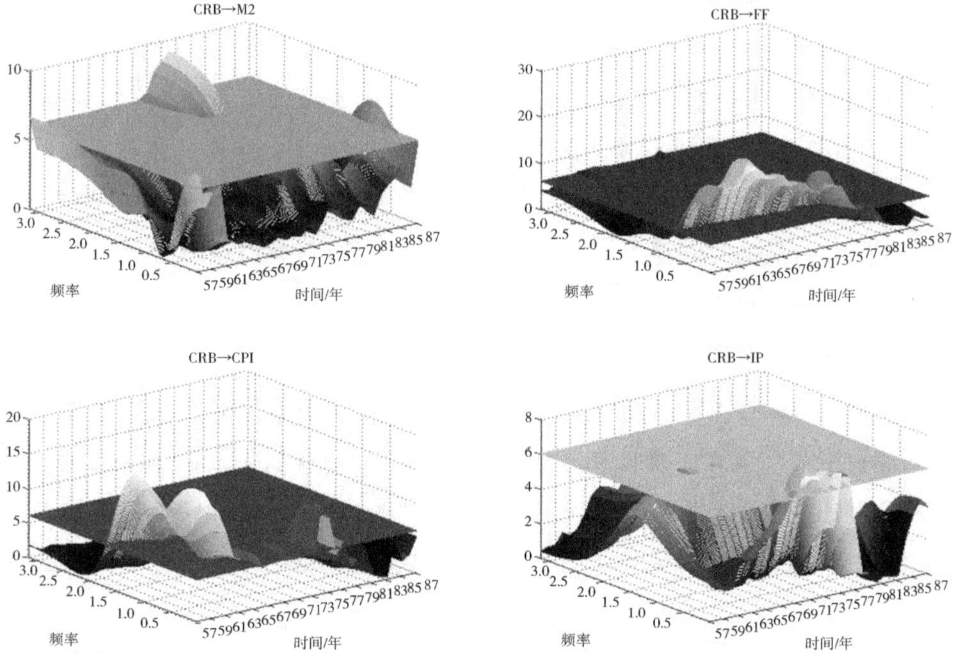

（时间为滚动样本开始日期，实线是沃尔德统计量，水平面是 5% 显著性水平，该值为 5.99）

图 6－4　从 CRB 到 4 个宏观经济变量的频域因果关系检验，滚动样本

上述研究结果表明，在 20 世纪 80 年代中期以后，大宗商品价格对宏观经济波动的预测能力较弱。事实上，在 20 世纪 80 年代中期之前，世界上发生了两次大的石油危机，导致石油等大宗商品价格大幅上涨，大宗商品价格的波动率也显著增加，很多发达国家都遭遇了大宗商品价格上涨导致的恶性通货膨胀，从而迫使货币政策制定者依据大宗商品价格的变化来制定相应的货币政策，进而使大宗商品价格有助于预测宏观经济的变化，并有助于制定货币政策。相反，在20世纪80年代中期以后，全球大宗商品价格变化虽然也有剧烈波动，但是剧烈波动持续时间较短，幅度较小，与此同时政策制定者也吸取了20世纪80年代中期之前两次石油危机导致的问题的教训，施行的经济和货币政策较为恰当，使得宏观经济运行较为平稳，货币政策制定者也就不以大宗商品价格的变化作为经济波动的主要预测指标，从而导致大宗商品价格对宏观经济的预测能力下降。

对于滚动样本有关大宗商品价格对宏观经济变量预测效应的分析结果，本研究进一步做了一系列的稳健性分析。首先，假设宏观经济时间序列的最大单整阶数是 $d = 2$ 而不是 $d = 1$，进而向量自回归模型的滞后阶数为 $k + d = 6$。其次，假设未扩增的向量自回归模型的滞后阶数是 $k = 6$ 而不是 $k = 4$，同时 $d = 1$，进而向量自回归模型的滞后阶数为 $k + d = 7$。再次，假设宏观经济时间序列是一阶差分平稳，同时，宏观经济时间序列之间不存在协整关系，从而利用差分后的时间序列，基于平稳的向量自回归模型进行频域因果关系检验，同时向量自回归模型的滞后阶数为 $k = 4$。最后，使用国债利率代替联邦基金利率，同时向量自回归模型滞后阶数仍然是 $k = 4$、$d = 1$。和上述研究类似，通过滚动样本进行频域因果关系检验，为了节省空间，此处只提供大宗商品价格对CPI的预测能力的实证结果，如图6-5所示。可以看出，不管是从定量还是定性上看，基于4种情形的稳健性检验结果都和上述基准检验结果相似，从而说明有关大宗商品价格对宏观经济变量预测的基准结果是稳健的。

值得一提的是，CRB大宗商品价格指数并不衡量原油等能源材料的价格。因此，本章进一步探究在不同子样本时期，石油价格和路透社连续商品价格指数（CCI）是否有助于制定货币政策。其中，路透社连续商品价格指数自1983年开始包含原油价格。同样，基于滚动样本，利用频域因果关系检验来探究石油价格和商品连续价格指数是否有助于预测宏观经济变量，其中，向量自回归模型的滞后阶数由 $k = 4$、$d = 1$ 来确定。

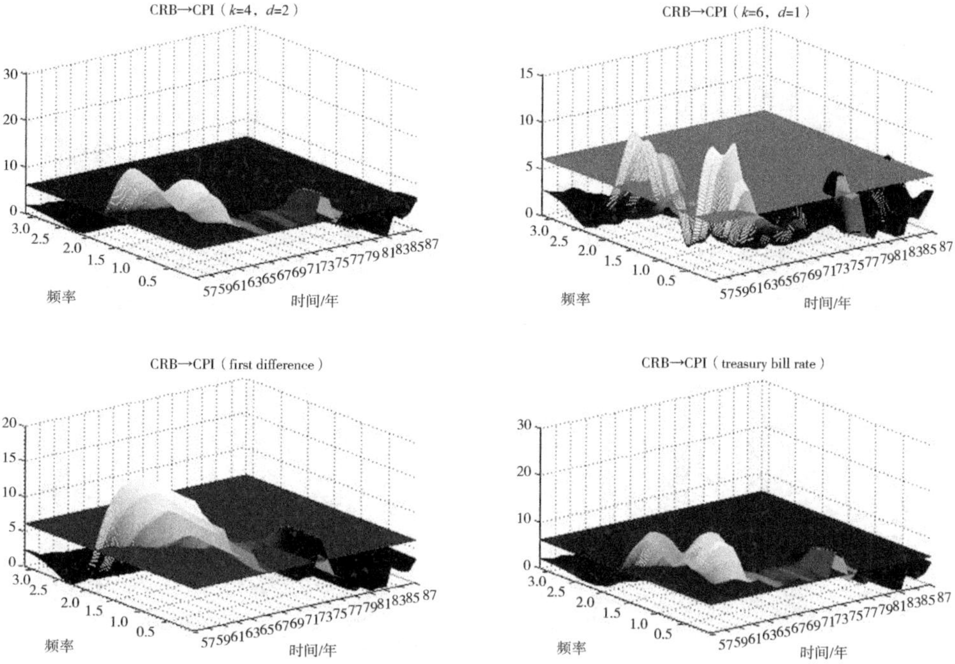

（时间为滚动样本开始日期，实线是沃尔德统计量，水平面是5%显著性水平，该值为5.99）

图6-5 从CRB到4个宏观经济变量的频域因果关系检验，滚动样本稳健性分析

频域因果关系检验的结果如图6-6和图6-7所示。通过图6-6可以发现，石油价格对货币供应量、利率和工业产值的预测能力在各个频率处都比较弱，无论是在20世纪80年代之前还是之后。通过图6-7可以发现，连续商品价格指数（Continuous Commodity Index，CCI）对货币供应量的预测能力在20世纪80年代之前在低频率处较好，而在20世纪80年代之后这种预测能力则消失了。CCI对利率和工业产值在20世纪80年代之前几乎没有预测效应，而在20世纪80年代之后则对利率和工业产值有显著的预测效应。比较有意思的发现是基于图6-6和图6-7可以看出，石油价格和连续商品价格指数都能够显著预测CPI，无论是在20世纪80年代之前还是之后。在20世纪80年代之前，石油价格在低频率和高频率处对CPI都有预测能力，而在20世纪80年代之后，石油价格对CPI的预测能力主要体现在高频率处，换句话说，在20世纪80年代之后，石油价格对CPI的短期预测能力较强。

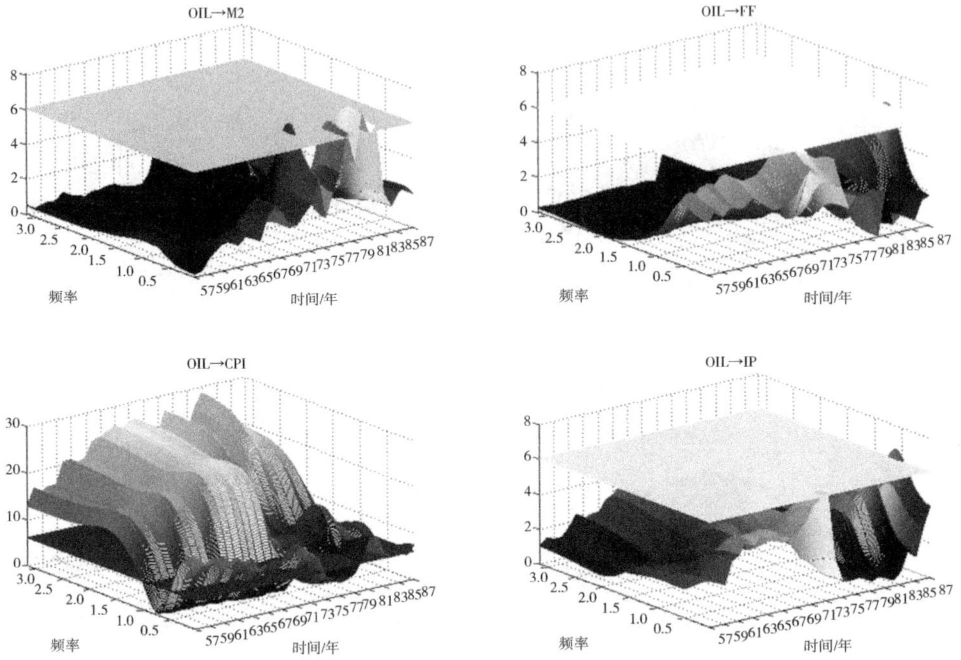

（时间为滚动样本开始日期，实线是沃尔德统计量，水平面是5%显著性水平，该值为5.99）

图6-6　从OIL到4个宏观经济变量的频域因果关系检验，滚动样本

基于上述实证研究结果，可以发现在20世纪80年代之后，虽然以大宗商品价格指数（CRB）为代表的非石油类大宗商品价格无助于货币政策的制定，但是石油价格及包含石油价格的大宗商品价格指数仍然有助于货币政策的制定。特别地，由于包含石油类的大宗商品价格变动对长期和短期CPI都有显著的预测作用，因此，包含石油类的大宗商品价格变动对于货币政策制定者制定应对通货膨胀的政策时会有很大的参考作用。

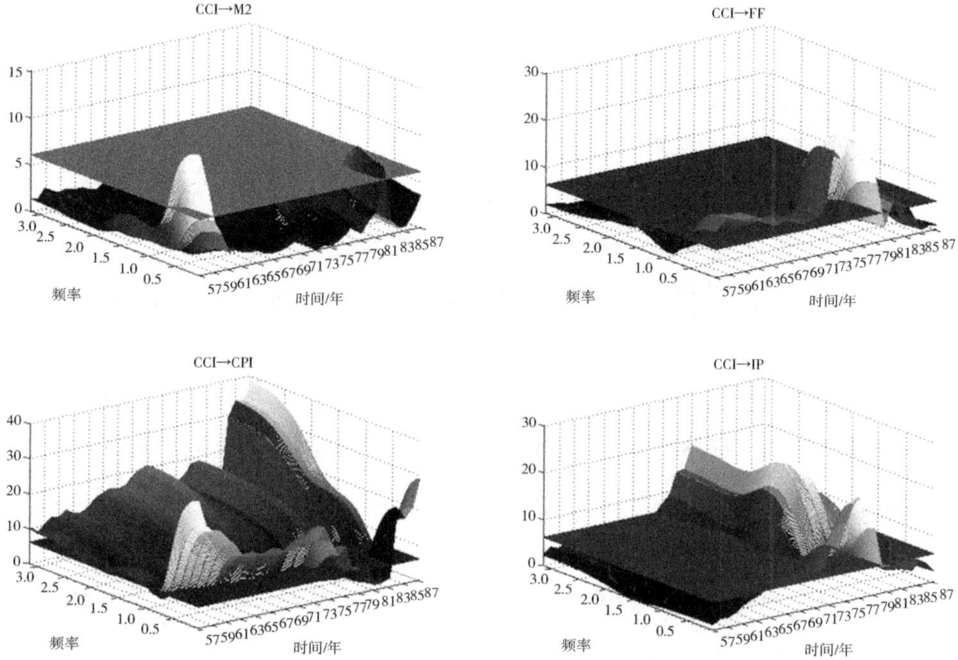

（时间为滚动样本开始日期，实线是沃尔德统计量，水平面是5%显著性水平，该值为5.99）

图6－7　从CCI到4个宏观经济变量的频域因果关系检验，滚动样本

6.1.5　结论

利用频域因果关系检验，基于1957年1月到2011年12月的数据，本实证研究评估了CRB是否有助于货币政策的制定。基于全样本的数据，频域因果关系检验显示大宗商品价格有助于货币政策的制定，这些结论与Cody等（1991）和Awokuse等（2003）的研究结果一致。然而，基于样本分割和滚动样本的进一步研究表明，CRB在20世纪80年代中期之前有助于货币政策的制定，但是自20世纪80年代中期以后，这种有用性就消失了。因为CRB不包括石油价格，本章进一步研究了石油价格和CCI是否有助于货币政策的制定。研究发现，在20世纪80年代中期之后，石油价格和连续商品价格指数都能够预测CPI的变化。因此，本章的研究认为，以CRB为代表的非石油大宗商品价格自20世纪80年代中期以后已经不能为货币政策的制定提供任何有用信息，而石油价格及包含石油价格的其他商品价格指数仍然可以为货币政策的制定提供有用信息。

本节的研究结果对现有研究有重要的参考意义。首先，如果研究人员使用大宗商品价格指数 CRB 代表大宗商品价格，且不对样本进行分割，那么他们会发现大宗商品价格对 CPI 有很好的预测效应（Cody et al.，1991；Awokuse et al.，2003）。其次，如果研究人员使用 CRB 代表大宗商品价格，并将样本分为 20 世纪 80 年代中期前和 20 世纪 80 年代中期后，他们可能会发现，在 20 世纪 80 年代中期之后，大宗商品价格对预测 CPI 用处不大（Furlong et al.，1996）。

在频谱领域理解石油价格对货币政策制定的信息作用可以给货币政策制定者提供一些不一样的信息。在 20 世纪 80 年代中期之前，石油价格可以在低频率和高频率处预测 CPI 的变化。但是，在 20 世纪 80 年代中期之后，石油价格对 CPI 变化的预测能力主要体现在高频率处。因此，本研究的结果意味着近年来石油价格只能作为 CPI 短期变化的领先指标。例如，石油价格的上升可能预示着经济增长过快，因此短期内通货膨胀率趋于上升。在这种情况下，货币当局可以通过提高利率或在公开市场上出售证券来减少货币供应量。因此，笔者建议货币当局可以将石油价格的变化作为调整短期货币供应量的参考指标之一。

本节研究的结果主要是基于美国的月度经济数据得到的。将这些研究结果推广到其他经济体时应该保持一定的谨慎，因为大宗商品价格与货币政策之间的关系可能与以下因素有关：①该经济体是大宗商品的净进口国还是净出口国；②该经济体的央行对物价稳定的态度。此外，应该注意到一些其他经济变量也可能与本部分研究选定的经济变量相关联。例如，汇率的变化可能与 CPI 有一定的联系。在这种情况下，如何把汇率对 CPI 的影响消除，也即在一个向量自回归模型系统中，将汇率包含进去，然后将汇率对 CPI 的影响消除掉，然后利用频域因果关系检验，研究大宗商品价格对 CPI 的预测能力，这可能是未来需要关注的一个研究点。

6.2　石油价格是否有助于预测中国宏观经济：基于频域因果关系检验的研究

6.2.1　研究背景

石油价格和宏观经济之间关系的研究最早可以追溯到20世纪70年代的两次石油危机。在20世纪70年代的两次石油危机期间，全球石油价格大幅上涨，世界主要发达国家的通货膨胀率快速上升，实际经济大幅下降。在此背景下，很自然地，很多学者开始探究石油价格和通货膨胀甚至是宏观经济发展之间的关系，进而分析石油价格的波动是否有助于预测宏观经济的变化。其中，以 Hamilton（1983，2003）等为代表的经济学家开始使用各种计量经济学方法研究石油价格与宏观经济之间的关系，发现石油价格的大幅波动会导致通货膨胀率的上升和实际产出的下降，从而认为石油价格的波动可能有助于预测宏观经济变量的变化。

然而，目前有关石油价格和宏观经济变量预测关系的研究大部分都是基于发达国家的经济数据进行的，这些研究结论可能并不一定适合中国。如图6-8所示，1996—2014年，中国年均进口原油从340亿美元增加到2280亿美元。在这期间，尽管石油价格大幅上涨，但是中国的年均经济增长率仍然高达9.5%。石油价格的大幅上涨似乎对中国宏观经济没有显著的负面影响，在此背景下，此部分进一步厘清，是否像其他发达国家一样，石油价格也对中国宏观经济具有预测作用。

现有的有关石油价格和中国宏观经济的研究并没有对此二者之间的关系达成一致结论。Faria 等（2009）认为石油价格和中国的出口存在正向关系，这种正向关系促使中国和其他竞争对手相比，能够很好地抵御石油价格上涨对中国宏观经济的影响。类似地，Du 等（2010）也发现石油价格和中国产出存在正向关系。他们认为中国的出口和世界石油价格都受美国和欧盟经济活动的影响，因而石油价格和中国的产出波动存在同向波动关系，也即正向关

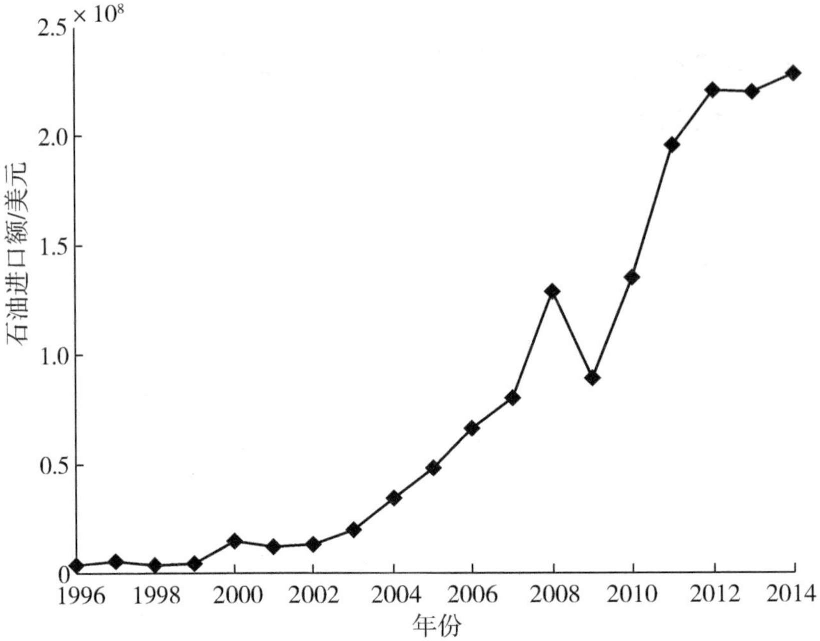

图 6－8　中国石油进口趋势

系。相反，Tang 等（2010）发现石油价格对产出有负向影响。这些研究都隐含着石油价格的变动对中国宏观经济具有预测作用，但是这种预测作用究竟有什么特点，现有研究没有进一步说明。

与此同时，现有研究主要是基于传统的格兰杰因果关系检验进行的，这种检验只能对石油价格对中国宏观经济变量的预测效应做一个整体的描述，而不能在各个频率处检验石油价格是否对宏观经济变量有预测效应。事实上，经济学家诸如 Granger（1969）、Geweke（1982）和 Hosoya（1991）等都强调时间序列在不同频率处因果关系的重要性。正如 Granger 等（1995）所述，一个时间序列都是由一系列互不相关的周期性成分构成的，每一个成分对应一个频率。因此，时间序列的因果关系可以分解成在低频率、商业周期频率和高频率的因果关系，且在这些频率处的因果关系可能不同。因此，本节利用 Breitung 等（2006）提出的频域因果关系检验来检测石油价格是否有助于预测中国的实际产出和出口。

6.2.2　数据来源

本节研究中使用的宏观经济变量包括石油价格（O）、产出（Y）、出口（E）、货币供应（M）、利率（R）和通货膨胀率（P），它们分别由西德克萨斯州中间基期现货石油价格、中国 GDP、中国出口总值、中国 M2、中国同业拆借七天加权平均利率及 CPI 取对数并取一阶差分来衡量。石油价格、产出、出口和货币供应量等变量基于 X－11 方法进行了季节性调整，并基于 CPI 数据调整为实际数值。本节研究使用的数据为季度数据，涵盖的时期为 1996 年第一季度至 2014 年第四季度。西德克萨斯州中间基期现货石油价格数据来自圣路易斯联邦储备银行的网站，其他涉及中国的宏观经济变量是从 CEInet 统计数据库中收集的。在实证分析中，石油价格、产出、出口和货币供应量均以对数计算。这些变量随时间变化的趋势如图 6－9 所示。

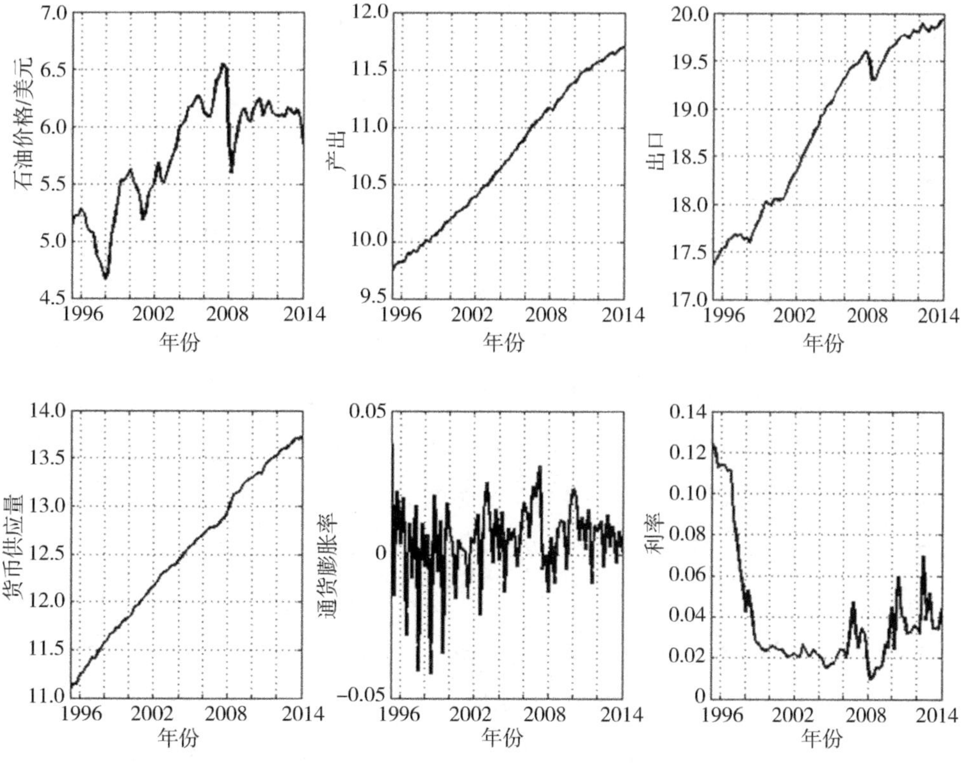

图 6－9　中国主要宏观经济变量趋势

6.2.3 实证模型

本小节同样是基于一个五维的向量自回归模型进行的。考虑一个五维的时间序列 $\boldsymbol{x}_t = (x_{1t}, x_{2t}, x_{3t}, x_{4t}, x_{5t})^{\mathrm{T}}$，其中 $t = 1, 2, \cdots, T$。假设该时间序列具有如下有限阶数的向量自回归模型：

$$\boldsymbol{x}_t = \boldsymbol{v} + \boldsymbol{\Theta}_1 \boldsymbol{x}_{t-1} + \boldsymbol{\Theta}_2 \boldsymbol{x}_{t-2} + \cdots + \boldsymbol{\Theta}_k \boldsymbol{x}_{t-k} + \boldsymbol{\varepsilon}_t, \tag{6-6}$$

其中，$\boldsymbol{v}$ 是 5×1 常数向量，$\boldsymbol{\Theta}_1$、$\boldsymbol{\Theta}_2$、$\cdots$、$\boldsymbol{\Theta}_k$ 是 5×5 系数矩阵，随机误差项 $\boldsymbol{\varepsilon}_t$ 是白噪声，其均值为 $\boldsymbol{0}$，方差协方差矩阵是 $\boldsymbol{\Sigma}$，且 $\boldsymbol{\Sigma}$ 是正定矩阵。

对于 $i = 1, 2, \cdots, k$，令 $\theta_{15,i}$ 代表 $\boldsymbol{\Theta}_i$ 的第（1,5）个元素，$\boldsymbol{\beta} = (\theta_{15,1}, \theta_{15,2}, \cdots, \theta_{15,k})^{\mathrm{T}}$，

$$\boldsymbol{R} = \begin{bmatrix} \cos(\omega) & \cos(2\omega) & \cdots & \cos(k\omega) \\ \sin(\omega) & \sin(2\omega) & \cdots & \sin(k\omega) \end{bmatrix},$$

根据 Breitung and Candelon（2006）的频域因果关系检验方法，如果上述向量自回归模型是平稳的，那么原假设：x_{5t} 在频率 ω 处不是 x_{1t} 的格兰杰原因可以表示为：

$$H_0: \boldsymbol{R\beta} = \boldsymbol{0}, \tag{6-7}$$

对于 $\omega \in (0, \pi)$，与上述原假设对应的沃尔德统计量渐近服从 $\chi^2(2)$ 分布。

现在，假设上述时间序列是非平稳的，且单整阶数未知，因而该向量自回归模型的平稳性未知。在这种情况下，可以利用 Toda 等（1995）的方法进行频域因果关系检验。为了应用该方法，首先人为地将上述向量自回归模型的滞后阶数 k 进行增扩，即将滞后阶数扩展到 $(k + d)$ 阶，其中 d 是上述时间序列的最大单整阶数。在此基础上，考虑如下向量自回归模型：

$$\boldsymbol{x}_t = \boldsymbol{v}^* + \boldsymbol{\Theta}_1^* \boldsymbol{x}_{t-1} + \boldsymbol{\Theta}_2^* \boldsymbol{x}_{t-2} + \cdots + \boldsymbol{\Theta}_k^* \boldsymbol{x}_{t-k} + \boldsymbol{\Theta}_{k+1}^* \boldsymbol{x}_{t-k-1} + \cdots + \boldsymbol{\Theta}_{k+d}^* \boldsymbol{x}_{t-k-d} + \boldsymbol{\varepsilon}_t^*, \tag{6-8}$$

其中 $\boldsymbol{v}^*$ 是 5×1 常数向量，$\boldsymbol{\Theta}_1^*$、$\boldsymbol{\Theta}_2^*$、$\cdots$、$\boldsymbol{\Theta}_{k+d}^*$ 是 5×5 系数矩阵，随机误差项 $\boldsymbol{\varepsilon}_t^*$ 是白噪声，其均值为 $\boldsymbol{0}$，方差协方差矩阵是正定矩阵。

类似地，对于 $i = 1, 2, \cdots, k$，令 $\theta_{15,i}^*$ 代表系数矩阵 $\boldsymbol{\Theta}_i^*$ 的第（1,5）个元素，同时，令 $\boldsymbol{\beta}^* = (\theta_{15,1}^*, \theta_{15,2}^*, \cdots, \theta_{15,k}^*)^{\mathrm{T}}$。那么，原假设：$x_{5t}$ 在频率 ω 处不是 x_{1t} 的格兰杰原因可以表示为：

$$H_0: \boldsymbol{R\beta}^* = \boldsymbol{0}, \tag{6-9}$$

也即可以通过对向量自回归模型（6-8）的前 k 个系数矩阵施加上述如（6-9）的线性约束，即可以检验原假设：x_{5t} 在频率 ω 处不是 x_{1t} 的格兰杰原因。此处需要注意到，当 $\boldsymbol{R}=\boldsymbol{I}$ 时，与上述原假设（6-9）相对应的便是传统的格兰杰因果关系检验的原假设。

令 $\boldsymbol{S}_1=(1,0,0,0,0)^{\mathrm{T}}$、$\boldsymbol{S}_2=(0,0,0,0,1)^{\mathrm{T}}$、$\boldsymbol{S}=\boldsymbol{I}\otimes\boldsymbol{S}_2^{\mathrm{T}}$，那么，与等式（6-9）相对应的沃尔德统计量 W 可以写作：

$$W=(T-k-d)[\boldsymbol{R}(\boldsymbol{S}\otimes\boldsymbol{S}_1^{\mathrm{T}})\mathrm{vec}(\widehat{\boldsymbol{\Theta}}^*)]^{\mathrm{T}}\{\boldsymbol{R}(\boldsymbol{S}\otimes\boldsymbol{S}_1^{\mathrm{T}})\widehat{\boldsymbol{\Sigma}}[\boldsymbol{R}(\boldsymbol{S}\otimes\boldsymbol{S}_1^{\mathrm{T}})]^{\mathrm{T}}\}^{-1}[\boldsymbol{R}(\boldsymbol{S}\otimes\boldsymbol{S}_1^{\mathrm{T}})\mathrm{vec}(\widehat{\boldsymbol{\Theta}}^*)], \tag{6-10}$$

其中，$\widehat{\boldsymbol{\Theta}}^*$ 是 $\boldsymbol{\Theta}^*=(\boldsymbol{\Theta}_1^*,\cdots,\boldsymbol{\Theta}_k^*)$ 的最小二乘估计量，$\widehat{\boldsymbol{\Sigma}}$ 是基于等式（6-8）的 $\sqrt{T-k-d}\,\mathrm{vec}(\widehat{\boldsymbol{\Theta}}^*-\boldsymbol{\Theta}^*)$ 的方差协方差矩阵的一致估计量。

对于 $\omega\in(0,\pi)$，与上述原假设对应的沃尔德统计量 W 渐近服从 $\chi^2(2)$ 分布，为了评估格兰杰因果关系检验是否显著，在本研究中，沃尔德统计量将在5%的显著性水平下与自由度为2的卡方分布的临界值进行比较，该临界值为5.99。

6.2.4　实证研究结果

本小节使用频域因果关系检验探究石油价格是否对中国的产出和出口有显著的预测作用。为此，本部分选取 $k=4$ 作为五维向量自回归模型的滞后阶数，对于 d，基于表6-1的单位根检验结果可得这些变量的最大单整阶数是1，因此选择 $d=1$。

表6-1　单位根检验

变量名称	ADF（未差分）	ADF（一阶差分）	PP（未差分）	PP（一阶差分）
石油价格	0.8810	0.0000	0.7847	0.0000
产出	0.8901	0.1684	0.7769	0.0001
出口	0.9190	0.0000	0.9504	0.0000
货币供应量	0.7809	0.0355	0.4601	0.0000

续表

变量名称	ADF（未差分）	ADF（一阶差分）	PP（未差分）	PP（一阶差分）
利率	0.0090	0.0000	0.0189	0.0000
通货膨胀率	0.0240	0.0000	0.0001	0.0000

注：本表格提供了与单位根检验统计量相对应的 p 值。对于利率和通货膨胀率，单位根检验等式包含常数项。对于其他变量，单位根检验等式包含有常数项和线性趋势项。ADF：Augmented Dickey - Fuller 检验；PP：Phillips - Perron 检验。

为了对比，本小节首先进行基于 Toda 等（1995）的常规格兰杰因果关系检验，检验结果如表 6－2 所示。对于从石油价格到产出的格兰杰因果关系检验，在向量自回归模型中，$\boldsymbol{x}_t = (\log(Y_t), R_t, \log(M_t), P_t \log(O_t))^{\mathrm{T}}$；对于从石油价格到出口的格兰杰因果关系检验，在向量自回归模型中，$\boldsymbol{x}_t = (\log(E_t) R_t, \log(M_t) P_t, \log(O_t))^{\mathrm{T}}$。可以看出，石油价格对实际产出没有显著的预测作用；相反，在 5% 的显著性水平下，石油价格对实际出口有显著的预测作用。但是，此类检验不能揭示石油价格在各个频率处是否对实际出口有预测作用，因为此类检验将在各个频率处的因果关系通过一个统计量进行了概括，而频域因果关系检验可以克服这一困难。

表 6－2　传统格兰杰因果关系检验

原假设 H_0	检验统计量	5% 临界值	P 值
石油价格不是产出的格兰杰原因	7.5263	9.4877	0.1106
石油价格不是出口的格兰杰原因	18.2080	9.4877	0.0011

注：传统格兰杰因果关系检验是基于 Toda and Yamamoto（1995）的方法。与之对应的向量自回归模型滞后阶数是 $k = 4$ 和 $d = 1$。检验统计量渐近服从 $\chi^2(4)$ 分布。

图 6－10 是基于频域因果关系检验的实证分析结果。从图 6－10 可以看出，在频率小于 0.5 时，石油价格是实际产出的格兰杰原因，但这种因果关系的程度相当小。因此，这一发现几乎与常规格兰杰因果关系检验的相应结果保持一致。此外，注意到油价仅在高于 0.81 的频率处是出口的格兰杰原因，与这些频率对应的周期是不大于两年。这些额外发现表明石油价格信息

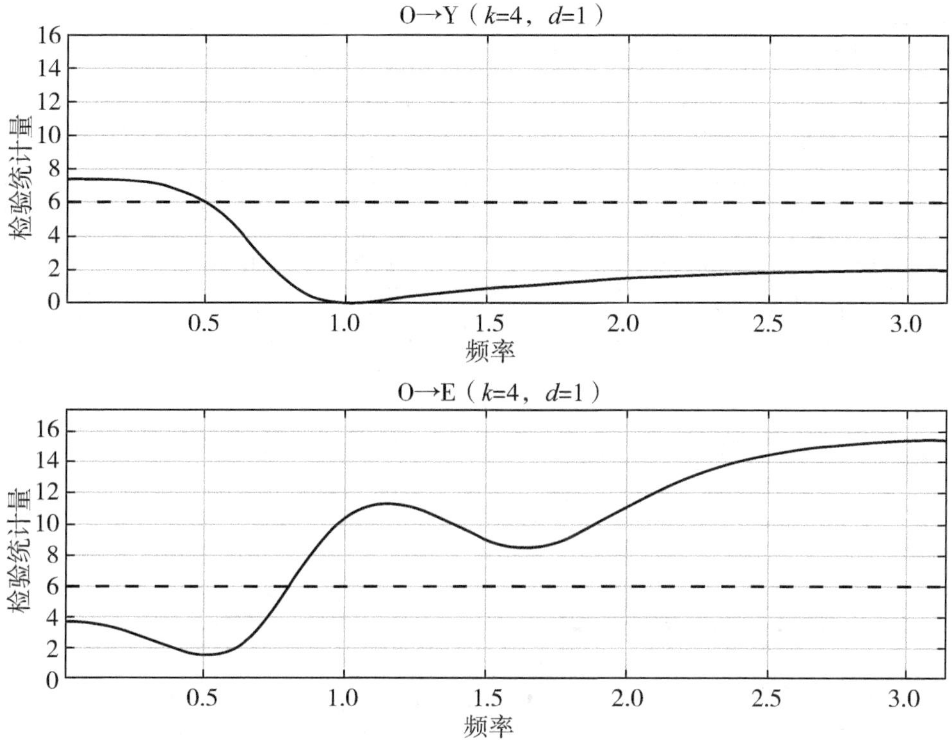

（实线是沃尔德统计量，水平虚线是5%显著性水平，该值为5.99）

图6－10　从石油价格到产出和出口的频域因果关系检验

只能用于预测中国出口的短期变化，且这一额外发现是常规格兰杰因果关系检验所无法检测到的。

最后，本小节研究也对上述频域因果关系检验进行了一些稳健性分析。首先，通过计算产出、出口、货币供应量、利率和通货膨胀率等宏观经济变量的相关性发现，产出和出口序列与货币供应量高度相关（表6－3）。因此，在稳健性分析中，从 x_t 中删除货币供应量并减少 VAR 模型的维度。其次，与 Hamilton（2003）和 Gronwald（2009）一样，使用名义石油价格而不是实际石油价格。再次，选择 $k=5$ 作为向量自回归模型的真实滞后长度。因此，设置 $k=5$ 和 $d=1$，稳健性分析结果如图6－11所示。可以观察到，无论是定量上还是定性上，稳健性分析结果和上述基准结果类似。

表 6-3 变量之间的相关系数

变量名称	产出	出口	货币供应量	利率	通货膨胀率
产出	1.00	0.98	1.00	-0.43	0.14
出口	0.98	1.00	0.98	-0.47	0.17
货币供应量	1.00	0.98	1.00	-0.49	0.13
利率	-0.43	-0.47	-0.49	1.00	0.05
通货膨胀率	0.14	0.17	0.13	0.05	1.00

注：本表展示了 5 个变量之间的相关关系。

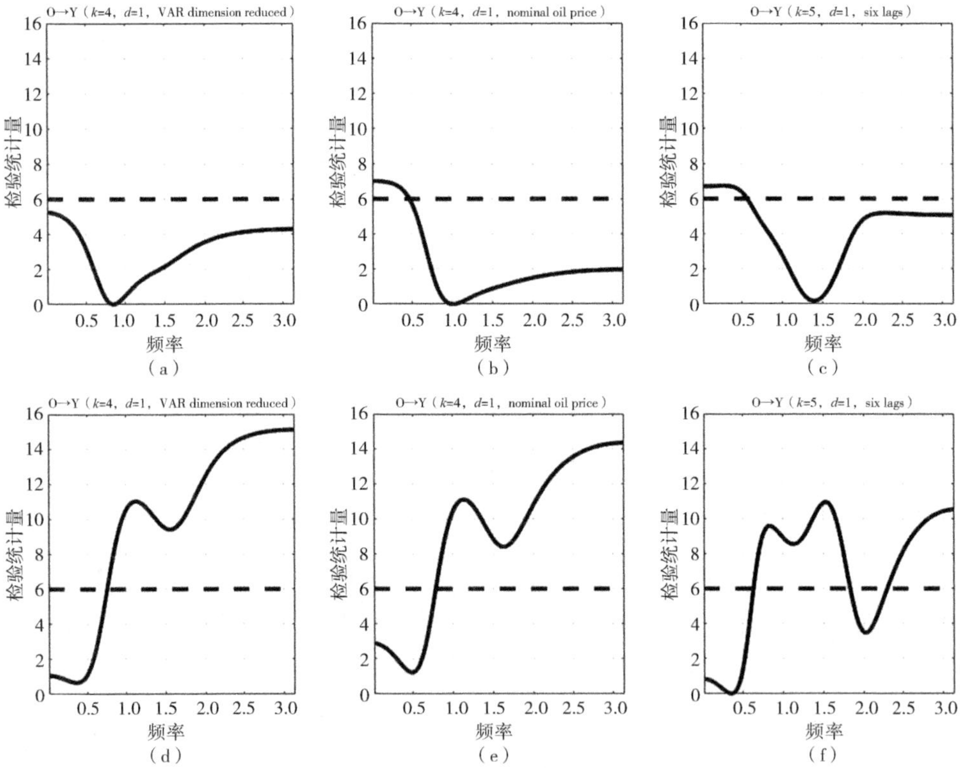

（实线是沃尔德统计量，水平虚线是5%显著性水平，该值为5.99）

图 6-11 从石油价格到产出和出口的频域因果关系检验，稳健性分析

注：图 6-11（a）和图 6-11（d）是向量自回归模型的维度减少；图 6-11（b）和图 6-11（e）是使用名义石油价格；图 6-11（c）和图 6-11（f）是向量自回归模型的滞后阶数为 5。

6.3 本章小结

通过本章的2个案例分析可以看出，与传统的格兰杰因果关系检验相比，频域因果关系检验能够更加全面地刻画2个时间序列之间的预测关系。通过频域因果关系检验，可以研究宏观经济序列在高频率、低频率和商业周期频率内的预测关系。由于高频率、低频率和商业周期频率分别对应的是短周期、长周期和商业周期，因此频域因果关系检验，可以揭示宏观经济序列在短周期、长周期和商业周期内的预测关系，这是传统的格兰杰因果关系检验无法达到的。

在实际分析中，由于频域因果关系检验一般是基于平稳向量自回归模型进行的，因此，需要对时间序列进行平稳性检验。如果时间序列非平稳，则可以利用Toda等（1995）的方法进行频域因果关系检验。同时，由于频域因果关系检验是基于向量自回归模型进行的，而向量自回归模型的滞后阶数是未知的，需要利用各种信息准则来确定向量自回归模型的滞后阶数。尽管如此，由于频域因果关系检验的结果对向量自回归模型的滞后阶数比较敏感，仍需要使用不同的向量自回归模型滞后阶数，对频域因果关系检验的结果进行稳健性检验。

参考文献

1. AWOKUSE T O, YANG J, 2003. The informational role of commodity prices in formulating monetary policy: a reexamination [J] Economics Letters, 79: 219 -224.
2. BACCALÁ L A, SAMESHIMA K, 2001. Partial directed coherence: a new concept in neural structure determination [J]. Biological Cybernetics, 84: 463 -474.
3. BREITUNG J, CANDELON B, 2006. Testing for short - and long - run causality: a frequency - domain approach [J]. Journal of Econometrics, 132: 363 - 378.
4. BRONNENBERG B J, MELA C F, BOULDING W, 2006. The periodicity of competitor pricing [J]. Journal of Marketing Research, 43: 477 -493.
5. CODY B J, MILLS L O, 1991. The role of commodity prices in formulating monetary policy [J]. Review of Economics and Statistics, 73: 358 -365.
6. DU L, HE Y, WEI C, 2010. The relationship between oil price shocks and China's macro - economy: an empirical analysis [J]. Energy Policy, 38: 4142 -4151.
7. FARIA J R, MOLLICK A V, ALBUQUERQUE P H, et al. , 2009. The effect of oil price on China's exports [J]. China Economics Review, 20 (4): 793 -805.
8. FURLONG F, INGENITO R, 1996. Commodity prices and inflation [J]. FRBSF Economic Review, 2: 27 -47.
9. GEWEKE J, 1982. Measurement of linear dependence and feedback between multiple time series [J]. Journal of the American Statistical Association, 77 (378): 304 -313.
10. GOURIEROUX C, MONFORT A, 1997. Time series and dynamic models [M]. Glasgow: Cambridge University Press.

11. GRANGER C W J, 1969. Investigating causal relations by econometric models and cross - spectral methods [J]. Econometrica, 37 (3): 424 - 438.

12. GRANGER C W J, 1980. Testing for causality: a personal viewpoint [J]. Journal of Economic Dynamics and Control, 2: 329 - 352.

13. GRANGER C W J, LIN J L, 1995. Causality in the long run [J]. Econometric Theory, 11 (3): 530 - 536.

14. GRONWALD M, 2009. Reconsidering the macroeconomics of oil price in Germany: testing for causality in the frequency domain [J]. Empirical Economics, 36 (2): 441 - 453.

15. HAMILTON J D, 1983. Oil and the macroeconomy since World War Ⅱ [J]. Journal of Political Economy, 91 (2): 228 - 248.

16. HAMILTON J D, 1994. Time series analysis [M]. Princeton: Princeton University Press.

17. HAMILTON J D, 2003. What is an oil shock [J]. Journal of Econometrics, 113 (2): 363 - 398.

18. HOSOYA Y, 1991. The decomposition and measurement of the interdependency between second - order stationary processes [J]. Probability Theory and Related Fields, 88 (4): 429 - 444.

19. KAHN J A, MCCONNELL M M, PEREZ - QUIROS G, 2002. On the causes of the increased stability of the U. S. economy [J]. FRBNY Economic Policy Review, 8: 183 - 202.

20. KOOPMANS L H, 1995. The spectral analysis of time series [M] //Probability and mathematical statistics, Vol. 22. San Diego: Academic Press.

21. LEMMENS A, CROUX C, DEKIMPE M G, 2008. Measuring and testing Granger causality over the spectrum: an application to European production expectation surveys [J]. International Journal of Forecasting, 24: 414 - 431.

22. LÜTKEPOHL H, 2006. New Introduction to Multiple Time Series Analysis [M]. Heidelberg: Springer.

23. MCCONNELL M M, PEREZ - QUIROS G, 2000. Output fluctuations in the

United States: what has changed since the early 1980s [J]. American Economic Review, 90: 1464 - 1476.

24. ÖLLER L E, TALLBOM C, 1996. Smooth and timely business cycle indicators for noisy Swedish data [J]. International Journal of Forecasting, 12: 389 - 402.
25. PIERCE D A, 1979. R - squared measures for time series [J]. Journal of the American Statistical Association, 74: 901 - 910.
26. PIERCE D A, HAUGH L D, 1977. Causality in temporal systems: characterization and a survey [J]. Journal of Econometrics, 5: 265 - 293.
27. TANG W, WU L, ZHANG Z, 2010. Oil price shocks and their short - and long - term effects on the Chinese economy [J]. Energy Economics, 32: S3 - S14.
28. TODA H Y, YAMAMOTO T, 1995. Statistical inference in vector autoregressions with possibly integrated processes [J]. Journal of Econometrics, 66: 225 - 250.
29. THOMA M, 2004. Electrical energy usage over the business cycle [J]. Energy Economics, 26: 463 - 485.
30. ROEBROECK A, FORMISANO E, GOEBEL R, 2005. Mapping directed influence over the brain using Granger causality and fMRI [J]. NeuroImage, 25 (1): 230 - 242.
31. SALAZAR R F, KÖNIG P, KAYSER C, 2004. Directed interactions between visual areas and their role in processing image structure and expectancy [J]. European journal of neuroscience, 20: 1391 - 1401.
32. WEI Y F, 2015. The informational role of commodity prices in formulating monetary policy: a reexamination under the frequency domain [J]. Empirical economics, 49: 537 - 549.
33. WEI Y F, GUO X Y, 2016. An empirical analysis of the relationship between oil prices and the Chinese macro - economy [J]. Energy economics, 56: 88 - 100.
34. WEI Y F, ZHANG L G, GUO X Y, et al., 2021. A theoretical and simulation analysis on the power of the frequency domain causality test [J]. Statistics & probability letters, 170: 108970.

附　录

第二章 MATLAB 代码

```
% ……………………………………… 本代码适用于 MATLAB2020a 及以上版本
% ……………………………………………………………… 一元时间序列谱密度计算
% ………………………………………………………… 图 2-1: 平稳随机过程的谱密度
y = ones(314, 1)/(2 * pi);
x = [0.01:0.01:pi];
figure(1)
plot(x, y, 'r')
set(gca, 'xlim', [0 pi]);
set(gca, 'Xtick', [0 3.14]);
xticklabels({'0', '\pi'})
xlabel('$\omega$', 'Interpreter', 'latex');
ylabel('$f(\omega)$', 'Interpreter', 'latex');
title('平稳随机过程的谱密度')
% ……………………………………… 本代码适用于 MATLAB2020a 及以上版本
% ……………………………………………………………… 一元时间序列谱密度计算
% ………………………………… 图 2-2: 一阶自回归过程的谱密度(β=0.9)
figure(2)
sig2vapisilon = 1;
```

```
beta = 0.9;
for i = 0.01:0.01:3.14
  f(round(100 * i), 1) = sig2vapisilon/(2 * pi * (1 - 2 * beta * cos(i) + beta^
(2)));
end
plot([0.01:0.01:pi], f, 'r')
set(gca, 'xlim', [0 pi]);
set(gca, 'Xtick', [0 3.14]);
xticklabels({'0', '\pi'})
title('一阶自回归过程的谱密度')
xlabel('$ \omega $', 'Interpreter', 'latex');
ylabel('$ f(\omega) $', 'Interpreter', 'latex');
% ………………………………………… 本代码适用于 MATLAB2020a 及以上版本
% ……………………………………………………………… 一元时间序列谱密度计算
% ……………………………………… 图 2-3:一阶自回归过程的谱密度(β = -0.9)
figure(3)
sig2vapisilon = 1;
beta = -0.9;
for i = 0.01:0.01:3.14
  f(round(100 * i), 1) = sig2vapisilon/(2 * pi * (1 - 2 * beta * cos(i) + beta^
(2)));
end
plot([0.01:0.01:pi], f, 'r')
set(gca, 'xlim', [0 pi]);
set(gca, 'Xtick', [0 3.14]);
xticklabels({'0', '\pi'})
title('一阶自回归过程的谱密度')
xlabel('$ \omega $', 'Interpreter', 'latex');
ylabel('$ f(\omega) $', 'Interpreter', 'latex');
```

```
% ………………………………… 本代码适用于 MATLAB2020a 及以上版本
% …………………………………………………… 一阶自回归过程生成模型
% ………… 图 2-4: 一阶自回归过程 y_t = -0.9y_{t-1} + ε_t(其中 ε_t 是均值为 0、
                  方差为 1 的白噪声)
figure(4)
sig2vapisilon = 1;
beta = -0.9;
x = zeros(101,1);
vapisilon = randn(101,1);
for i = 2:1:101
   x(i,1) = beta * x(i-1,1) + vapisilon(i,1);
end
plot([1:1:100],x(2:101,1),'r')
set(gca,'xlim',[1 100]);
% ………………………………… 本代码适用于 MATLAB2020a 及以上版本
% …………………………………………………… 一元时间序列谱密度计算
% …………………………………………… 图 2-5: 二阶自回归过程的谱密度
figure(5)
sig2vapisilon = 1;
beta1 = 0.3;
beta2 = 0.4;
for i = 0.01:0.01:3.14
   f(round(100 * i),1) = (sig2vapisilon/(2 * pi)) * (1 + beta1^(2) + beta2^(2) -
2 * beta1 * (1 - beta2) * cos(i) - 2 * beta2 * cos(2 * i));
end
plot([0.01:0.01:pi],f,'r')
set(gca,'xlim',[0 pi]);
set(gca,'Xtick',[0 3.14]);
xticklabels({'0','\pi'})
```

```
title('二阶自回归过程的谱密度')
xlabel('$\omega$','Interpreter','latex');
ylabel('$f(\omega)$','Interpreter','latex');
% ………………………………… 本代码适用于 MATLAB2020a 及以上版本
% …………………………………………………… 一元时间序列谱密度计算
% …………………………………… 图 2-6: 一阶移动平均模型的谱密度
figure(6)
sig2vapisilon = 1;
beta = 0.7;
for i = 0.01:0.01:3.14
  f(round(100*i),1) =
   (1/(2*pi))*(sig2vapisilon + sig2vapisilon*beta^(2) +2*sig2vapisilon*be-
ta^(2)*cos(i));
end
plot([0.01:0.01:pi],f,'r')
set(gca,'xlim',[0 pi]);
set(gca,'Xtick',[0 3.14]);
xticklabels({'0','\pi'})
title('一阶移动平均过程的谱密度')
xlabel('$\omega$','Interpreter','latex');
ylabel('$f(\omega)$','Interpreter','latex');
% ………………………………… 本代码适用于 MATLAB2020a 及以上版本
% ……………………………………………………………… 一阶差分滤波
% …………………………………………………… 图 2-7: 一阶差分滤波
figure(7)
for i = 0.01:0.01:3.14
  f(round(100*i),1) = 2-2*cos(i);
end
plot([0.01:0.01:pi],f,'r')
```

```
set(gca,'xlim',[0 pi]);
set(gca,'Xtick',[0 3.14]);
xticklabels({'0','\pi'})
title('一阶差分滤波')
xlabel('$\omega$','Interpreter','latex');
% ………………………………… 本代码适用于 MATLAB2020a 及以上版本
% ……………………………………………………………………………… 二阶差分滤波
% ……………………………………………………………………… 图 2-8:二阶差分滤波
figure(8)
for i = 0.01:0.01:3.14
   f(round(100*i),1) = (2-2*cos(i))^(2);
end
plot([0.01:0.01:pi],f,'r')
set(gca,'xlim',[0 pi]);
set(gca,'Xtick',[0 3.14]);
xticklabels({'0','\pi'})
title('二阶差分滤波')
xlabel('$\omega$','Interpreter','latex');
```

第四章 MATLAB 代码

```
% ………………………………… 本代码适用于 MATLAB2020a 及以上版本
% …………………………………………………………… 频谱领域格兰杰因果关系测度
% …………………………………………………………… 图 4-1:例 1 频域因果关系测度
a = 1;
for i = 0.01:0.01:3.14
   f(round(100*i),1) = log(1+a^(2)/(2-2*cos(i)));
end
```

```
plot( [0.01:0.01:pi], f, 'r')
set( gca, 'xlim', [0 pi]);
set( gca, 'Xtick', [0 3.14]);
xticklabels( {'0', '\pi'})
xlabel(' $ \omega $ ', 'Interpreter', 'latex');
% ………………………………………… 本代码适用于 MATLAB2020a 及以上版本
% ……………………………………………………… 频谱领域格兰杰因果关系测度
% …………………………………………………… 图 4-2: 例 2 频域因果关系测度
a = 0.3;
b = 0.7;
for i = 0.01:0.01:3.14
    f( round(100 * i), 1) = log(1 + b^(2)/(1 + a^(2) +2 * a * cos(i)));
end
plot( [0.01:0.01:pi], f, 'r')
set( gca, 'xlim', [0 pi]);
set( gca, 'Xtick', [0 3.14]);
xticklabels( {'0', '\pi'})
xlabel(' $ \omega $ ', 'Interpreter', 'latex');
```

第五章 MATLAB 代码

```
% ………………………………………… 本代码适用于 MATLAB2020a 及以上版本
% …………………………………………………………………… 频域因果关系检验
function [fc] = FCtest( x1, x2, p, omega)
% 此程序可以检验零假设: 变量 x2 在频率 omega 处不是引起变量 x1 变化的原因
% x1: Tx1 观察向量
% x2: Tx1 观察向量
```

```
% p: 二元向量自回归模型的滞后阶数
% omega: 频率
T = length( x1) ;
x = x1( p + 1: T) ;
Z1 = ones( T - p, 1) ;
for i  = 1: p
  Z1 = [ Z1  x1( p - i + 1: T - i, 1) ] ;
end
Z2 = x2( p: T - 1, 1) ;
for j = 2: p
  Z2 = [ Z2  x2( p - j + 1: T - j, 1) ] ;
end
b = ( inv( [ Z1  Z2] ' * [ Z1  Z2] ) )  * [ Z1  Z2] ' * x;
squaresigmau = ( ( x - [ Z1  Z2]  * b) ' * ( x - [ Z1  Z2]  * b) ) / ( T - p) ;
Q = eye( T - p)  - Z1 * ( inv( Z1' * Z1) )  * Z1';
Beta = ( inv( Z2' * Q * Z2) )  * Z2' * Q * x;
R = [ cos( omega * ( 1: p) ) ; sin( omega * ( 1: p) ) ] ;
W = ( R * beta) ' * ( inv( squaresigmau * R * ( inv( Z2' * Q * Z2) )  * R') )  * ( R * be-
ta) ;
[ fc]  = W;
end
%  ……………………………………… 本代码适用于 MATLAB2020a 及以上版本
%  ………………………………… 频域因果关系检验数据生成过程 y_t 的谱密度
%  ……………………………………………… 图 5 - 1:  y_t 的谱密度, 其中 ρ = - 0. 9
rho  =  - 0. 9;
sigmav_squared  =  1;
for i  =  0. 01: 0. 01: 3. 14
  f( round( 100 * i) , 1)  =  ( sigmav_squared/ 2 * pi)  * ( 1/ ( 1  - 2  * rho * cos( i)  +
rho^( 2) ) ) ;
```

```
end
plot([0.01:0.01:pi], f, 'r')
set(gca, 'xlim', [0 pi]);
set(gca, 'Xtick', [0 3.14]);
xticklabels({'0', '\pi'})
xlabel('$\omega$', 'Interpreter', 'latex');
% ………………………………… 本代码适用于 MATLAB2020a 及以上版本
% ……………………………… 频域因果关系检验数据生成过程 y_t 的谱密度
% …………………………………… 图 5-2: y_t 的谱密度，其中 ρ=0.9
rho = 0.9;
sigmav_squared = 1;
for i = 0.01:0.01:3.14
    f(round(100 * i), 1) = (sigmav_squared/2 * pi) * (1/(1 - 2 * rho * cos(i) +
rho^(2)));
end
plot([0.01:0.01:pi], f, 'r')
set(gca, 'xlim', [0 pi]);
set(gca, 'Xtick', [0 3.14]);
xticklabels({'0', '\pi'})
xlabel('$\omega$', 'Interpreter', 'latex');
% ………………………………… 本代码适用于 MATLAB2020a 及以上版本
% ……………………… 平稳时间序列频域因果关系检验效力的蒙特卡罗模拟
% ………………………… 图 5-3: 频域因果关系检验效力的蒙特卡罗模拟
maxit = 10000; % ………………………………………………………… 模拟次数
% …………………………………………… construct the error vector e for all DGP
n = 500;
u = randn(2, n, maxit);
e = zeros(2, n, maxit);
Sigma = [0.7 0.3;0.3 0.7];
```

```
R = chol(Sigma, 'lower');
for j = 1: maxit
    for i = 1: n
        e(:, i, j) = R * u(:, i, j);
    end
end
% ………………………………………………………………………… DGP1
% ………………………………………………………………… Consider rho = 0.5
% ……………………… Compute rejection frequency 69.8731 * pi/180 - 1 * pi/4
W1_DGP1 = zeros(314, 1);
omega = 69.8731 * pi/180 - 1 * pi/4;
alpha = 0.3;
rho = 0.5;
z = zeros(2, n, maxit);
for j = 1: maxit
    for t = 4: n
        z(1, t, j) = alpha * z(2, t - 1, j) - 2 * alpha * cos(omega) * z(2, t - 2,
j) + alpha * z(2, t - 3, j) + e(1, t, j);
        z(2, t, j) = rho * z(2, t - 1, j) + e(2, t, j);
    end
end
for omega_0 = 0.01:0.01: pi
    Fts = zeros(maxit, 1);
    for j = 1: maxit
% ………………………………………………………………………… Estimate
        Data = z(:, 198:500, j)';
    p = 3;
        Fts(j, 1) = FCtest(Data(:, 1), Data(:, 2), p, omega_0);
    end
```

```
    W1_DGP1(round(omega_0 * 100)) = mean(Fts > chi2inv(0.95,2));
end
% ······································································ DGP1
% ····························································· Consider rho = 0.5
% ·································· Compute rejection frequency 69.8731 * pi/180
W2_DGP1 = zeros(314,1);
omega = 69.8731 * pi/180;
alpha = 0.3;
rho = 0.5;
z = zeros(2, n, maxit);
for j = 1:maxit
    for t = 4:n
        z(1,t,j) = alpha * z(2,t-1,j) - 2 * alpha * cos(omega) * z(2,t-2,
j) + alpha * z(2,t-3,j) + e(1,t,j);
    z(2,t,j) = rho * z(2,t-1,j) + e(2,t,j);
    end
end
for omega_0 = 0.01:0.01:pi
    Fts = zeros(maxit,1);
    for j = 1:maxit
% ······································································ Estimate
        Data = z(:,198:500,j)';
          p = 3;
        Fts(j,1) = FCtest(Data(:, 1),Data(:, 2),p,omega_0);
    end
    W2_DGP1(round(omega_0 * 100)) = mean(Fts > chi2inv(0.95,2));
end
% ······································································ DGP1
% ····························································· Consider rho = 0.5
```

```
% ························ Compute rejection frequency 69.8731 * pi/180 + 1 * pi/4
W3_DGP1 = zeros(314, 1);
omega = 69.8731 * pi/180 + 1 * pi/4;
alpha = 0.3;
rho = 0.5;
z = zeros(2, n, maxit);
for j = 1: maxit
    for t = 4: n
        z(1, t, j) = alpha * z(2, t - 1, j) - 2 * alpha * cos(omega) * z(2, t - 2,
j) + alpha * z(2, t - 3, j) + e(1, t, j);
      z(2, t, j) = rho * z(2, t - 1, j) + e(2, t, j);
    end
end
for omega_0 = 0.01: 0.01: pi
    Fts = zeros(maxit, 1);
    for j = 1: maxit
% ································································ Estimate
        Data = z(:, 198: 500, j)';
            p = 3;
        Fts(j, 1) = FCtest(Data(:, 1), Data(:, 2), p, omega_0);
    end
    W3_DGP1(round(omega_0 * 100)) = mean(Fts > chi2inv(0.95, 2));
end
% ································································ DGP2
% ········································ Introducing a lag of x(t) in equation (1)
% ········································ Introducing a lag of x(t) in equation (2)
% ································································ Consider rho = 0.5
% ························ Compute rejection frequency 69.8731 * pi/180 - 1 * pi/4
W1_DGP2 = zeros(314, 1);
```

```
omega = 69.8731 * pi/180 - 1 * pi/4;
alpha = 0.3;
rho = 0.5;
m1 = 0.7;
m2 = -0.3;
z = zeros(2, n, maxit);
for j = 1:maxit
    for t = 4:n
        z(1, t, j) = m1 * z(1, t - 1, j) + alpha * z(2, t - 1, j) - 2 * alpha * cos
(omega) * z(2, t - 2, j) + alpha * z(2, t - 3, j) + e(1, t, j);
        z(2, t, j) = m2 * z(1, t - 1, j) + rho * z(2, t - 1, j) + e(2, t, j);
    end
end
for omega_0 = 0.01:0.01:pi
    Fts = zeros(maxit, 1);
    for j = 1:maxit
% ........................................................................ Estimate
        Data = z(:, 198:500, j)';
            p = 3;
        Fts(j, 1) = FCtest(Data(:, 1), Data(:, 2), p, omega_0);
    end
    W1_DGP2(round(omega_0 * 100)) = mean(Fts > chi2inv(0.95, 2));
end
% ........................................................................ DGP2
% ........................................... Introducing a lag of x(t) in equation (1)
% ........................................... Introducing a lag of x(t) in equation (2)
% ............................................................... Consider rho = 0.5
% ................................... Compute rejection frequency 69.8731 * pi/180
W2_DGP2 = zeros(314, 1);
```

```
omega = 69.8731 * pi/180;
alpha = 0.3;
rho = 0.5;
m1 = 0.7;
m2 = -0.3;
z = zeros(2, n, maxit);
for j = 1:maxit
    for t = 4:n
        z(1, t, j) = m1 * z(1, t-1, j) + alpha * z(2, t-1, j) - 2 * alpha * cos
(omega) * z(2, t-2, j) + alpha * z(2, t-3, j) + e(1, t, j);
        z(2, t, j) = m2 * z(1, t-1, j) + rho * z(2, t-1, j) + e(2, t, j);
    end
end
for omega_0 = 0.01:0.01:pi
    Fts = zeros(maxit, 1);
    for j = 1:maxit
% ........................................................................ Estimate
        Data = z(:, 198:500, j)';
            p = 3;
        Fts(j, 1) = FCtest(Data(:, 1), Data(:, 2), p, omega_0);
    end
    W2_DGP2(round(omega_0 * 100)) = mean(Fts > chi2inv(0.95, 2));
end
% .......................................................................... DGP2
% ........................................... Introducing a lag of x(t) in equation (1)
% ........................................... Introducing a lag of x(t) in equation (2)
% ................................................................. Consider rho = 0.5
% .......................................................... 69.8731 * pi/180 + 1 * pi/4
W3_DGP2 = zeros(314, 1);
```

```
omega = 69.8731 * pi/180 + 1 * pi/4;
alpha = 0.3;
rho = 0.5;
m1 = 0.7;
m2 = -0.3;
z = zeros(2, n, maxit);
for j = 1:maxit
    for t = 4:n
        z(1, t, j) = m1 * z(1, t-1, j) + alpha * z(2, t-1, j) - 2 * alpha * cos
(omega) * z(2, t-2, j) + alpha * z(2, t-3, j) + e(1, t, j);
        z(2, t, j) = m2 * z(1, t-1, j) + rho * z(2, t-1, j) + e(2, t, j);
    end
end
for omega_0 = 0.01:0.01:pi
    Fts = zeros(maxit, 1);
    for j = 1:maxit
% ................................................................ Estimate
        Data = z(:, 198:500, j)';
            p = 3;
        Fts(j, 1) = FCtest(Data(:, 1), Data(:, 2), p, omega_0);
    end
    W3_DGP2(round(omega_0 * 100)) = mean(Fts > chi2inv(0.95, 2));
end
% ................................................................... 画图
min_omega = 0.01;
max_omega = 3.14;
omega = [min_omega:0.01:max_omega]';
subplot(3, 2, 1)
plot(omega, W1_DGP1, 'Color', [0.23 0.44 0.34]', 'LineWidth', 1.2);
```

```
h = legend( ' $ DGP_{1} $ '); % latex 分式
set( h, 'Interpreter', 'latex', 'FontSize', 12);
Point1 = W1_DGP1(43);
text( 0.43, Point1, ' $ \leftarrow ( \frac{69.8731\pi}{180} - \frac{ \pi}{4}, \math-
rm{0.0549}) $ ', 'interpreter', 'latex', 'FontSize', 10);
str1 = '\fontsize{10} \fontname{宋体}频率\fontname{ Euclid} ';
xlabel( str1)
title( ' $ \omega = \frac{69.8731\pi}{180} - \frac{ \pi}{4} $ ', 'interpreter', 'latex',
'FontSize', 13);
xlim( [0.01 3.14])
subplot( 3, 2, 3)
plot( omega, W2_DGP1, 'Color', [0.23 0.44 0.34] ', 'LineWidth', 1.2);
h = legend( ' $ DGP_{1} $ '); % latex 分式
set( h, 'Interpreter', 'latex', 'FontSize', 12);
Point2 = W2_DGP1(122);
text( 1.22, Point2, ' $ \leftarrow ( \frac{69.8731\pi}{180}, \mathrm{0.0567}) $ ', '
interpreter', 'latex', 'FontSize', 10);
str1 = '\fontsize{10} \fontname{宋体}频率\fontname{ Euclid} ';
xlabel( str1)
title( ' $ \omega = \frac{69.8731\pi}{180} $ ', 'interpreter', 'latex', 'FontSize', 13);
xlim( [0.01 3.14])
subplot( 3, 2, 5)
plot( omega, W3_DGP1, 'Color', [0.23 0.44 0.34] ', 'LineWidth', 1.2);
h = legend( ' $ DGP_{1} $ '); % latex 分式
set( h, 'Interpreter', 'latex', 'FontSize', 12);
Point3 = W3_DGP1(200);
text( 2.00, Point3, ' $ \leftarrow( \frac{69.8731\pi}{180} + \frac{ \pi}{4}, \math-
rm{0.0543}) $ ', 'interpreter', 'latex', 'FontSize', 10);
str1 = '\fontsize{10} \fontname{宋体}频率\fontname{ Euclid} ';
```

```
xlabel( str1)
title(' $ \omega = \frac{69. 8731\pi}{180} + \frac{ \pi}{4} $ ', 'interpreter', 'latex',
'FontSize', 13);
xlim([0. 01 3. 14])
subplot(3,2,2)
plot( omega, W1_DGP2, 'Color', [0. 23 0. 44 0. 34]', 'LineWidth', 1. 2);
h = legend(' $ DGP_{2} $ '); % latex 分式
set( h, 'Interpreter', 'latex', 'FontSize', 12);
Point1 = W1_DGP2(43);
text(0. 43, Point1, ' $ \leftarrow ( \frac{69. 8731\pi}{180} - \frac{ \pi}{4}, \math-
rm{0. 0570}) $ ', 'interpreter', 'latex', 'FontSize', 10);
str1 = '\fontsize{10} \fontname{宋体}频率\fontname{ Euclid}';
xlabel( str1)
title(' $ \omega = \frac{69. 8731\pi}{180} - \frac{ \pi}{4} $ ', 'interpreter', 'latex',
'FontSize', 13);
xlim([0. 01 3. 14])
subplot(3,2,4)
plot( omega, W2_DGP2, 'Color', [0. 23 0. 44 0. 34]', 'LineWidth', 1. 2);
h = legend(' $ DGP_{2} $ '); % latex 分式
set( h, 'Interpreter', 'latex', 'FontSize', 12);
Point2 = W2_DGP2(122);
text(1. 22, Point2, ' $ \leftarrow ( \frac{69. 8731\pi}{180}, \mathrm{0. 0555}) $ ', '
interpreter', 'latex', 'FontSize', 10);
str1 = '\fontsize{10} \fontname{宋体}频率\fontname{ Euclid}';
xlabel( str1)
title(' $ \omega = \frac{69. 8731\pi}{180} $ ', 'interpreter', 'latex', 'FontSize', 13);
xlim([0. 01 3. 14])
subplot(3,2,6)
plot( omega, W3_DGP2, 'Color', [0. 23 0. 44 0. 34]', 'LineWidth', 1. 2);
```

```
h = legend('$ DGP_{2} $'); % latex 分式
set(h, 'Interpreter', 'latex', 'FontSize', 12);
Point3 = W3_DGP2(200);
text(2.00, Point3, '$ \leftarrow (\frac{69.8731\pi}{180} + \frac{\pi}{4}, \mathrm{0.0561}) $', 'interpreter', 'latex', 'FontSize', 10);
str1 = '\fontsize{10} \fontname{宋体}频率\fontname{Euclid}';
xlabel(str1)
title('$ \omega = \frac{69.8731\pi}{180} + \frac{\pi}{4} $', 'interpreter', 'latex', 'FontSize', 13);
xlim([0.01 3.14])
```

第六章 MATLAB 代码

```
% ………………………………… 本代码适用于 MATLAB2020a 及以上版本
% ………………………………………………………………… 主程序 RL22
function [W_AIC] = RL22(Data, min_omega, max_omega, Lag, d)
% Data: T 行 M 列, T 是观测值个数, M 是变量个数
% min_omega: 开始检验频率
% max_omega: 结束检验频率
% Lag: VAR 模型的滞后阶数
% d: VAR 模型滞后阶数的扩增, 一阶单整为 1, 二阶单整为 2
omega = [min_omega:0.01:max_omega]';
NobF = length(omega);
W_AIC = zeros(NobF, 1);
for i = 1:NobF
  W_AIC(i, 1) = TY_FC_test_VARv(Data, Lag, d, omega(i, 1));
end
end
```

```
% ………………………………………… 本代码适用于 MATLAB2020a 及以上版本
% …………… 主程序 TY_FC_test_VARv function TYFC = TY_FC_test_VARv
          (Data, k, d, omega)
%该检验用来检验零假设: y 在频率 omega 处不是 x 的原因
%Data: T 行 M 列, T 是观测值个数, M 是变量个数
%Lag: VAR 模型的滞后阶数
%d: VAR 模型滞后阶数的扩增, 一阶单整为 1, 二阶单整为 2
%omega: 被检验频率
%k: VAR 模型的滞后阶数
%d: VAR 模型滞后阶数的扩增, 一阶单整为 1, 二阶单整为 2
[T v] = size(Data);
p = k + d;
z1 = zeros(v * k, T - p);
for i = p + 1: T
   B1 = [fliplr(Data(i - k: i - 1, 1)')];
for j = 2: v
   B1 = [B1; fliplr(Data(i - k: i - 1, j)')];
end
z1(:, i - p) = B1(:);
end
X1 = z1';
z2 = zeros(1 + v * (p - k), T - p);
for i = p + 1: T
   B2 = [fliplr(Data(i - p: i - k - 1, 1)')];
for j = 2: v
   B2 = [B2; fliplr(Data(i - p: i - k - 1, j)')];
end
z2(:, i - p) = [1; B2(:)];
end
```

```
X2 = z2';
Y = [Data(p+1:T,1)];
for i = 2:v
   Y = [Y Data(p+1:T,i)];
end
M2 = eye(T-p) - X2/(X2'*X2)*X2';
betahat = ([X1'*X1 X1'*X2; X2'*X1 X2'*X2])\[X1'*Y; X2'*Y];
sigma = (Y-[X1 X2]*betahat)'*(Y-[X1 X2]*betahat)/(T-p-v*p-1);
Phi = Y'*M2*X1/(X1'*M2*X1);
vecPhi = Phi(:);
S1 = [1];
for i = 2:v
   S1 = [S1; 0];
end
S2 = [1];
for i = 2:v
   S2 = [0; S2];
end
R = [cos(omega*(1:k)); sin(omega*(1:k))];
S = kron(eye(k), S2');
Omega = (T-p)*(kron((X1'*M2*X1)\X1'*M2, eye(v)))*kron(eye(T-
p), sigma)*(kron((X1'*M2*X1)\X1'*M2, eye(v)))';
W = (T-p)*(R*kron(S, S1')*vecPhi)'/(R*kron(S, S1')*Omega*(R*
kron(S, S1'))')*(R*kron(S, S1')*vecPhi);
Pvalue = 1-chi2cdf(W,2);
TYFC = W;
end
% ……………………………………… 本代码适用于 MATLAB2020a 及以上版本
% ……………… 图 6-1:从 CRB 到 4 个宏观经济变量的频域因果关系检验
```

(1957M1 -2011M12)

```
% full sample
min_omega =0.01;
max_omega =3.14;
Data = xlsread('c:\paper6\wsample.xlsx');
nob = length(Data(:,1));
cv = chi2inv(0.95,2);
Data1 =[(log(Data(:, 1))) ((Data(:, 1 +1))) (log(Data(:, 1 +2))) (log(Data
(:, 1 +3))) (log(Data(:, 1 +4)))];
[W_AIC_vec1] = RL22((Data1), min_omega, max_omega,4,1);
Data2 =[((Data(:, 1 +1))) (log(Data(:, 1))) (log(Data(:, 1 +2))) (log(Data
(:, 1 +3))) (log(Data(:, 1 +4)))];
[W_AIC_vec2] = RL22((Data2), min_omega, max_omega,4,1);
Data3 =[(log(Data(:, 1 +2))) (log(Data(:, 1))) ((Data(:, 1 +1))) (log(Data
(:, 1 +3))) (log(Data(:, 1 +4)))];
[W_AIC_vec3] = RL22((Data3), min_omega, max_omega,4,1);
Data4 =[(log(Data(:, 1 +3))) (log(Data(:, 1))) ((Data(:, 1 +1))) (log(Data
(:, 1 +2))) (log(Data(:, 1 +4)))];
[W_AIC_vec4] = RL22((Data4), min_omega, max_omega,4,1);
[np nnnp] =size(W_AIC_vec1);
iota_np = ones(np,1);
omega =[min_omega:0.01:max_omega]';
subplot(2,2,1)
plot(omega, W_AIC_vec1, 'k', 'LineWidth', 1.7);
hold on
plot(omega, cv * iota_np, 'k--', 'LineWidth', 1.7);
grid;
title('CRB $ \rightarrow $ M2', 'Interpreter', 'latex');
axis([min_omega max_omega 0 max([W_AIC_vec1;8]) +2]);
```

```
str1 = '\fontsize{10} \fontname{宋体}频率\fontname{Euclid}';
str2 = '\fontsize{10} \fontname{宋体}检验统计量\fontname{Time New Roman}';
xlabel(str1)
ylabel(str2)
subplot(2, 2, 2)
plot(omega, W_AIC_vec2, 'k', 'LineWidth', 1.7);
hold on
plot(omega, cv * iota_np, 'k--', 'LineWidth', 1.7);
grid;
title('CRB $ \rightarrow $ FF', 'Interpreter', 'latex');
axis([min_omega max_omega 0 max([W_AIC_vec2; 8]) +2]);
str1 = '\fontsize{10} \fontname{宋体}频率\fontname{Euclid}';
str2 = '\fontsize{10} \fontname{宋体}检验统计量\fontname{Time New Roman}';
xlabel(str1)
ylabel(str2)
subplot(2, 2, 3)
plot(omega, W_AIC_vec3, 'k', 'LineWidth', 1.7);
hold on
plot(omega, cv * iota_np, 'k--', 'LineWidth', 1.7);
grid;
title('CRB $ \rightarrow $ CPI', 'Interpreter', 'latex');
axis([min_omega max_omega 0 max([W_AIC_vec3; 8]) +2]);
str1 = '\fontsize{10} \fontname{宋体}频率\fontname{Euclid}';
str2 = '\fontsize{10} \fontname{宋体}检验统计量\fontname{Time New Roman}';
xlabel(str1)
ylabel(str2)
subplot(2, 2, 4)
plot(omega, W_AIC_vec4, 'k', 'LineWidth', 1.7);
hold on
```

```
plot(omega, cv * iota_np, 'k - - ', 'LineWidth', 1.7);
grid;
title('CRB $ \rightarrow $ IP', 'Interpreter', 'latex');
axis([min_omega max_omega 0 max([W_AIC_vec4; 8]) +2]);
str1 ='\fontsize{10} \fontname{宋体}频率\fontname{Euclid}';
str2 ='\fontsize{10} \fontname{宋体}检验统计量\fontname{Time New Roman}';
xlabel(str1)
ylabel(str2)
% ……………………………………… 本代码适用于 MATLAB2020a 及以上版本
% ………………… 图 6-2: 从 CRB 到 4 个宏观经济变量的频域因果关系检验
(1957M1 -1982M6)
%sample split1
min_omega =0.01;
max_omega =3.14;
Data = xlsread('c:\paper6\wsample.xlsx');
nob = length(Data(:, 1));
cv =chi2inv(0.95, 2);
Data1 =[(log(Data(1:324, 1))) ((Data(1:324, 1 +1))) (log(Data(1:324, 1 +
2))) (log(Data(1:324, 1 +3))) (log(Data(1:324, 1 +4)))];
[W_AIC_vec1] =RL22((Data1), min_omega, max_omega, 4, 1);
Data2 =[((Data(1:324, 1 +1))) (log(Data(1:324, 1))) (log(Data(1:324, 1 +
2))) (log(Data(1:324, 1 +3))) (log(Data(1:324, 1 +4)))];
[W_AIC_vec2] =RL22((Data2), min_omega, max_omega, 4, 1);
Data3 =[(log(Data(1:324, 1 +2))) (log(Data(1:324, 1))) ((Data(1:324, 1 +
1))) (log(Data(1:324, 1 +3))) (log(Data(1:324, 1 +4)))];
[W_AIC_vec3] =RL22((Data3), min_omega, max_omega, 4, 1);
Data4 =[(log(Data(1:324, 1 +3))) (log(Data(1:324, 1))) ((Data(1:324, 1 +
1))) (log(Data(1:324, 1 +2))) (log(Data(1:324, 1 +4)))];
[W_AIC_vec4] =RL22((Data4), min_omega, max_omega, 4, 1);
```

```
[ np nnnp] = size( W_AIC_vec1) ;
iota_np = ones( np, 1) ;
omega = [ min_omega: 0. 01: max_omega] ';
subplot( 2, 2, 1)
plot( omega, W_AIC_vec1, 'k', 'LineWidth', 1. 7) ;
hold on
plot( omega, cv * iota_np, 'k - - ', 'LineWidth', 1. 7) ;
grid;
title( 'CRB $ \rightarrow $ M2', 'Interpreter', 'latex') ;
axis( [ min_omega max_omega 0 max( [ W_AIC_vec1; 8] ) +2] ) ;
str1 = '\fontsize{ 10} \fontname{ 宋体} 频率\fontname{ Euclid} ';
str2 = '\fontsize{ 10} \fontname{ 宋体} 检验统计量\fontname{ Time New Roman} ';
xlabel( str1)
ylabel( str2)
subplot( 2, 2, 2)
plot( omega, W_AIC_vec2, 'k', 'LineWidth', 1. 7) ;
hold on
plot( omega, cv * iota_np, 'k - - ', 'LineWidth', 1. 7) ;
grid;
title( 'CRB $ \rightarrow $ FF', 'Interpreter', 'latex') ;
axis( [ min_omega max_omega 0 max( [ W_AIC_vec2; 8] ) +2] ) ;
str1 = '\fontsize{ 10} \fontname{ 宋体} 频率\fontname{ Euclid} ';
str2 = '\fontsize{ 10} \fontname{ 宋体} 检验统计量\fontname{ Time New Roman} ';
xlabel( str1)
ylabel( str2)
subplot( 2, 2, 3)
plot( omega, W_AIC_vec3, 'k', 'LineWidth', 1. 7) ;
hold on
plot( omega, cv * iota_np, 'k - - ', 'LineWidth', 1. 7) ;
```

```
grid;
title('CRB $ \rightarrow $ CPI', 'Interpreter', 'latex');
axis([min_omega max_omega 0 max([W_AIC_vec3;8]) +2]);
str1 ='\fontsize{10} \fontname{宋体}频率\fontname{Euclid}';
str2 ='\fontsize{10} \fontname{宋体}检验统计量\fontname{Time New Roman}';
xlabel(str1)
ylabel(str2)
subplot(2,2,4)
plot(omega, W_AIC_vec4, 'k', 'LineWidth', 1.7);
hold on
plot(omega, cv * iota_np, 'k--', 'LineWidth', 1.7);
grid;
title('CRB $ \rightarrow $ IP', 'Interpreter', 'latex');
axis([min_omega max_omega 0 max([W_AIC_vec4;8]) +2]);
str1 ='\fontsize{10} \fontname{宋体}频率\fontname{Euclid}';
str2 ='\fontsize{10} \fontname{宋体}检验统计量\fontname{Time New Roman}';
xlabel(str1)
ylabel(str2)
% ·································· 本代码适用于MATLAB2020a及以上版本
% ··················· 图6-3:从CRB到4个宏观经济变量的频域因果关系检验
                                  (1982M7-2011M12)
%sample split2
min_omega =0.01;
max_omega =3.14;
Data =xlsread('c:\paper6\wsample.xlsx');
nob =length(Data(:,1));
cv =chi2inv(0.95,2);
Data1 =[(log(Data(325:660, 1))) ((Data(325:660, 1+1))) (log(Data(325:
660, 1+2))) (log(Data(325:660, 1+3))) (log(Data(325:660, 1+4)))];
```

```
[W_AIC_vec1] = RL22((Data1), min_omega, max_omega, 4, 1);
Data2 = [((Data(325:660, 1 + 1))) (log(Data(325:660, 1))) (log(Data(325:
660, 1 + 2))) (log(Data(325:660, 1 + 3))) (log(Data(325:660, 1 + 4)))];
[W_AIC_vec2] = RL22((Data2), min_omega, max_omega, 4, 1);
Data3 = [(log(Data(325:660, 1 + 2))) (log(Data(325:660, 1))) ((Data(325:
660, 1 + 1))) (log(Data(325:660, 1 + 3))) (log(Data(325:660, 1 + 4)))];
[W_AIC_vec3] = RL22((Data3), min_omega, max_omega, 4, 1);
Data4 = [(log(Data(325:660, 1 + 3))) (log(Data(325:660, 1))) ((Data(325:
660, 1 + 1))) (log(Data(325:660, 1 + 2))) (log(Data(325:660, 1 + 4)))];
[W_AIC_vec4] = RL22((Data4), min_omega, max_omega, 4, 1);
[np nnnp] = size(W_AIC_vec1);
iota_np = ones(np, 1);
omega = [min_omega:0.01:max_omega]';
subplot(2, 2, 1)
plot(omega, W_AIC_vec1, 'k', 'LineWidth', 1.7);
hold on
plot(omega, cv * iota_np, 'k--', 'LineWidth', 1.7);
grid;
title('CRB $ \rightarrow $ M2', 'Interpreter', 'latex');
axis([min_omega max_omega 0 max([W_AIC_vec1;8]) +2]);
str1 = '\fontsize{10} \fontname{宋体}频率\fontname{Euclid}';
str2 = '\fontsize{10} \fontname{宋体}检验统计量\fontname{Time New Roman}';
xlabel(str1)
ylabel(str2)
subplot(2, 2, 2)
plot(omega, W_AIC_vec2, 'k', 'LineWidth', 1.7);
hold on
plot(omega, cv * iota_np, 'k--', 'LineWidth', 1.7);
grid;
```

```
title('CRB $ \rightarrow $ FF', 'Interpreter', 'latex');
axis([min_omega max_omega 0 max([W_AIC_vec2; 8]) +2]);
str1 = '\fontsize{10} \fontname{宋体}频率\fontname{Euclid}';
str2 = '\fontsize{10} \fontname{宋体}检验统计量\fontname{Time New Roman}';
xlabel(str1)
ylabel(str2)
subplot(2,2,3)
plot(omega, W_AIC_vec3, 'k', 'LineWidth', 1.7);
hold on
plot(omega, cv * iota_np, 'k--', 'LineWidth', 1.7);
grid;
title('CRB $ \rightarrow $ CPI', 'Interpreter', 'latex');
axis([min_omega max_omega 0 max([W_AIC_vec3; 8]) +2]);
str1 = '\fontsize{10} \fontname{宋体}频率\fontname{Euclid}';
str2 = '\fontsize{10} \fontname{宋体}检验统计量\fontname{Time New Roman}';
xlabel(str1)
ylabel(str2)
subplot(2,2,4)
plot(omega, W_AIC_vec4, 'k', 'LineWidth', 1.7);
hold on
plot(omega, cv * iota_np, 'k--', 'LineWidth', 1.7);
grid;
title('CRB $ \rightarrow $ IP', 'Interpreter', 'latex');
axis([min_omega max_omega 0 max([W_AIC_vec4; 8]) +2]);
str1 = '\fontsize{10} \fontname{宋体}频率\fontname{Euclid}';
str2 = '\fontsize{10} \fontname{宋体}检验统计量\fontname{Time New Roman}';
xlabel(str1)
ylabel(str2)
% ………………………………………… 本代码适用于 MATLAB2020a 及以上版本
```

```
% …… 图 6-4: 从 CRB 到 4 个宏观经济变量的频域因果关系检验,滚动样本
s1 = zeros(314,31);
s2 = zeros(314,31);
s3 = zeros(314,31);
s4 = zeros(314,31);
data = xlsread('c:\paper6\wsample.xlsx');
min_omega = 0.01;
max_omega = 3.14;
[T v] = size(data);
for i = 1:31
    Data = data(12 * (i-1) +1:300 + 12 * (i-1), 1);
for j = 2:v
    Data = [Data data(12 * (i-1) +1:300 + 12 * (i-1), j)];
end
Data1 = [diff(log(Data(:, 1))) diff((Data(:, 1 +1))) diff(log(Data(:, 1 +2)))
diff(log(Data(:, 1 +3))) diff(log(Data(:, 1 +4)))];
[W_AIC_vec1] = RL22((Data1), min_omega, max_omega, 4, 0);
s1(:, i) = W_AIC_vec1;
end
for i = 1:31
    Data = data(12 * (i-1) +1:300 + 12 * (i-1), 1);
for j = 2:v
    Data = [Data data(12 * (i-1) +1:300 + 12 * (i-1), j)];
end
Data2 = [diff((Data(:, 1 +1))) diff(log(Data(:, 1))) diff(log(Data(:, 1 +2)))
diff(log(Data(:, 1 +3))) diff(log(Data(:, 1 +4)))];
[W_AIC_vec2] = RL22((Data2), min_omega, max_omega, 4, 0);
s2(:, i) = W_AIC_vec2;
end
```

```
for i = 1:31
    Data = data(12 * (i - 1) + 1:300 + 12 * (i - 1), 1);
for j = 2: v
    Data = [Data data(12 * (i - 1) + 1:300 + 12 * (i - 1), j)];
end
Data3 = [diff(log(Data(:, 1 + 2))) diff(log(Data(:, 1))) diff((Data(:, 1 + 1)))
diff(log(Data(:, 1 + 3))) diff(log(Data(:, 1 + 4)))];
[W_AIC_vec3] = RL22((Data3), min_omega, max_omega, 4, 0);
s3(:, i) = W_AIC_vec3;
end
for i = 1:31
    Data = data(12 * (i - 1) + 1:300 + 12 * (i - 1), 1);
for j = 2: v
    Data = [Data data(12 * (i - 1) + 1:300 + 12 * (i - 1), j)];
end
Data4 = [diff(log(Data(:, 1 + 3))) diff(log(Data(:, 1))) diff((Data(:, 1 + 1)))
diff(log(Data(:, 1 + 2))) diff(log(Data(:, 1 + 4)))];
[W_AIC_vec4] = RL22((Data4), min_omega, max_omega, 4, 0);
s4(:, i) = W_AIC_vec4;
end
subplot(2, 2, 1)
p = [0.01:0.01:3.14];
xdata = [57:1:87];
[X, Y] = meshgrid(xdata, p);
mesh(X, Y, s1)
m = 5.99 * ones(314, 31);
hold on;
mesh(X, Y, m)
xxvec = [57:2:87];
```

```
set( gca, 'xtick', xxvec) ;
set( gca, 'ytick', [0. 5:0. 5:3]) ;
xlim( [57, 87]) ;
ylim( [0. 01, 3. 14]) ;
str1 = '\fontsize{10} \fontname{宋体}时间\fontname{Euclid}';
str2 = '\fontsize{10} \fontname{宋体}频率\fontname{Time New Roman}';
xlabel( str1)
ylabel( str2)
title( 'CRB $ \rightarrow $ M2', 'Interpreter', 'latex') ;
subplot(2, 2, 2)
p = [0. 01:0. 01:3. 14];
xdata = [57:1:87];
[X, Y] = meshgrid( xdata, p) ;
mesh( X, Y, s2)
m = 5. 99 * ones(314, 31) ;
hold on;
mesh( X, Y, m)
xxvec = [57:2:87];
set( gca, 'xtick', xxvec) ;
set( gca, 'ytick', [0. 5:0. 5:3]) ;
xlim( [57, 87]) ;
ylim( [0. 01, 3. 14]) ;
str1 = '\fontsize{10} \fontname{宋体}时间\fontname{Euclid}';
str2 = '\fontsize{10} \fontname{宋体}频率\fontname{Time New Roman}';
xlabel( str1)
ylabel( str2)
title( 'CRB $ \rightarrow $ FF', 'Interpreter', 'latex') ;
subplot(2, 2, 3)
p = [0. 01:0. 01:3. 14];
```

```
xdata =[57:1:87];
[X, Y] =meshgrid(xdata, p);
mesh(X, Y, s3)
m =5.99 * ones(314, 31);
hold on;
mesh(X, Y, m)
xxvec =[57:2:87];
set(gca, 'xtick', xxvec);
set(gca, 'ytick', [0.5:0.5:3]);
xlim([57, 87]);
ylim([0.01, 3.14]);
str1 = '\fontsize{10} \fontname{宋体}时间\fontname{Euclid}';
str2 = '\fontsize{10} \fontname{宋体}频率\fontname{Time New Roman}';
xlabel(str1)
ylabel(str2)
title('CRB $ \rightarrow $ CPI', 'Interpreter', 'latex');
subplot(2,2,4)
p =[0.01:0.01:3.14];
xdata =[57:1:87];
[X, Y] =meshgrid(xdata, p);
mesh(X, Y, s4)
m =5.99 * ones(314, 31);
hold on;
mesh(X, Y, m)
xxvec =[57:2:87];
set(gca, 'xtick', xxvec);
set(gca, 'ytick', [0.5:0.5:3]);
xlim([57, 87]);
ylim([0.01, 3.14]);
```

```
str1 = '\fontsize{10} \fontname{宋体}时间\fontname{Euclid}';
str2 = '\fontsize{10} \fontname{宋体}频率\fontname{Time New Roman}';
xlabel(str1)
ylabel(str2)
title('CRB $ \rightarrow $ IP', 'Interpreter', 'latex');
colormap(gray)
% ………………………………………… 本代码适用于 MATLAB2020a 及以上版本
% ……………………… 图 6-5: 从 CRB 到 4 个宏观经济变量的频域因果关系检验,
                            滚动样本稳健性分析
s1 = zeros(314, 31);
s2 = zeros(314, 31);
s3 = zeros(314, 31);
s4 = zeros(314, 31);
s5 = zeros(314, 31);
data = xlsread('c: \paper6\wsample. xlsx');
min_omega = 0. 01;
max_omega = 3. 14;
[T v] = size(data);
for i = 1:31
   Data = data(12 * (i - 1) + 1:300 + 12 * (i - 1), 1);
for j = 2: v
   Data = [Data data(12 * (i - 1) + 1:300 + 12 * (i - 1), j)];
end
Data1 = [(log(Data(:, 1 + 2))) (log(Data(:, 1))) ((Data(:, 1 + 1))) (log(Data
(:, 1 + 3))) (log(Data(:, 1 + 4)))];
[W_AIC_vec1] = RL22((Data1), min_omega, max_omega, 4, 2);
s1(:, i) = W_AIC_vec1;
end
for i = 1:31
```

```
  Data = data(12 * (i - 1) + 1:300 + 12 * (i - 1), 1);
for j = 2: v
  Data = [Data data(12 * (i - 1) + 1:300 + 12 * (i - 1), j)];
end
Data2 = [(log(Data(:, 1 + 2))) ((Data(:, 1 + 1))) (log(Data(:, 1))) (log(Data
(:, 1 + 3))) (log(Data(:, 1 + 4)))];
[W_AIC_vec2] = RL22((Data2), min_omega, max_omega, 6, 1);
s2(:, i) = W_AIC_vec2;
end
for i = 1:31
  Data = data(12 * (i - 1) + 1:300 + 12 * (i - 1), 1);
for j = 2: v
  Data = [Data data(12 * (i - 1) + 1:300 + 12 * (i - 1), j)];
end
Data3 = [diff(log(Data(:, 1 + 2))) diff(log(Data(:, 1))) diff((Data(:, 1 + 1)))
diff(log(Data(:, 1 + 3))) diff(log(Data(:, 1 + 4)))];
[W_AIC_vec3] = RL22((Data3), min_omega, max_omega, 4, 0);
s3(:, i) = W_AIC_vec3;
end
dataa = xlsread('c:\paper6\wsampletbr.xlsx');
for i = 1:31
  Data = dataa(12 * (i - 1) + 1:300 + 12 * (i - 1), 1);
for j = 2: v
  Data = [Data dataa(12 * (i - 1) + 1:300 + 12 * (i - 1), j)];
end
Data4 = [(log(Data(:, 1 + 2))) (log(Data(:, 1 + 3))) (log(Data(:, 1))) ((Data
(:, 1 + 1))) (log(Data(:, 1 + 4)))];
[W_AIC_vec4] = RL22((Data4), min_omega, max_omega, 4, 1);
s4(:, i) = W_AIC_vec4;
```

```
end
dataaa = xlsread('c: \paper6\wsampleppi. xlsx');
for i = 1:31
   Data = dataaa(12 * (i - 1) + 1:300 + 12 * (i - 1), 1);
for j = 2: v
   Data = [Data dataaa(12 * (i - 1) + 1:300 + 12 * (i - 1), j)];
end
Data5 = [(log(Data(:, 1 + 2))) (log(Data(:, 1 + 3))) (log(Data(:, 1))) ((Data
(:, 1 + 1))) (log(Data(:, 1 + 4)))];
[W_AIC_vec4] = RL22((Data5), min_omega, max_omega, 4, 1);
s5(:, i) = W_AIC_vec4;
end
figure(1)
subplot(2, 2, 1)
p = [0. 01:0. 01:3. 14];
xdata = [57:1:87];
[X, Y] = meshgrid(xdata, p);
mesh(X, Y, s1)
m = 5. 99 * ones(314, 31);
hold on;
mesh(X, Y, m)
xxvec = [57:2:87];
set(gca, 'xtick', xxvec);
set(gca, 'ytick', [0. 5:0. 5:3]);
xlim([57, 87]);
ylim([0. 01, 3. 14]);
str1 = '\fontsize{10} \fontname{宋体}时间\fontname{Euclid}';
str2 = '\fontsize{10} \fontname{宋体}频率\fontname{Time New Roman}';
xlabel(str1)
```

```
ylabel( str2)
title( 'CRB $ \rightarrow $ CPI ( \textit{ k} =4,  \textit{ d} =2) ', 'Interpreter', 'latex
') ;
subplot( 2, 2, 2)
p =[0. 01:0. 01:3. 14];
xdata =[57:1:87];
[X, Y] = meshgrid( xdata, p) ;
mesh( X, Y, s2)
m =5. 99 * ones( 314, 31) ;
hold on;
mesh( X, Y, m)
xxvec =[57:2:87];
set( gca, 'xtick', xxvec) ;
set( gca, 'ytick', [0. 5:0. 5:3]) ;
xlim( [57,  87]) ;
ylim( [0. 01,  3. 14]) ;
str1 = '\fontsize{ 10} \fontname{ 宋体} 时间\fontname{ Euclid} ';
str2 = '\fontsize{ 10} \fontname{ 宋体} 频率\fontname{ Time New Roman} ';
xlabel( str1)
ylabel( str2)
title( 'CRB $ \rightarrow $ CPI ( \textit{ k} =6,  \textit{ d} =1) ', 'Interpreter', 'latex
') ;
subplot( 2, 2, 3)
p =[0. 01:0. 01:3. 14];
xdata =[57:1:87];
[X, Y] = meshgrid( xdata, p) ;
mesh( X, Y, s3)
m =5. 99 * ones( 314, 31) ;
hold on;
```

```
mesh( X, Y, m)
xxvec =[57:2:87];
set( gca, 'xtick', xxvec);
set( gca, 'ytick', [0.5:0.5:3]);
xlim([57, 87]);
ylim([0.01, 3.14]);
str1 ='\fontsize{10} \fontname{宋体}时间\fontname{Euclid}';
str2 ='\fontsize{10} \fontname{宋体}频率\fontname{Time New Roman}';
xlabel( str1)
ylabel( str2)
title( 'CRB $ \rightarrow $ CPI (first difference) ', 'Interpreter', 'latex');
subplot(2,2,4)
p =[0.01:0.01:3.14];
xdata =[57:1:87];
[X, Y] =meshgrid( xdata, p);
mesh( X, Y, s4)
m =5.99 * ones(314,31);
hold on;
mesh( X, Y, m)
xxvec =[57:2:87];
set( gca, 'xtick', xxvec);
set( gca, 'ytick', [0.5:0.5:3]);
xlim([57, 87]);
ylim([0.01, 3.14]);
str1 ='\fontsize{10} \fontname{宋体}时间\fontname{Euclid}';
str2 ='\fontsize{10} \fontname{宋体}频率\fontname{Time New Roman}';
xlabel( str1)
ylabel( str2)
title( 'CRB $ \rightarrow $ CPI (treasury bill rate) ', 'Interpreter', 'latex');
```

```
colormap(gray)
% ………………………………………… 本代码适用于 MATLAB2020a 及以上版本
% …… 图 6-6: 从 OIL 到 4 个宏观经济变量的频域因果关系检验, 滚动样本
s1 = zeros(314, 31);
s2 = zeros(314, 31);
s3 = zeros(314, 31);
s4 = zeros(314, 31);
data = xlsread('e:\paper6\wsampleoil.xlsx');
min_omega = 0.01;
max_omega = 3.14;
[T v] = size(data);
for i = 1:31
   Data = data(12 * (i - 1) + 1:300 + 12 * (i - 1), 1);
for j = 2:v
   Data = [Data data(12 * (i - 1) + 1:300 + 12 * (i - 1), j)];
end
Data1 = [log(Data(:, 1)) (Data(:, 1 + 1)) log(Data(:, 1 + 2)) log(Data(:, 1 +
3)) log(Data(:, 1 + 4))];
[W_AIC_vec1] = RL22((Data1), min_omega, max_omega, 4, 1);
s1(:, i) = W_AIC_vec1;
end
for i = 1:31
   Data = data(12 * (i - 1) + 1:300 + 12 * (i - 1), 1);
for j = 2:v
   Data = [Data data(12 * (i - 1) + 1:300 + 12 * (i - 1), j)];
end
Data2 = [(Data(:, 1 + 1)) log(Data(:, 1)) log(Data(:, 1 + 2)) log(Data(:, 1 +
3)) log(Data(:, 1 + 4))];
[W_AIC_vec2] = RL22((Data2), min_omega, max_omega, 4, 1);
```

```
s2(:, i) = W_AIC_vec2;
end
for i = 1:31
   Data = data(12 * (i - 1) + 1:300 + 12 * (i - 1), 1);
for j = 2: v
   Data = [Data data(12 * (i - 1) + 1:300 + 12 * (i - 1), j)];
end
Data3 = [log(Data(:, 1 + 2)) log(Data(:, 1)) (Data(:, 1 + 1)) log(Data(:, 1 +
3)) log(Data(:, 1 + 4))];
[W_AIC_vec3] = RL22((Data3), min_omega, max_omega, 4, 1);
s3(:, i) = W_AIC_vec3;
end
for i = 1:31
   Data = data(12 * (i - 1) + 1:300 + 12 * (i - 1), 1);
for j = 2: v
   Data = [Data data(12 * (i - 1) + 1:300 + 12 * (i - 1), j)];
end
Data4 = [log(Data(:, 1 + 3)) log(Data(:, 1)) (Data(:, 1 + 1)) log(Data(:, 1 +
2)) log(Data(:, 1 + 4))];
[W_AIC_vec4] = RL22((Data4), min_omega, max_omega, 4, 1);
s4(:, i) = W_AIC_vec4;
end
subplot(2, 2, 1)
p = [0.01:0.01:3.14];
xdata = [57:1:87];
[X, Y] = meshgrid(xdata, p);
mesh(X, Y, s1)
m = 5.99 * ones(314, 31);
hold on;
```

```
mesh( X, Y, m)
xxvec =[57: 2: 87];
set( gca, 'xtick', xxvec);
set( gca, 'ytick', [0. 5:0. 5: 3]);
xlim([57, 87]);
ylim([0. 01, 3. 14]);
str1 = '\fontsize{10} \fontname{宋体}时间\fontname{ Euclid}';
str2 = '\fontsize{10} \fontname{宋体}频率\fontname{ Time New Roman}';
xlabel( str1)
ylabel( str2)
title( 'OIL $ \rightarrow $ M2', 'Interpreter', 'latex');
subplot(2, 2, 2)
p =[0. 01:0. 01: 3. 14];
xdata =[57: 1: 87];
[X, Y] = meshgrid( xdata, p);
mesh( X, Y, s2)
m =5. 99 * ones( 314, 31);
hold on;
mesh( X, Y, m)
xxvec =[57: 2: 87];
set( gca, 'xtick', xxvec);
set( gca, 'ytick', [0. 5:0. 5: 3]);
xlim([57, 87]);
ylim([0. 01, 3. 14]);
str1 = '\fontsize{10} \fontname{宋体}时间\fontname{ Euclid}';
str2 = '\fontsize{10} \fontname{宋体}频率\fontname{ Time New Roman}';
xlabel( str1)
ylabel( str2)
title( 'OIL $ \rightarrow $ FF', 'Interpreter', 'latex');
```

```
subplot(2, 2, 3)
p = [0. 01:0. 01:3. 14];
xdata = [57:1:87];
[X, Y] = meshgrid(xdata, p);
mesh(X, Y, s3)
m = 5. 99 * ones(314, 31);
hold on;
mesh(X, Y, m)
xxvec = [57:2:87];
set(gca, 'xtick', xxvec);
set(gca, 'ytick', [0. 5:0. 5:3]);
xlim([57, 87]);
ylim([0. 01, 3. 14]);
str1 = '\fontsize{10} \fontname{宋体}时间\fontname{Euclid}';
str2 = '\fontsize{10} \fontname{宋体}频率\fontname{Time New Roman}';
xlabel(str1)
ylabel(str2)
title('OIL $ \rightarrow $ CPI', 'Interpreter', 'latex');
subplot(2, 2, 4)
p = [0. 01:0. 01:3. 14];
xdata = [57:1:87];
[X, Y] = meshgrid(xdata, p);
mesh(X, Y, s4)
m = 5. 99 * ones(314, 31);
hold on;
mesh(X, Y, m)
xxvec = [57:2:87];
set(gca, 'xtick', xxvec);
set(gca, 'ytick', [0. 5:0. 5:3]);
```

```
xlim([57, 87]);
ylim([0.01, 3.14]);
str1 = '\fontsize{10} \fontname{宋体}时间\fontname{Euclid}';
str2 = '\fontsize{10} \fontname{宋体}频率\fontname{Time New Roman}';
xlabel(str1)
ylabel(str2)
title('OIL $ \rightarrow $ IP', 'Interpreter', 'latex');
colormap(gray)
% ............................................ 本代码适用于 MATLAB2020a 及以上版本
% ...... 图 6-7: 从 CCI 到 4 个宏观经济变量的频域因果关系检验,滚动样本
s1 = zeros(314, 31);
s2 = zeros(314, 31);
s3 = zeros(314, 31);
s4 = zeros(314, 31);
data = xlsread('e: \paper6\wsample_CCI.xlsx');
min_omega = 0.01;
max_omega = 3.14;
[T v] = size(data);
for i = 1:31
   Data = data(12 * (i - 1) + 1:300 + 12 * (i - 1), 1);
for j = 2:v
   Data = [Data data(12 * (i - 1) + 1:300 + 12 * (i - 1), j)];
end
Data1 = [log(Data(:, 1)) (Data(:, 1 + 1)) log(Data(:, 1 + 2)) log(Data(:, 1 +
3)) log(Data(:, 1 + 4))];
[W_AIC_vec1] = RL22((Data1), min_omega, max_omega, 4, 1);
s1(:, i) = W_AIC_vec1;
end
for i = 1:31
```

```
    Data = data(12 * (i - 1) + 1:300 + 12 * (i - 1), 1);
for j = 2:v
    Data = [Data data(12 * (i - 1) + 1:300 + 12 * (i - 1), j)];
end
Data2 = [(Data(:, 1 + 1)) log(Data(:, 1)) log(Data(:, 1 + 2)) log(Data(:, 1 +
3)) log(Data(:, 1 + 4))];
[W_AIC_vec2] = RL22((Data2), min_omega, max_omega, 4, 1);
s2(:, i) = W_AIC_vec2;
end
for i = 1:31
    Data = data(12 * (i - 1) + 1:300 + 12 * (i - 1), 1);
for j = 2:v
    Data = [Data data(12 * (i - 1) + 1:300 + 12 * (i - 1), j)];
end
Data3 = [log(Data(:, 1 + 2)) log(Data(:, 1)) (Data(:, 1 + 1)) log(Data(:, 1 +
3)) log(Data(:, 1 + 4))];
[W_AIC_vec3] = RL22((Data3), min_omega, max_omega, 4, 1);
s3(:, i) = W_AIC_vec3;
end
for i = 1:31
    Data = data(12 * (i - 1) + 1:300 + 12 * (i - 1), 1);
for j = 2:v
    Data = [Data data(12 * (i - 1) + 1:300 + 12 * (i - 1), j)];
end
Data4 = [log(Data(:, 1 + 3)) log(Data(:, 1)) (Data(:, 1 + 1)) log(Data(:, 1 +
2)) log(Data(:, 1 + 4))];
[W_AIC_vec4] = RL22((Data4), min_omega, max_omega, 4, 1);
s4(:, i) = W_AIC_vec4;
end
```

```
subplot(2,2,1)
p =[0.01:0.01:3.14];
xdata =[57:1:87];
[X, Y] = meshgrid(xdata, p);
mesh(X, Y, s1)
m =5.99 * ones(314,31);
hold on;
mesh(X, Y, m)
xxvec =[57:2:87];
set(gca, 'xtick', xxvec);
set(gca, 'ytick', [0.5:0.5:3]);
xlim([57, 87]);
ylim([0.01, 3.14]);
str1 = '\fontsize{10} \fontname{宋体}时间\fontname{Euclid}';
str2 = '\fontsize{10} \fontname{宋体}频率\fontname{Time New Roman}';
xlabel(str1)
ylabel(str2)
title('CCI $ \rightarrow $ M2', 'Interpreter', 'latex');
subplot(2,2,2)
p =[0.01:0.01:3.14];
xdata =[57:1:87];
[X, Y] = meshgrid(xdata, p);
mesh(X, Y, s2)
m =5.99 * ones(314,31);
hold on;
mesh(X, Y, m)
xxvec =[57:2:87];
set(gca, 'xtick', xxvec);
set(gca, 'ytick', [0.5:0.5:3]);
```

```
xlim([57, 87]);
ylim([0.01, 3.14]);
str1 = '\fontsize{10} \fontname{宋体}时间\fontname{Euclid}';
str2 = '\fontsize{10} \fontname{宋体}频率\fontname{Time New Roman}';
xlabel(str1)
ylabel(str2)
title('CCI $ \rightarrow $ FF', 'Interpreter', 'latex');
subplot(2,2,3)
p =[0.01:0.01:3.14];
xdata =[57:1:87];
[X, Y] = meshgrid(xdata, p);
mesh(X, Y, s3)
m =5.99 * ones(314,31);
hold on;
mesh(X, Y, m)
xxvec =[57:2:87];
set(gca, 'xtick', xxvec);
set(gca, 'ytick', [0.5:0.5:3]);
xlim([57, 87]);
ylim([0.01, 3.14]);
str1 = '\fontsize{10} \fontname{宋体}时间\fontname{Euclid}';
str2 = '\fontsize{10} \fontname{宋体}频率\fontname{Time New Roman}';
xlabel(str1)
ylabel(str2)
title('CCI $ \rightarrow $ CPI', 'Interpreter', 'latex');
subplot(2,2,4)
p =[0.01:0.01:3.14];
xdata =[57:1:87];
[X, Y] = meshgrid(xdata, p);
```

```
mesh( X, Y, s4)
m =5. 99 * ones( 314, 31) ;
hold on;
mesh( X, Y, m)
xxvec =[ 57: 2: 87] ;
set( gca, 'xtick', xxvec) ;
set( gca, 'ytick', [ 0. 5: 0. 5: 3]) ;
xlim( [ 57, 87]) ;
ylim( [ 0. 01, 3. 14]) ;
str1 = '\fontsize{ 10} \fontname{ 宋体} 时间 \fontname{ Euclid} ';
str2 = '\fontsize{ 10} \fontname{ 宋体} 频率 \fontname{ Time New Roman} ';
xlabel( str1)
ylabel( str2)
title( 'CCI $ \rightarrow $ IP', 'Interpreter', 'latex') ;
colormap( gray)
% ………………………………………… 本代码适用于 MATLAB2020a 及以上版本
% …………………… 图 6 -10: 从石油价格到产出和出口的频域因果关系检验
min_omega =0. 01;
max_omega =3. 14;
Data = xlsread( 'C: \1996_2014_M2 - black and white\VAR_data. xlsx') ;
nob = length( Data( : , 1)) ;
cv = chi2inv( 0. 95, 2) ;
Data1 =[ log( Data( : , 7)) Data( : , 5) log( Data( : , 4)) Data( : , 6) log( Data( : ,
1)) ] ;
[ W_AIC_vec1] = RL22( ( Data1) , min_omega, max_omega, 4, 1) ;
Data2 =[ log( Data( : , 10)) Data( : , 5) log( Data( : , 4)) Data( : , 6) log( Data( : ,
1)) ] ;
[ W_AIC_2] = RL22( ( Data2) , min_omega, max_omega, 4, 1) ;
[ np nnnp] = size( W_AIC_vec1) ;
```

```
iota_np = ones( np, 1) ;
omega = [ min_omega: 0. 01: max_omega] ';
subplot( 2, 1, 1)
plot( omega, W_AIC_vec1, 'k', 'LineWidth', 3) ;
hold on
hold on
plot( omega, cv * iota_np, 'k - - ', 'LineWidth', 3) ;
set( gca, 'ylim', [ 0,  16] ) ;
grid;
title( 'O $ \rightarrow $ Y ( \textit{ k} =4,  \textit{ d} = 1) ', 'Interpreter', 'latex', 'fon-
tsize', 10) ;
axis( [ min_omega max_omega 0 16] ) ;
str1 = '\fontsize{ 10} \fontname{ 宋体} 频率\fontname{ Euclid} ';
str2 = '\fontsize{ 10} \fontname{ 宋体} 检验统计量\fontname{ Time New Roman} ';
xlabel( str1)
ylabel( str2)
subplot( 2, 1, 2)
plot( omega, W_AIC_vec2, 'k', 'LineWidth', 3) ;
hold on
hold on
plot( omega, cv * iota_np, 'k - - ', 'LineWidth', 3) ;
grid;
title( 'O $ \rightarrow $ E ( \textit{ k} =4,  \textit{ d} = 1) ', 'Interpreter', 'latex', 'fon-
tsize', 10) ;
axis( [ min_omega max_omega 0 max( [ W_AIC_vec2; 8] ) +2] ) ;
str1 = '\fontsize{ 10} \fontname{ 宋体} 频率\fontname{ Euclid} ';
str2 = '\fontsize{ 10} \fontname{ 宋体} 检验统计量\fontname{ Time New Roman} ';
xlabel( str1)
ylabel( str2)
```

```
% ………………………………………… 本代码适用于 MATLAB2020a 及以上版本
% …… 图 6 - 11: 从石油价格到产出和出口的频域因果关系检验, 稳健性分析
min_omega = 0.01;
max_omega = 3.14;
Data = xlsread('C:\1996_2014_M2 - black and white\VAR_data.xlsx');
nob = length(Data(:, 1));
cv = chi2inv(0.95, 2);
Data1 = [log(Data(:, 7)) Data(:, 6) Data(:, 5) log(Data(:, 1))];
[W_AIC_vec1] = RL22((Data1), min_omega, max_omega, 4, 1);
Data2 = [log(Data(:, 7)) Data(:, 5) log(Data(:, 4)) Data(:, 6) log(Data(:,
15))];
[W_AIC_vec2] = RL22((Data2), min_omega, max_omega, 4, 1);
Data3 = [log(Data(:, 7)) Data(:, 5) log(Data(:, 4)) Data(:, 6) log(Data(:,
1))];
[W_AIC_vec3] = RL22((Data3), min_omega, max_omega, 5, 1);
Data4 = [log(Data(:, 10)) Data(:, 6) Data(:, 5) log(Data(:, 1))];
[W_AIC_vec4] = RL22((Data4), min_omega, max_omega, 4, 1);
Data5 = [log(Data(:, 10)) Data(:, 5) log(Data(:, 4)) Data(:, 6) log(Data(:,
15))];
[W_AIC_vec5] = RL22((Data5), min_omega, max_omega, 4, 1);
Data6 = [log(Data(:, 10)) Data(:, 5) log(Data(:, 4)) Data(:, 6) log(Data(:,
1))];
[W_AIC_vec6] = RL22((Data6), min_omega, max_omega, 5, 1);
[np nnnp] = size(W_AIC_vec1);
iota_np = ones(np, 1);
omega = [min_omega: 0.01: max_omega]';
subplot(2, 3, 1)
plot(omega, W_AIC_vec1, 'k', 'LineWidth', 3);
hold on
```

```
plot(omega, cv * iota_np, 'k - - ', 'LineWidth', 3);
grid;
title('O $ \rightarrow $ Y ( \textit{k} =4, \textit{d} =1, VAR dimension reduced)
', 'Interpreter', 'latex', 'fontsize', 10);
axis([min_omega max_omega 0 16]);
str1 = '\fontsize{10} \fontname{宋体}频率\fontname{Euclid}';
str2 = '\fontsize{10} \fontname{宋体}检验统计量\fontname{Time New Roman}';
xlabel(str1)
ylabel(str2)
subplot(2,3,2)
plot(omega, W_AIC_vec2, 'k', 'LineWidth', 3);
hold on
plot(omega, cv * iota_np, 'k - - ', 'LineWidth', 3);
grid;
title('O $ \rightarrow $ Y ( \textit{k} =4, \textit{d} =1, nominal oil price)', 'Inter-
preter', 'latex', 'fontsize', 10);
axis([min_omega max_omega 0 16]);
str1 = '\fontsize{10} \fontname{宋体}频率\fontname{Euclid}';
str2 = '\fontsize{10} \fontname{宋体}检验统计量\fontname{Time New Roman}';
xlabel(str1)
ylabel(str2)
subplot(2,3,3)
plot(omega, W_AIC_vec3, 'k', 'LineWidth', 3);
hold on
plot(omega, cv * iota_np, 'k - - ', 'LineWidth', 3);
grid;
title('O $ \rightarrow $ Y ( \textit{k} =5, \textit{d} =1, six lags)', 'Interpreter', 'la-
tex', 'fontsize', 10);
axis([min_omega max_omega 0 16]);
```

```
str1 = '\fontsize{10} \fontname{宋体}频率\fontname{Euclid}';
str2 = '\fontsize{10} \fontname{宋体}检验统计量\fontname{Time New Roman}';
xlabel(str1)
ylabel(str2)
subplot(2,3,4)
plot(omega, W_AIC_vec4, 'k', 'LineWidth', 3);
hold on
plot(omega, cv * iota_np, 'k--', 'LineWidth', 3);
grid;
title('O $ \rightarrow $ E (\textit{k} =4, \textit{d} =1, VAR dimension reduced)
', 'Interpreter', 'latex', 'fontsize', 10);
axis([min_omega max_omega 0 16]);
str1 = '\fontsize{10} \fontname{宋体}频率\fontname{Euclid}';
str2 = '\fontsize{10} \fontname{宋体}检验统计量\fontname{Time New Roman}';
xlabel(str1)
ylabel(str2)
subplot(2,3,5)
plot(omega, W_AIC_vec5, 'k', 'LineWidth', 3);
hold on
plot(omega, cv * iota_np, 'k--', 'LineWidth', 3);
grid;
title('O $ \rightarrow $ E (\textit{k} =4, \textit{d} =1, nominal oil price)', 'Inter-
preter', 'latex', 'fontsize', 10);
axis([min_omega max_omega 0 16]);
str1 = '\fontsize{10} \fontname{宋体}频率\fontname{Euclid}';
str2 = '\fontsize{10} \fontname{宋体}检验统计量\fontname{Time New Roman}';
xlabel(str1)
ylabel(str2)
subplot(2,3,6)
```

```
plot( omega, W_AIC_vec6, 'k', 'LineWidth', 3) ;
hold on
plot( omega, cv * iota_np, 'k - - ', 'LineWidth', 3) ;
grid;
title( 'O $ \rightarrow $ E ( \textit{ k} =5,  \textit{ d} =1,  six lags) ', 'Interpreter', 'la-
tex', 'fontsize', 10) ;
axis( [ min_omega max_omega 0 16] ) ;
str1 = '\fontsize{ 10} \fontname{ 宋体} 频率\fontname{ Euclid} ';
str2 = '\fontsize{ 10} \fontname{ 宋体} 检验统计量\fontname{ Time New Roman} ';
xlabel( str1)
ylabel( str2)
```